执行主编：房 方 唐润华

新华新媒体
研究系列丛书

互联网与国际关系

申 琰 ◎ 著

人民出版社

责任编辑：陈鹏鸣　周　澜　徐　芳
封面设计：北京市仁爱教育研究所

图书在版编目（CIP）数据

互联网与国际关系／申琰著． - 北京：人民
出版社，2012.7
（新华新媒体研究系列丛书／李从军主编）
ISBN 978 - 7 - 01 - 011031 - 8

Ⅰ．①互… Ⅱ．①申… Ⅲ．①互联网络 - 影响 - 国际
关系 - 研究 Ⅳ．①D81

中国版本图书馆 CIP 数据核字（2012）第 152356 号

互联网与国际关系
HULIANWANG YU GUOJI GUANXI
申　琰　著

人 民 出 版 社 出版发行
（100706　北京朝阳门内大街 166 号）
北京中科印刷有限公司印刷　新华书店经销
2012 年 7 月第 1 版　2012 年 7 月北京第 1 次印刷
开本:787 毫米×1092 毫米　1/16　印张:14
字数:260 千字

ISBN 978 - 7 - 01 - 011031 - 8　定价:32.00 元

邮购地址　100706　北京朝阳门内大街 166 号
人民东方图书销售中心　电话 (010)65250042　65289539

认识和把握新媒体发展带来的挑战与机遇（总序）

李从军

　　进入二十一世纪以来，在以数字技术、网络技术为核心的信息传播技术的推动下，新媒体发展日新月异，媒介融合愈演愈烈，正在引发新闻信息生产和传播方式的重大演变，导致各国乃至世界范围内传媒格局的重大变革，并且对全球政治、经济和社会发展产生重大影响。

　　新媒体的迅猛发展打破了传媒机构对新闻信息传播的垄断，使得传播的主体更加多元。由于手机等信息网络移动终端以及各种社会化媒体的功能越来越先进，操作越来越简易便捷，不但极大地提升了信息传播的速度和广度，丰富了信息传播内容，而且对传统媒体机构的信息传播带来了挑战，也使社会舆论变得更加多元，增加了舆论传播的复杂性。

　　新媒体的发展及其带来的变化无疑将对传统媒体带来全方位的冲击。首先，传统媒体的主体市场地位受到影响。由于新媒体的崛起及其具有的独特优势，越来越多的受众从传统媒体流向新媒体。在一些发达国家，传统媒体已经呈现日益衰落迹象。其次，传统媒体的新闻信息生产方式受到影响。受众接收新闻信息行为习惯的改变，对传统媒体提供的新闻信息提出了全新的要求，原有的新闻信息内容结构、呈现方式和传播手段已经不能满足受众需求。新闻信息的采集、加工、发布方式必须加以改革才能适应形势发展。

　　面对这样的变化，传统媒体像过去那样依靠单一产品（业务）、单一市场、单一商业模式显然已经不能适应新的竞争环境，但要改变传统的经营方式却又面临观念、体制机制和人才资源等因素的制约，因此，求生存、谋发展面临空前的压力。但同时，对传统媒体来说，新媒体的发展也意味着新的机遇和可能，它为传统媒体改善现有业务、开发新兴业务、扩大受众范围、拓展市场空间等提供了新的手段、平台和途径。

在这样的大背景下，全球传媒业生存环境和竞争格局正在发生前所未有的深刻变化。随着世界多极化、经济全球化深入发展，特别是受国际金融危机的冲击，许多发达国家媒体发展速度放慢甚至出现运营危机，一些全球性媒体机构收缩调整业务，多家著名报刊被出售或停刊，不同国家、不同地区、不同形态的媒体之间整合重组愈发剧烈，世界范围内媒体机构实力此消彼长。世界各地媒体机构特别是国际一流传媒集团都在想方设法积极应对国际传媒格局调整，在组织架构、技术支撑、产品形态、传播载体、网络布局、品牌建设、市场推广等方面加大改革创新力度，力图进一步壮大实力，拓展业务和市场空间。传统媒体与新兴媒体在相互竞争的同时加快相互融合、逐步实现多元化共同发展，传媒业与其他行业的交流合作与渗透融合不断深化，跨媒介、跨产业融合的全球传播新格局正在逐步形成。

媒体机构要想在新的竞争环境和传媒格局中生存和发展，就必须积极应对和准确把握新媒体发展带来的挑战和机遇，顺应信息传播技术的新发展，顺应当代新闻信息传播的新变化，顺应媒介融合的新趋势，顺应公众和传媒市场的新需求，充分运用世界最先进的传播技术和手段，改造传统媒体业务，建设新的业态，抢占新兴媒体市场，拓宽传播渠道，提升产品和服务质量，增强权威性和公信力，创新传播载体手段和方式，不断提高传播能力和市场影响力，实现事业科学发展。

正是基于这样的认识，为了更好地适应数字化时代新闻信息传播发展趋势，不断提升新闻传播力、舆论引导力、市场竞争力和国际影响力，新华社近几年来实施了以"三个拓展"为重点的战略转型：

一是由传统新闻产品生产为主向现代多媒体新闻信息业态拓展。信息技术的迅猛发展，使多媒体新闻信息传播成为可能并逐渐形成强势，多元化的传播渠道对新闻信息产品提出了新的更高要求。如今，多媒体经营、不同媒体形态相互融合与拓展，已经成为世界媒体发展的大趋势，国际知名媒体机构一般都拥有报纸、广播、电视、网络等现代多媒体传播业态。要在激烈的新闻竞争中胜出，就必须转变传统的新闻信息产品生产观念，调整生产和传播模式，将多媒体运行理念和操作模式运用到新闻信息产品生产的全过程，积极运用新技术，创新内容、形式、方法和手段，加快建立多媒体新闻信息业态。

二是由面向媒体为主向直接面向终端受众拓展。在资讯高度发达、传播方式日趋多样化的今天，通讯社单一的向媒体供稿方式越来越不适应形势和现实的要求，迫切需要产品更多地直接面向终端受众。拓展直接面向终端受众的传播渠道和传播载体，是提高核心竞争力的必由之路。因此，要进一步创新思路，通过多种有效载体和传播途径，使报道、产品和业务尽可能更多地直接面向受众，直接服务受众，直接影响受众。

三是由立足国内为主向有重点地更大范围参与国际竞争拓展。长期以来，国际舆论竞争中"西强我弱"的总体态势没有得到根本转变，西方几大主要媒体几乎垄断了世界的新闻信息发布，他们从自身意识形态和价值观出发，制订标准，设立规则，控制国际舆论，影响世界受众。打破西方媒体垄断格局和话语霸权，努力构建国际舆论新秩序，已经成为一项十分紧迫的重大现实任务和战略课题。作为国家通讯社，新华社必须以更加积极主动的姿态，在更大范围参与竞争，努力抢夺在国际舆论体系中的话语权，不断增强国际影响力。

实施战略转型的目的是将新华社建设成为世界性现代国家通讯社和国际一流的现代全媒体机构。80 年来，新华社不断拓展媒体业态，从过去以传统通讯社业务为主，发展到目前融通讯社业务、报刊业务、网络业务、新媒体业务、电视业务、金融信息业务和多媒体数据库业务为一体的全媒体业务形态，为提升传播力和影响力、更加有效地参与全球媒体竞争奠定了坚实基础。

一家媒体是否算得上真正的全媒体机构，可以从内容形态、媒介形态、产业形态和组织形态四个方面去考察。内容形态是指拥有全球性文字、图片、音视频、网络、新媒体、财经资讯等多媒体内容采编播发能力；媒介形态是指拥有以信息网络数字先进技术为支撑的、面向国际国内各类受众的现代新闻信息传播媒介、载体的终端；产业形态是指拥有通过资本化、公司化、市场化运作，广泛覆盖国际国内市场的各类新闻信息产品，并形成较为完善的产业链，以及若干支撑事业发展的支柱性产业和产业园区；组织形态是指拥有若干个媒体集群及公司的集团化组织架构、跨国跨地区的国际化机构、与现代传媒生产相适应的集约化管理体系。这四种形态构成有机统一体，缺一不可。要建设国际一流的现代全媒体机构，就必须始终不懈地在创新、完善、发展这四种形态上下功夫。

在传媒格局发生巨变的形势下，建设国际一流全媒体机构不但是一项重要而迫切的任务，也是一项极其艰巨和复杂的工程。在这个过程中，将面临很多从未遇到过的新情况、新问题，仅凭以往的知识积累和工作经验，将无法适应发展的新需要，无法解决实践的新问题。因此，必须结合形势发展和工作实际，自觉学习战略转型所需的各方面知识和技能，加快知识更新，优化知识结构，通过培养世界眼光，增强战略思维，提高综合素质，把握新趋势、破解新难题、实现新发展。

这正是我们编辑出版《新华新媒体研究系列丛书》的动因和初衷。希望这套丛书有助于大家对新媒体的理论与实践有更系统、更深入的了解，有助于传媒业界和学界人士开阔视野、拓宽思路，有助于我国传媒业的发展和研究。

作为编委会主任，我对这套丛书的诸位作者以及所有为丛书出版付出心血和辛劳的人致以衷心的谢意。

（作者系新华通讯社社长）

前　言

1989 年,世界上发生了两件具有重大历史意义的事件:一件是柏林墙的倒塌,对世界格局产生了重大影响;另一件后来也对国际社会产生了广泛而深刻的影响,但当时却没有引起人们的普遍关注,这就是互联网的发明。①

列宁曾指出:"只有首先分析从一个时代转变到另一个时代的客观条件,才能理解我们面前发生的各种重大历史事件"。② 李忠杰教授 2002 年在《继续深化对重大现实问题的研究》一文中曾指出:"研究国际问题,首先要对我们今天所处的时代和环境,有一个准确、科学和清醒的认识"。③ 那么,在和平与发展这一时代主题下,新科技革命及其所催生的信息社会无疑已经成为当代一个重要的客观现实,而新科技革命的主导成果就是以互联网为核心的信息和通讯技术(Information and Communication Technologies,以下简称 ICTs)。

互联网在当今世界已是无处无时不在。上世纪 90 年代早期,世界上的网站数量还屈指可数,而截至 2011 年 10 月,全球的网站总数已经突破 5 亿大关;使用互联网的国家从早期主要集中在西方发达国家扩散至全球 200 多个国家和地区,互联网的使用人数从早期的少数人发展到今天的超过 20 亿,互联网也从早期服务于军事教育科研目的发展为今天社会正在以信息化方式运作的金融、商贸、交通、通信、军事、思想文化等系统的神经中枢。

以互联网为核心的 ICTs 使信息生产、消费和传播的成本大幅降低,信息负荷剧增,并使信息流动向交互式方向发展,互联网成为当代信息传播与交流的主要载体,是各类信息活动最核心最重要的场所。同时,互联网的全球发展使信息实现了在全球范围内更方便快捷的流动,增强了信息跨界流动的自由性,整个地球

---

① 依照不同的标准,学术界对互联网发明的具体年份是有分歧的。从互联网起源、发展和演变的历史轨迹看,本文倾向于将互联网由军用全面转向民用的 1989 年确定为互联网的发明年份。互联网的前身是上世纪 60 年代的冷战时期,美国国防部高级研究计划局(ARPA)主持研制的阿帕网(ARPAnet)。1989 年,ARPAnet 解散,Internet 完全从军用转向民用。互联网是 Internet 的中文译名,是指将全球各种网络连为一体的网络。鉴于互联网这一称谓在本书参考文献中使用的频率和认知度较高,本书统一使用互联网这一称谓,文中出现的其他称代,一种情况是尊重引用文献,如文献中使用"因特网"、万维网或其他称谓,本书照文引用;第二种情况是,如遇信息网络或网络犯罪等约定俗成的用法,本书尊重习惯,但其含义都指一般意义上的互联网

② 《列宁全集》(第 26 卷),人民出版社,1988 年,第 143 页

③ 李忠杰:《继续深化对重大现实问题的研究》,载《教学与研究》2002 年第 5 期,第 19 页

·1·

变成了"小小的村落",不同文化观念、价值理念和思想意识形态在互联网上传播、交汇、碰撞、冲突和融合。正如李忠杰教授在其《怎样认识和对待世界文明的多样性》一文中曾指出的:"因特网的迅猛发展,极大地缩短了人类交往的时间和空间距离,使远隔千山万水的人们在瞬时间进行信息的交流和思想的沟通成为可能"。① 现在几乎没有人怀疑,互联网技术推动下的新科技革命,不仅大规模降低了信息传输处理的成本,改变了人们的生产和生活方式,而且还成为全球化进一步发展的重要动力,促进了全球政治、经济、文化关系互动和发展。

在这样的时代背景下,各国政府不断加大应用互联网的范围和深度:电子政府和电子政务方兴未艾,国家和国际政治的透明度增加,社会政治参与的热情高涨,国家也更加重视通过互联网向本国民众及向全球展示一个更为廉洁、高效、民主的国家形象。互联网成为21世纪最重要的关键公共基础设施之一,对企业成长和国家经济发展具有重要作用,国家的关键部门和产业,如金融机构、政府军事部门、交通电力系统、国际贸易等,对互联网的依赖性越来越强;不同主体间的经济活动更多地在互联网上展开和进行,电子商务、网络金融、信息产业等对国家经济实力的影响越来越大。国际信息传播更加高效,世界文明多样性和交流融合进一步发展,与此同时国际信息传播的不平衡性滋生的文化帝国主义现象也更为突出。

当前,学术界对互联网与当代国际关系互动的研究呈现两大特点:第一,国内外学者对该问题多角度、跨学科的研究和探索,启发了下步研究的视野和宽度。他们从哲学、政治学、经济学、法学、军事学、社会学、传播学、信息学和电信科学以及国际政治学、国际政治经济学等学科角度出发,就互联网对国际政治、经济、文化互动和博弈带来的影响和挑战、问题和对策等进行了深入研究,得出了一定结论。此外,有些学者还尝试对互联网引发的诸现象进行跨学科、跨领域研究,如将经济学、博弈论与政治学、国际政治学的研究结合起来探讨经济博弈、技术标准博弈对国家实力、国家利益、国家竞争力和国际格局带来的重大战略影响,等等。第二,国内外学者运用的多种理论方法及独特的视角、立场和观点启发了本书的研究思路。当前对互联网与国际关系互动中涉及的相关问题研究异常活跃,我们可以从相关研究成果中找寻到国际政治经济学派、技术学派、全球治理理论、国际法学派、国际机制理论、新自由主义学派、新现实主义学派、保守主义及建构主义学派思想的火花。他们从各自的理论视角对互联网引

---

① 李忠杰:《怎样认识和对待世界文明的多样性——"怎样认识和把握当今的国际战略形势"之五》,载《瞭望新闻周刊》2002年6月17日第25期,第12页

起的国家实力的消长、国家安全概念变化、国际行为体角色演变、国家竞争力核心要素的变化、国家关系互动面临的挑战和博弈、跨国关系的发展、国家综合战略的转型、互联网产生的全球性顽疾以及互联网全球治理面临的严峻的国际合作现实等进行了有益的探索和研究。当然,学术界对这个问题的研究还存在一定问题:第一,国外学者,尤其是美欧日等发达国学者对该问题的研究起点高、起步早,在相关议题设置、研究以至得出结论、上升为国际政策方面有很强大的话语权,甚至"霸权",他们的研究可能并不符合互联网时代发展中国家的利益和国际关系发展的现实。第二,国内学者的研究虽然能紧扣全球互联网发展的实际情况,并对数字鸿沟、网络霸权、网络政治、文化殖民主义、互联网的全球治理等问题和现象进行了较为细致深入的研究,但是总体来讲,国内学者从社会科学角度对全球互联与国际关系博弈和互动等的研究起步相对较晚,研究多侧重于介绍国外的学术观点、研究动态和政策动向等,研究途径多半是动态跟踪式的。此外,国内对该问题的研究尚停留在中观层次,宏观上缺少整体战略分析,微观上缺少精细分类和专业的个案分析,对科学主义的实证研究重视不够,对互联网的全球治理问题也缺乏更加深入的研究和参与精神。

不过,可喜的是,随着我国综合国力的增强,网民数量的增多,互联网在促进经济社会发展及引导国际国内舆论中重要性不断提升,国内的相关研究成果正在不断增多,其理论依据更加具有针对性,理论观点也更为鲜明和独立。互联网进入中国的十几年,对中国的发展及国际关系博弈和互动的影响日益加深,俞晓秋、沈逸、张欣、蔡文之、田作高等学者对软国力、信息安全、网络帝国主义及构建国家信息安全战略等方面的研究即是非常重要的成果之一。

由于互联网尚处于其发展的早期阶段,我们尚无法全面估测其对人类社会和国际关系互动带来的全面影响,但目前能够确定指出的是:第一,信息网络正在成为与土地及其它有形资本一样重要的权力资源,对国家实力、国家安全和国际关系发展起着关键性作用;第二,国家等国际行为体对互联网双刃剑作用的认识和把握能力存在一定差别,国际政治、经济、文化关系互动的复杂性进一步增加;第三,互联网现实的发展、普及和应用存在严重失衡状况,它"同时增加了财富和贫困,提高了生产力,加剧了社会隔离",[①]发展中国家在信息时代可能面临再次被边缘化的危险。这些因素加剧了国家在互联网条件下的利益博弈与冲突、竞争与合作。

---

① [西]曼纽尔·卡斯特:《网络星河——对互联网、商业和社会的反思》,郑波、武炜译,社会科学文献出版社,2007年版,第280页

在信息时代,控制了互联网就控制了信息流,控制了信息流就如同以往时代控制了土地疆域和海洋一样,会占据时代竞争的战略优势及合作主导权,各种国际行为体围绕互联网进行博弈的激烈程度无疑是空前的。但同时互联网又把全球紧紧联系在了一起,像网状神经一样遍布全球的互联网使各类国际行为体之间不可避免有某种程度的利益交集。非完全共同利益的存在客观上要求各方摒弃完全对立甚至对抗型的博弈互动形式。同时,互联网在发展过程中出现的诸如网络犯罪、信息污染等问题,扩大了各种行为体进行合作的范围和深度。因此,在互联网带来的这些挑战与博弈面前,深入探讨互联网与当代国际关系的相互作用和相互影响,有助于提高国家对互联网作为国际关系互动新平台的战略认识,进一步推动对国际政治基本问题的研究,对科学认识把握当代国际关系博弈的特点、规律、表现和发展趋势,正确处理互联网时代的国际关系互动,促进互联网健康发展和信息全球有序传播也有重要意义。

目　录

第一章　互联网的发展及其对
国际关系的影响

19世纪40年代发明的电报，一直到20世纪20年代仍是欧洲最主要的通讯系统。但自此以后的80多年里，在世界技术变革加快发展的大背景下，人类社会的通讯方式变革也呈现出明显加速趋势：电报、电话、无线通讯、电视、直至由卫星和光纤相连的互联网不断改变着人类社会的面貌。二十一世纪，互联网将进一步发展，并正日益成为天地一体化的无缝隙的综合通信网络，人类真正开始进入个人通信时代。可以说，互联网不仅彻底改变了人类的生产生活方式；它的迅速发展和内在特点也正对国家、国际社会、国际关系和世界格局产生着越来越深远的影响。

第一节　互联网的发展、特点及趋势

发轫于美国的互联网自20世纪90年代以来得到迅猛发展。与传统通讯方式相比，互联网具有超强的包容性，并以其开放和分散的体系结构、虚拟连接和多向互动传播的特性等日益成为信息流动的综合平台，加速向全球各个角落渗透和扩张。但是随着互联网的发展，它也暴露出了很多缺陷和问题，深入分析互联网的体系结构、运作机制和文化传统等方面的特点，有助于我们客观全面看待互联网的发展现状、引发的问题及下步发展趋势。

一、从互联网到信息高速公路

（一）互联网的起源

电子计算机技术和信息通讯技术的不断发展是信息革命最重要的两翼。信息革命萌芽于上世纪40年代。1946年，美国诞生了世界上第一台电子计算机。电子计算机带动了人工智能、新材料技术、新能源技术、航天技术、生物技术等各领域的科技进步。进入80年代，电子计算机进入高速发展期。80年代末世界上最新型的计算机的运算速度已经超过每秒1000亿次，而近几年，世界上已经出现了运算速度高达每秒千万亿次的超级计算机。[①]信息革命兴起的另一个重要标志是上世纪70年代新的通信技术，尤其是卫星通讯与光

---

① 刘丽丽：《曙光HPC杀入全球TOP10》，《计算机世界》2008年11月24日，第026版

纤通信等信息技术的兴起和发展。1965 年，美国成功发射了第一颗通讯卫星。1977 年，美国又铺设了世界上第一条光纤通讯干线。通讯技术的日益发展使电子计算机彼此联网的内在要求有了得以实现的现实物质基础，最早的互联网从而诞生。

互联网的诞生是美苏冷战的产物，其酝酿和产生具有浓重的冷战政治色彩。20 世纪 60 年代末美苏"冷战"正酣。当时苏联刚刚发射了第一颗人造地球卫星 Sputnik，美国对此的反应是成立了美国先进技术研究项目局（ARPA）。① 为了确保美国在经受苏联第一次核打击后依然有足够的通讯网络能够将总统的核反击指令有效下达到基层部队，该局开始对兰德公司（Rand）保罗·巴兰提出的无明显中心节点的网络进行研究资助。② 1969 年 9 月 1 日，该实验性网络正式上线，以该局的名字命名为 ARPANET，这就是 Internet 雏形。当时该网开放给与美国国防部有合作关系的各研究中心使用，并成为当时网络的主干网。1983 年，ARPA 网分为军用和民用两分，由美国科学基金会（NSF）管理的 NSFNET 逐渐取代 ARPANET 成为新的主干网。1992 年美国高级网络服务公司（ANS）建立了 ANSNET，取代了 NSFNET，成为新的主干网。

从互联网的产生和早期发展中，我们可以看出：第一，互联网产生本身就是国际权力博弈的产物，是国家为了解决军事安全问题而做出的重要决策，是现实主义均势理论的具体体现。第二，互联网最早产生于美国，这与美国良好的创新体制、浓厚的创新文化以及政府的政策引导甚至直接参与是分不开的。从互联网的初期发展看，它走过了一条从军用、民用（主要供科研和教学）再到全面商用的道路，反映了美国在解除通讯市场管制方面的前瞻性。

（二）互联网的界定

在历史发展的过程中，计算机界形成了计算机网络，通信业形成了以语音通信为主的通信网，广播电视业则发展了有线电视网。这些网隶属不同部门，使用不同的技术和协议，长期以来互不相干。互联网是英文 Internet 的中文译名，如果首字母大写，特指当今全球性的计算机互联网络，也就是狭义上的互联网，又称因特网、交互网、全球资讯网或国际互联网等，如果首字

---

① 该机构成立于 1958 年初，全面负责和控制最先进的武器研制和开发

② 根据保罗·巴兰的设计，该系统可以独立于指挥控制中心运作，所有信息单位会沿着网络寻找路径，在任何一个节点上重新组合成完整信息。如果这种设计意图得以完全实现，从理论上讲，这样的网络几乎是不可能被摧毁的。但是由于当前每个国家对国内互联网的访问都有一定的控制权，而且在整个网络的最顶层，还有 13 台根服务器系统，因此现在的互联网不是这种最理想的状况。参见沈逸：《信息时代的外交：挑战、衰退与转型》，载肖佳灵、唐贤兴主编《大国外交——理论·决策·挑战》，时事出版社，2003 年，第 731、732 页

母为小写，则指一般的计算机网络的互联。上世纪后期兴起的数字化信息技术革命的渗透作用，加速了产业融合，模拟信号的数字化使一个产业可以做其他行业的事情，这就是数字汇聚现象——计算机网、电信网和广播电视网之间开始了三网融合的过程。① Internet 的成功使三个网都接受 IP 协议，实现了网络层上的互联，除此以外，IP 网的另一个重要特点是基础设施和应用是分离的，IP 的这两大特点使其成为数网融合的基础。只要遵循给定的协议，任何人都可以自由地组网和连接。随着无线技术（包括蓝牙技术）、智能芯片的发展，以及 IP 网址由 IPV4 扩展到 IPV6，一切与网相连将成为现实。② 国际政治经济学的奠基者苏珊·斯特兰奇就曾预言，"技术下一步的发展趋势是将电视屏幕与电话线和电脑连到一起的视频中继系统"。③

互联网的涵盖范围不断扩展，从美国联邦网络委员会（The Federal Networking Council，FNC）1995 年 10 月 24 日对因特网作出的界定可以看出："因特网"是全球性信息系统，（1）在逻辑上由一个以网际互联协议（IP）及其延伸的协议为基础的全球唯一的地址空间连接起来；（2）能够支持使用传输控制协议和国际互联协议（TCP/IP）及其延伸协议，或其他 IP 兼容协议的通信；（3）借助通信和相关基础设施公开或不公开地提供利用或获取高层次服务的机会。这也许是迄今对因特网作出的一个比较明确的定义。由此可见，从最广泛的意义上讲，互联网指的是全球性的信息系统。④ 本书所指的互联网，包括但不限于最广泛意义上的互联网，也包括其所属的各信息子系统，重点是全球计算机网络子系统，或一般的计算机网络的互联等。书中出现了因特网、网络等称谓，其使用的主要原因是：一是尊重引文和作者；二是尊重习惯用法（如网络犯罪、信息网络、计算机网络等约定俗成的说法）；等等。

（三）信息高速公路和国家信息基础设施的提出

所谓"信息高速公路"（Information Superhighway）是指建立数字化的大容量光纤通讯网络，用以把政府机构、企业、大学、科研机构和家庭的计算机联网，让光纤网络能够传输视频、音频、数字、图像等多种媒体。信息高

① 也有人主张应把电网包括进来，即四网融合
② 毛丰付：《标准竞争与竞争政策：以 ICT 产业为例》，上海三联书店，2007 年版，第 20－21 页。IPV6 的网址将多达 2exp（64），足以为地球上的每粒沙子分配一个网址
③ ［英］苏珊·斯特兰奇：《权力流散：世界经济中的国家与非国家权威》，肖宏宇、耿协峰译，北京大学出版社，2005 年，第 89 页
④ 通俗地讲，互联网并不是一个单独的网络，而是由所有按照 TCP/IP 标准传输信息的数字化网络相互连接而成的，是一个真正的"网之网"，并且将会把各种各样的数字化"子网"全部纳入网中。参见维尔托·梅尔－逊伯格、德博拉·赫里：《传播的全球化》，载约瑟夫·S. 奈、约翰·D. 唐纳胡主编：《全球化世界的治理》，王勇等译，世界知识出版社，2003 年，第 127 页

速公路是错综复杂的互联网络，它不仅仅是主要站点间的网络互联系统，而且将使所有通信网络和设施，例如、电话、传真机、计算机、数据库、有线电视、计算机网络、打印机、卫星、光缆等相互连接，从而使公众、企业、图书馆、政府和非政府部门普遍从中受益。这项跨世纪的高科技信息基础工程的目标就是使网络延伸到千家万户。正如未来学家预言的，全球"信息高速公路"作为世纪之交的新一轮产业革命和社会革命，最终将把人类引入一个以"信息化"为现代化核心和灵魂的崭新的社会形态，即所谓的"信息社会"。①

国家信息基础设施（National Information Infrastructure，NII）是对国家信息高速公路概念的进一步发展，是以最新的数字化光纤传输、智能化计算机处理和多媒体终端服务支持的，包括地区、国家或国际规模的，多用户、大容量和高速度的交互式综合信息网络系统。它实质上是一个多媒体信息交互高速通信的广域网。② 国家信息基础设施是一个国家融入信息社会的基础。

1992 年，在美国总统竞选中，克林顿第一次具体描述了建设美国"信息高速公路"③ 的纲领。以期通过加快信息传输速度刺激正处于衰退的美国经济，并以此启动全球新一轮科技竞争，保持美国在世界事务中的领导地位。1993 年 9 月，克林顿政府发表《全国信息基础设施计划》（National Information Infrastructure Plan，NII Plan），提出美国将在 2015 年前投资 4000 亿美元，在其境内普遍建立高速度的计算机光纤通讯网络。该计划为某些具有高度重要性的跨国组织设定目标和发展方向，以利于传统工业强权掌握新经济的命脉，有效积累全球资本。

1994 年，美国政府又进一步提出将世界各国的信息基础设施网络连接起来，建设"全球信息基础设施"（Global Information Infrastructure，GII），并提出了实现这一构想的五原则，"一是鼓励私人投资；二是推动竞争；三是建立能够适应技术和市场迅速变化的灵活的管理机制；四是所有的信息提供者允许网络用户无障碍进入；五是保障普遍服务"。这五项原则意味着美国利用其在信息革命中先行一步的优势，抓住了在互联网问题上的话语权，开始对全球互联网的发展和应用进行总体布局和规划。美国的这个信号迅速引起了日本、欧盟等发达国家和地区的高度重视，它们纷纷研究对策，制定符合本国国情的 NII 建设计划。一场围绕建设全球信息基础设施的国际角逐拉开了序幕。

---

① ［美］约翰·奈斯比特：《大趋势：改变我们生活的十个新方向》，梅艳（译），中国社会科学出版社 1984 年版，第 12 页

② 路紫：《信息经济地理论》，北京：科学出版社，2006 年，第 14 页

③ "信息高速公路"是一种特殊的比喻，即将互联网比拟成上世纪 60 年代曾在美国经济快速发展阶段起过重要作用的洲际高速公路网

虽然各国 NII 的建设及其连接，建构了全球信息网络，促进了世界信息化与全球化进程，加速了世界经济向一体化和知识经济转变的过程。但从这场角逐的一开始，发达国家和地区及它们的跨国公司率先把握住了全球信息高速公路游戏规则的制定权。在这样的情况下，各国，尤其是落后国家的政府，不管愿意与否，都不得不与各类跨国公司，就本国通信系统并入全球网络中的条件，及国有系统的发展方式进行讨价还价。①

二、互联网的体系结构和文化特点

与互联网内在的平等、分权和民主的特质相反，有时互联网似乎又带有一种天然的霸权主义倾向，对边缘人群有一种天然的歧视。要想很好地理解这一现象，必须对互联网体系结构、运作方式、秩序机制和文化传统等方面的特点加以分析。

（一）互联网体系结构具有开放性特点

开放的网络体系结构是互联网的核心技术思想。根据这一思想，任何网络类型、技术选择和活动范围均不受特定网辐结构的支配，而且可以通过网络互联结构与其他网络连接。这种开放性的网络结构使互联网不仅成为一个新型的通信工具，而且是一个活的实验室，可以用来进行新的通信设计和试验、观察其存在的问题以及研究和发展解决问题的新方法。②

在这种核心设计理念的指导下，互联网设计师们几乎在所有技术协议的制定过程中都充分体现了这些基本精神，互联网也因此具有了天生的异常良好的可扩张性以及对于各种创新行为的包容性，因而在很短的时间内迅速遍及世界各个地区，并且渗透到了社会生活的各个领域之中，③把分布于不同地理位置的计算机、数据库、存储器、软件等资源连成整体，就像一台超级计算机一样为用户提供一体化信息服务，"整个互联网就是一台计算机"。④

正是这种简单开放原则，使互联网成为一个扁平、没有中央权威、边界模糊的分布式网络，确保了互联网的灵活性与持续创新。但过度开放也意味着互联网的安全之门洞开，易于被某些人滥用进行非法活动：国家机密被泄露的风险增加、缺乏管束的网络跨国交易埋下了关税流失的隐患、网络病毒的肆虐随时将网络关键基础设施置于崩溃的边缘，等等。虽然从表面上看，简单开放原则似乎使互联网具有天然的公平性，但这种公平是建立在信息革

---

① ［英］苏珊·斯特兰奇：《权力流散：世界经济中的国家与非国家权威》，肖宏宇、耿协峰（译），北京大学出版社，2005 年，第 92 页

② 刘文富：《网络政治——网络社会与国家》，商务印书馆，2002 年版，第 55 页

③ 谢玮：《互联网安全问题分析和解决问题思路》，载《现代电信科技》2006 年 5 月第 5 期，第 9 页

④ 陈建颖：《网格技术：互联网竞争的核心》，载《求是》2003 年第 15 期，第 54 页

命先发与后发国家不平等的经济技术积累之上的，在很多情况下，互联网维护的更多的是这类技术先行国家的利益。因此互联网时代国家的公平发展并非互联网体系结构开放原则的必然逻辑。

（二）互联网管理方式具有分散性特点

相对其他媒体，互联网属于用户驱动型网络（也被称为共有媒体），广大用户既是其使用者和服务对象，也是其开发者和服务提供者，其生存和发展的活力之源主要依靠用户的支持。从这一点上讲，互联网最突出的特点就是没有谁能够绝对拥有它，它不完全从属于任何国家、机构或个人。相对于其规模和重要性而言，互联网至今没有一个绝对权威的管理机构对它进行集中统一管理和规划。目前负责协调互联网各方面关系、域名地址分配、技术标准的研究与发展等方面工作的部分机构如图 1.1 - 1 所示：

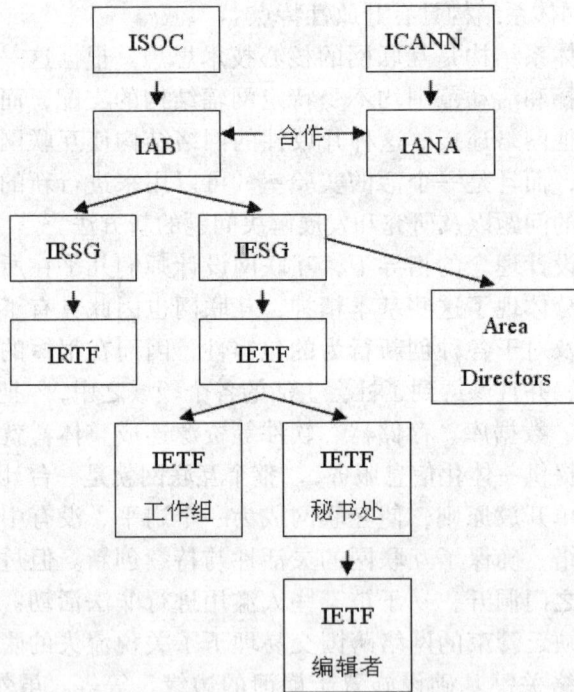

图 1.1 - 1　与互联网的管理运行有关的重要组织的结构图

互联网协会（Internet Society, ISOC）是一个国际性非盈利会员制组织，成立于 1992 年，位于美国弗吉尼亚州雷斯顿市，其作用是促进计算机信息网络合作以建立全球性科研信息基础结构，促进互联网在全球范围的应用。ISOC 通过互联网网络委员会（Internet Activity Board, IAB）协调互联网的技术管理与发展。IAB 通过设立两个指导组，即网络研究指导组（Internet

Research Steering Group，IRSG）和网络工程指导组（Internet Engineering Steering Group，IESG）来具体指导网络工程任务部（Internet Engineering Task Force，IETF）及网络研究任务部（Internet Research Task Force，IRTF）两部门的工作。IAB 负责定义整个互联网的架构和长期发展规划。

互联网名称与数字地址分配机构 ICANN（Internet Corporation for Assigned Names and Numbers）在互联网技术标准和服务管理中扮演核心角色。该组织成立于 1998 年，它是制定相关政策、管理 IP 地址和域名系统等互联网战略资源的非营利组织。互联网域名分配管理局（Internet Assigned Numbers Authority，IANA）在 ICANN 的管理下负责分配与互联网协议有关的参数（IP 地址、端口号、域名以及其他协议参数等）。[①] IANA 与 IAB 是合作关系。

总体来讲，对互联网的管理目前基本上以技术和业务管理为主，管理方式和形式相当松散。在这一松散的管理形式中，发达国家拥有较大的发言权。表现在：一是 ISOC 这一系组织，虽然它们偏重具体的技术问题，并宣称其组织成员为个人代表，不代表任何国家的利益。但是由于这些技术精英多来自传统的发达国家，个别的发展中国家，如印度、墨西哥等虽然也有一些专家活跃于其中，但终归是少数，因此其技术解决方案基本上还是倾向于保护发达国家的利益。二是 ICANN 更是较为突出地反映了这一问题。表面看，ICANN 是一个非营利组织，但其本身是在互联网规模影响不断扩大的背景下，在美国政府积极推动下成立的。通过这一组织，美国力图增强对全球互联网的控制权。从官方关系讲，ICANN 受美国加利福尼亚法律的管辖，并与美国商务部签订有谅解备忘录；[②] 从非官方关系讲，ICANN 的雇员与美国政府机构有着千丝万缕的关系。[③] 这样，在松散的、以非官方为表面特征的互联网管理体制下，美国等发达国家悄然通过 ICANN 等相关组织不断巩固和扩展着其国家利益。

（三）互联网运作方式的虚拟性与多向交互性

互联网作为一种新型的传媒手段，其运作方式实现了从物理方式向虚拟

[①] 事实上，IANA 的性质非常复杂。1998 年 ICANN 成立以前，成立于 1972 年的 IANA 是一个接受美国政府资助的半官方机构，上世纪 90 年代之前和 90 年代初负责管理整个互联网的地址分配。所谓的非营利组织 ICANN 成立后，美国政府为了避免世界上其他国家组建自己的互联网监管机构，便将 IANA 的职能以合同的形式委托给 ICANN。实质上，不管是 ICANN，还是 IANA，都与美国官方关系密切

[②] 2009 年 9 月底，ICANN 宣布与美商务部协议期满，并与美政府达成了新的"完全承诺"协议，表面上看 ICANN 离成为独立的全球互联网管理机构的目标更近一步，但有评论指出，ICANN 仍未彻底从美国政府中彻底独立出来，建立多边、民主、透明的国际互联网治理机制仍需时日

[③] Thomas Hart and Gerhard Rolletschek（2003），"Regulation and Strategy for Telecommunications，Information and Media，" The Journal of Policy，5（5），p. 6－24

方式的飞跃,其基本特征是行为者所处的交往环境在真实世界中是不存在的。互联网上的每台计算机的 IP 地址、域名、电子邮件地址等不过是逻辑地址,都不能确切表示出互联网上这台计算机所处的地理位置。即使有一些地理表征的域名或电子邮件地址也是如此,比如 Tonyblair@ gov. uk 并不意味该网页一定存在于英国的一台计算机上,或许是布莱尔在意大利度假时阅读收发其邮件,即很多况下,域名与实际的地理空间不具备一一对应关系。互联网的虚拟性还体现在网络交往的主体身份也是虚拟的。这是因为互联网一向有反权威、反中心控制及最大限度保障自由平等交往的传统,其建设之初,就屏蔽了可能显示人们实际身份的识别标志,这样主体人格与身份就呈现虚拟特性。正是互联网运作方式的虚拟特性,彻底改变了信息传播者与接受者之间的关系,人们由被动的受众转变为有自主选择权的消费者,网民既是读者,也是作者;既是听者,也是说者;既是信息接受者,也是信息发布者。

虽然互联网的这种特性可以最大程度地保证用户参与到互联网的运行中,有利于用户得到更丰富多元化的信息与网络服务,网络用户也能拥有个人的信息传播空间,但是问题的另一面在于,互联网运作方式的虚拟化、匿名制与交互性的特点,极易带来网络信息传播的失序与混乱,"屏幕上出现的大量淫秽内容和宣扬种族、民族和政治仇恨的信息以及为谋求实现商业利益和政治目的而做出的疯狂努力,有可能妨碍国际互联网络成为一个不受政府干预,自由表达意见和获取信息的天地……还有可能侵犯知识产权和个人隐私权",①甚至可能危及民族国家安全和社会稳定。

(四)互联网运行秩序的自律原则

互联网是一个高度自治的空间,用户自律原则是其有序运行的基础。互联网从其产生开始就不断蕴育着符合其自身特点的规则、规制,以支持网络运行。但这些规则规制都属于自律性质的规范(Code),既没有法律效力,也没有强制力,全凭网络用户的自律和自觉。互联网这种非正式、非官方的监管规则是建立在共识基础上自下而上形成的,这也是用户在互联网上进行行为自律的基础,"互联网的真正实力在于,作为一种制度机制,它的政策形成的特点旨在呼唤个人的自由感"。②像前面提到的 IETF、IESG 等主要负责互联网技术和政策制定的机构基本都是自行组建起来,实行自我管理并向所有个人开放会员。互联网上的自律以用户签订服务使用合同为准,这表示用户同意遵守业已建立起来的相关规范。

① 黄育馥:《信息高速公路上的发展中国家》,载《国外社会科学》1997 年第 1 期,第 71 页
② Anonymous (2000), "Regulating the Internet: The Consensus Machine," The Economist, London, 355 (8174), p. 73 –75

　　互联网最初主要用于军方、官方、科研机构和高校等，用户的成分相对单一，他们之间容易建立起相互信任。因此，早期的互联网相关使用和研发机构将注意力更加集中于标准开发、提高性能和扩大应用等方面，安全问题并不是互联网的先驱们优先考虑的要务，因此也就没有从协议设计的角度嵌入足够的检查、约束和惩罚机制。在互联网发展的早期，以用户自律为基础建立起的网络安全保护机制可能是可行和高效的。但是当互联网全面商用以后，随着网络用户群急剧扩大，用户成分日趋复杂，原有的以自律为基础的网络运行秩序和安全保证机制就不再那么有效了，网络侵权、网络病毒、网络色情、网络恐怖主义等也出现了加剧发展的趋势。

　　（五）互联网主导文化传统的非官方性

　　上世纪60年代晚期互联网处于萌芽状态时，用户相对单一，功能较为简单，对国家安全和发展的战略作用并没有充分发挥出来，各国政府对互联网也没有表示出特别关注，更没有意识到或许应该召集各国政府起草一个"国际互联网公约"，为其发展创建一定的国际法律秩序。也正是这种当初无官方监管的环境，为互联网的早期发展铺平了道路。即使到了上世纪80年代，互联网的发展已经有了相当规模，为互联网的相关问题创建专门的法律秩序仍没有引起国际社会的足够重视。比如，国际上一些有识之士虽然曾努力在TDF（Transborder Data Llow，跨境数据流）领域创建专门的国际法律机制，但最终TDF问题还是仅仅被归入了始于1986年的国际贸易总协定GATT乌拉圭回合谈判中。乌拉圭回合谈判内容不仅包括"商品贸易"还包括"服务贸易"，后者就包括"国际信息和通讯服务"。尽管信息服务的一些方面，如知识产权保护和电子通讯等被包括在了服务贸易总协定和两个附加协定书中，但是互联网本身作为独立对象并未体现在这个新的国际贸易协议中，[①]换句话说，互联网仍然游离于正式的官方约束的环境中。

　　互联网非官方的文化传统在其发展的一定阶段有合理性和适用性的一面，但互联网发展到今天，其意义、作用、规模和对安全性的要求，是非官方力量和自律基础上的网络规范难以保证的。互联网全球治理中如果缺乏各国政府的有效参与，互联网就有可能沦为某个或几个网络强国扩张利益范围、实现霸权野心的工具，而且互联网发展中产生的全球性顽疾也难以在国际合作的基础上得到有效控制。比如上面曾提到的负责域名分配和管理的ICANN，虽然从表面上看，它是非政府性质的非赢利的私营部门，似乎能更好地协调

---

① Wolfgang Kleinw? chter（2000），"ICANN As the 'United Nations' of the Global Information Society? - The Long Road towards Self - Regulation of the Internet", International Communication Gazette, 62 (6), P. 454

政府、企业和市民社会的利益关系。但实际上，在国际社会缺乏有效中央权威的情况下，这种缺乏各国政府参与的组织只能沦为强国的控制工具。

三、全球互联互通的现状与趋势①

在过去的十几年时间里，互联网以不可思议的速度席卷全球，全球互联互通已基本成为现实。截止到 2007 年 12 月 31 日，全球的网民人数已经超过13 亿。全面考察全球互联互通的现状和趋势是进一步研究互联网对国际社会影响和作用的基础。

（一）互联网的全球化发展现状及趋势

互联网的全球化发展是自 20 世纪 90 年代以来一个较为明显的趋势。全球互联网用户在 1996 至 1999 年间，从不到 5000 万增加至 2 亿。② 现在互联网已经覆盖了全球 209 个国家和地区。这一趋势也使越来越多的国家意识到，接入全球性的互联网是经济社会进一步发展的必要条件。根据"全球互联网统计信息跟踪报告"截至 2007 年 12 月 31 日的数据，全球的互联网用户为1,319,872,109，网民占人口比例为 20%（如表 1.1－1 所示③）。

表 1.1－1：2007 年全球网民统计数据

地区	总人口数 （当年估值）	占世界总人口百分比	网民最新数据	网民占人口数量百分比	占世界网民数量百分比	2000 年至2007 年网民增长率
非洲	941，249，130	14.2 %	44，361，940	4.7 %	3.4 %	882.7 %
亚洲	3，733，783，474	56.5 %	510，478，743	13.7 %	38.7 %	346.6 %
欧洲	801，821，187	12.1 %	348，125，847	43.4 %	26.4 %	231.2 %
中东	192，755，045	2.9 %	33，510，500	17.4 %	2.5 %	920.2 %
北美	334，659，631	5.1 %	238，015，529	71.1 %	18.0 %	120.2 %
拉美及加勒比地区	569，133，474	8.6 %	126，203，714	22.2 %	9.6 %	598.5 %
大洋洲	33，569，718	0.5 %	19，175，836	57.1 %	1.5 %	151.6 %
总计	6，606，971，659	100.0 %	1，319，872，109	20.0 %	100.0 %	265.6 %

表 1.1－1 显示发展中国家占多数的亚、非、拉美等地区，特别是原本宗教气氛相对浓厚的中东地区网民数量增长最快，该表似乎并没有显示出发展中国家在融入互联网方面处于倒退状况，相反还属于用户增长迅速的一方。

---

① 鉴于本书初稿形成较早，相关最新数据请登陆 http：//www. internetworldstats. com/stats. htm
② 子川：《网络跨国投影》，学林出版社，2000 年版，第 99 页
③ 数据来源：http：//www. internetworldstats. com/stats. htm，数据截止到 2007 年 12 月 31 日

但是，如果将该表与下表1.1－2①进行比较，就会发现问题所在。2005－2007年网民占人口数量比例的增加从高到低依次是：中东：7.8%，拉美及加勒比地区：7.8%，欧洲：7.3%，大洋洲：4.5%，亚洲：3.8%，北美：2.5%，非洲：2.2%。虽然中东、拉美、亚洲等地区的网民比例增加较快，但主要是由于其人口基数大，原有网民少等，才造成一段时间的井喷式发展。而欧洲、大洋洲等发达国家和地区在原有高网民比例基础上的增长毫不逊色，且北美（71.1%）、大洋洲（57.1%）和欧洲（43.4%）的网民都已经超过或接近人口数量的一半。总人口相差不大的欧洲与非洲，其2005年的上网人数相差268,752,398，这一差距在2007则达到了303,763,907。

以上情况说明：第一，互联网的全球化发展现状存在着严重的地区不均衡现象，发达国家在工业化时代积累的经济技术优势在信息时代表现得更为明显，第二，这种两极分化即"数字鸿沟"现象有进一步加剧的趋势，亚、非、拉美的广大发展中国家在互联网普及和应用以及融入全球性网络经济方面还有很长的路要走。此外，还要注意的一个突出现象是，发展中国家内部的数字鸿沟也在扩大：发展中世界中有一些国家和地区，如印度的班加罗尔、孟买，墨西哥北部边境地区等在新的网络经济中正在繁荣起来，但最贫穷国家的最贫困人口在"知识越来越通过电子手段产生和传播，贸易管理和发展越来越电子网络化、通讯越来越即时化"的时代里，越来越处于不利的竞争地位。②

表1.1－2：2005年全球网民统计数据

地区	总人口数（当年估值）	占世界总人口百分比	网民最新数据	网民占人口数量百分比	占世界网民数量百分比	2000年至2007年网民增长率
非洲	915,210,928	14.1%	22,848,500	2.5%	2.2%	406.1%
亚洲	3,667,774,066	56.4%	364,270,713	9.9%	35.6%	218.7%
欧洲	807,289,020	12.4%	291,600,898	36.1%	28.5%	177.5%
中东	190,084,161	2.9%	18,203,500	9.6%	1.8%	454.2%
北美	331,473,276	5.1%	227,303,680	68.6%	22.2%	110.3%
拉美及加勒比地区	553,908,632	8.5%	79,963,284	14.4%	7.8%	342.5%

---

① 数据来源：http://www.internetworldstats.com/stats.htm，数据截止到2005年12月31日
② ［美］迈理里·S.格林德：《是否准备好了：发展中世界和全球化》，载约瑟夫·S.奈，约翰·D.唐纳胡：《全球化世界的治理》，王勇(译)，世界知识出版社，2003年，第174页

地区	总人口数（当年估值）	占世界总人口百分比	网民最新数据	网民占人口数量百分比	占世界网民数量百分比	2000年至2007年网民增长率
大洋洲	33,956,977	0.5%	17,872,707	52.6%	1.7%	134.6%
总计	6,499,697,060	100.0%	1,022,063,282	15.7%	100.0%	183.1%

（二）下一代互联网的研发呈加速之势

虽然互联网的前身有浓重的冷战色彩和军方背景，但其后来的发展着实是政府和科研机构不经意的行为。互联网的先驱们在设计之初绝没有想到它会发展到今天的规模并如此重要，因此，不可避免在互联网安全问题和资源分配的可持续性方面缺乏足够考虑。现在，面对不断暴露出来的网络使用中的薄弱环节和缺陷，人们自然对互联网在性能、可靠性和安全性方面提出了更高的要求，对下一代互联网的研发成为当前互联网发展的一大趋势。对于"下一代互联网"，各国尚处在探索阶段，学术界也没有统一的界定，只能说其主要特征是使用 IPv6 协议。① 现在的互联网使用的是 IPv4，② 其地址是 32 位编码，可供使用的 IP 地址大约是 42 亿个，由于早期互联网地址分配的无序和混乱，美国等发达国家占用了大量的地址资源（大约为 74%），其中很多地址段都被白白浪费了，一定程度上导致了当前世界面临严重的 IP 地址危机。而下一代互联网协议 IPv6 建立在 IPv4 基础上，提供 128 位编码，即能提供 2^{128} 个 IP 地址，有人说这将为地球上的每一粒沙子分配 IP 地址。IPv6 的优势还在于：网络的容量更大，服务质量更高，安全更有保证，可以充分满足数字化生产和生活需要。

在下一代互联网的研发上，美国仍然充当了领跑者的角色。早在 1996 年 10 月，美国政府就宣布启动"下一代互联网"（Next Generation Internet，NGI）计划。按照美国国防部制定的 IPv6 进度时间表：2002 年至 2004 年形成标准的 IPv6 协议；2005 年至 2007 年，IPv4 和 IPv6 同时运行；2008 年就要实现美国本土全面的 IPv6 计划，IPv4 协议同时退出。由于对下一代互联网研发的突破直接关系国家未来的发展潜力与国际话语权，因此，日本、欧洲、加拿大、韩国和新加坡等纷纷以各种形式加紧对下一代互联网进行研究。中国的相关研发，虽然起步比较晚，但由于注重国际合作，充分利用已有成果，发展也较快。2003 年，中国联合了日本和韩国共同开发下一代互联网技术 IPv6，希望将这项技术的全球标准在亚洲建立起来。2004 年，由中国清华大学等 25 所

---

① IPv6 是 "Internet Protocol Version 6" 的缩写，也被称作下一代互联网协议，它是由 IETF 设计的用来替代现行的 IPv4 协议的一种新 IP 协议

② TCP/IP 协议一直使用第四个版本，因此叫做 "IPv4"

高校承担建设的我国第一个下一代互联网 CNGI – CERNET2 建成。该项目不仅是目前世界上规模最大的纯 IPv6 网络，与美国的 Internet2、欧洲的 GEANT2 和亚太地区的 APAN 实现了高速互联，而且"获得一系列重大创新成果，其中 3 项属于国际首创"。[①]

国际社会对下一代互联网研发的正呈加速发展之势，按照世界体系的观点，由于历史形成的经济技术积累的差别，处于世界体系核心的发达国家在下一代互联网研发的过程中可能仍将处于领先地位，从而巩固其核心地位；而处于外围的大部分欠发达国家目前看来仍难以在下一代互联网研发上占据一席之地，其发展后劲和潜力将受到很大限制，摆脱被动受剥削外围地位的前景堪忧；处于半外围的国家在已有积累的基础上，如果发展战略、政策和措施得当，则很有可能化挑战为机遇，利用下一代互联网研发的契机，发挥后发优势，更多融入到互联网这一世纪发展的大平台中，共享信息革命的胜利果实。有国际战略研究者指出，与美国在第一代互联网一家独大的局面不同，下一代互联网技术呈现出多个国家齐头并进的势头，目前，美国、中国、欧洲、亚太地区都建起了局部范围的 IPv6 网。所以，第二代国际互联网将不仅给人类带来生活面貌的变化，还将对美国垄断互联网，进而垄断信息经济、信息安全的国际战略格局带来革命性的重组契机。可以预见，在速度更快、功能更强、安全性更高的下一代互联网领域，围绕互联网的管理、治理、使用、利用等，各行为体展开的国际博弈也将更为激烈，而要有效解决互联网在几十年的发展中累积的问题，国际社会对该领域展开国际合作和协调的呼声也将更高。

第二节　互联网对国际社会的双刃剑作用[②]

1856 年，马克思就曾这样讲过："在我们这个时代，每一种事物好像都包含有自己的反面。我们看到，机器具有减少人类劳动和使劳动更有成效的神奇力量，然而却引进了饥饿和过度的疲劳。新发现的财富的源泉，由于某种奇怪的、不可思议的魔力而变成贫困的根源。技术的胜利，似乎是以道德的败坏为代价换来的。随着人类愈益控制自然，个人却似乎愈益成为别人的奴隶或自身的卑劣行为的奴隶。甚至科学的纯洁光辉仿佛也只能在愚昧无知的黑暗背景上闪耀。我们的一切发现和进步，似乎结果是使物质力量具有理智

---

① 杨健：《我国下一代互联网技术获重大成果》，《人民日报》，2006 – 09 – 24，第 1 版

② 《互联网：一把让人喜欢让人忧的双刃剑——审慎应对信息化时代的机遇和挑战》，载《新东方》，2008 年第 1 期，第 61 – 64 页

生命，而人的生命则化为愚钝的物质力量"。① 这段话也从一个侧面说明了当代互联网所带来的悖论：人们在享受互联网带来便利的同时，也必然承受着无处不在、日益紧迫的网络安全威胁。更为重要的是现在的互联网并不仅仅作为信息传递的平台和工具，而且还担当起控制系统的中枢，与互联网紧密相连的国家的政治、经济、军事、文化、科技、金融、通信、电力、交通、油气等国家的战略命脉，也必然地处于相对的威胁中。在一定程度上，信息网络安全威胁已上升为国家的战略性安全威胁。在国际层面上，由互联网普及和应用中实际存在的不平等、不均衡等造成的网络霸权和网络战威慑，已成为霸权强国在互联网时代恃强凌弱的新武器。它们借助互联网平台的开放与便利，大肆进行思想文化和价值观念输出，放大网络弱国的社会问题，煽动不满情绪，进行网络政治动员，甚至进行渗透策反；跨国犯罪集团利用网络金融的便利进行非法资本转移等活动，制造带有政治色彩的金融危机；不法分子利用网络的隐蔽性进行网络诈骗、赌博、贩毒、贩黄、窃密、人口拐卖、国际偷渡等，可以说无所不用其极。因此，这是一个机会不断涌现、同时又危机四伏的时代，个人、国家和国际社会不得不面临由互联网的负面效应所带来的各种挑战。

一、是经济发展的新动力，还是世界两极分化的加速器？

随着信息革命在全球如火如荼地展开，全球经济正在进入信息网络化时代。马克思主义认为，各种经济时代的区别，不在于生产什么，而在于怎样生产，用什么劳动资料生产。以微电子、计算机和网络技术为代表的信息技术，被认为是迄今人类社会技术进步过程中发展最快、应用最广泛的关键技术，代表着生产力的发展方向。作为知识和信息最强大的载体，互联网的迅猛扩张正在使知识和信息成为新的经济增长方式。正如学者阿尔温·托夫勒所说："信息可以带来财富或提升暴力的能力。——无论暴力或财富，都必须依赖知识才足以发挥真正的力量"。② 同时，信息网络化为经济全球化注入了革命性的促进因素，加之信息产业极强的扩散性和渗透性，极大提升了全球产业结构，促使国际分工进一步深化，提高了劳动生产率，促进了全球经济整体的增长。到20世纪80年代，信息产业已经成为世界上第一大产业，对经济的增长起到了举足轻重的作用。据统计，20世纪90年代后期，信息产业对世界经济增长的贡献率在14.7%，考虑到产品和服务价值下降因素，实际贡献率超过25%。③ 据美国商务部统计，生产计算机和通信硬件、软件和服

① 《马克思恩格斯选集》（第2卷），人民出版社，1972年，第78-79页
② ［美］阿尔温·托夫勒：《权力的转移》，中信出版社，2006年版，第10、12页
③ 仪名海：《信息全球化与国际关系》，中国传媒大学出版社，2006年版，第48页

务的产业已经对美国经济造成了巨大影响：从 20 世纪 90 年代中期以来，它占了美国实际经济增长的三分之一，通过降低微芯片、硬件的价格抵制了通货膨胀，在劳动力中引发了巨大的生产力增长。① 在一个以互联网为基础的社会中，知识和和信息正在取代传统的资本、劳动力、土地等成为最新的经济资源和世界经济发展的新型强大动力。

但是，与互联网创造的经济增长新机遇形成一定对比的是：国际社会贫富两极分化的现象并没有消除，全球收入最高国家中 20% 的人口，占据了全球个人消费支出的 86%，而收入最低国家中 20% 的人口却只占全球个人消费总支出的 1.3%。互联网的产生和发展似乎并没有立即扭转这一差距，旧有的"经济鸿沟"尚未填平，又出现了新的"数字鸿沟"。据统计，现在西方国家已经基本实现了信息技术现代化，欧美国家有超过一半的人几乎每天都在使用互联网，而在 9 亿多非洲人口中，只有不到 5% 的使用互联网，而且大部分又集中在南非，世界上最贫穷的撒哈拉沙漠以南的非洲地区情况更为糟糕，2000 年的统计显示该地区只有 0.3% 的人口能接触到互联网。

造成这种状况的主要原因是，美国、西欧和日本等国经济，在工业化时代积累的经济基础和扶持政策支持下，相继实现了从传统经济向新的知识经济的转变，而此时多数发展中国家的工业化尚未完成，与发达国家形成发展"隔代差"。同时，由互联网信息革命主导的新一轮全球产业升级和国际分工在初期也更加有利于发达国家。自上世纪 90 年代以来，发达国家制造业在国民经济中的比重不断下降，世界银行提供的资料显示，高收入国家 1999 年制造业占 GDP 的比例为 22%，2003 年下降到 18%。其中，美国制造业占 GDP 的比例从 1990 年的 19% 下降到 2003 年的 15%，日本从 27% 下降到 21%，欧盟从 24% 下降到 20%。而作为新一轮产业转移的承接地，广大发展中国家正在成为发达国家生产和生活消费品的廉价制造地，并成为其信息网络等高科技产品和信息的倾销市场。凭借新的不公正的国际分工和贸易规则，信息富国赚取了大量财富和垄断利润，并继续加大研发投入以维护其在高科技领域的垄断地位和核心竞争力。有资料表明，仅美国就占了世界研发投入的 32.9%，欧盟十五国占了 37.8%，日本占了 10%，而其他国家合计所占份额还不足 20%。联合国承认，20 世纪 90 年代是信息革命迅猛发展的 10 年，而这 10 年恰恰是不发达国家经历的"最残忍的 10 年"。②

由此可见，虽然以互联网为核心成果的 ICTs 成为全球新一轮经济增长的

① ［美］皮帕·诺里斯：《数字鸿沟的三种形态》，载曹荣湘主编：《解读数字鸿沟——技术殖民与社会分化》，上海三联出版社 2003 年版，第 18 页
② 田作高：《信息革命与世界政治》，商务印书馆，2006 年版，第 289 页

新动力，也推进了全球化发展，但全球经济发展不平衡问题依然存在，短时期内彻底扭转这一趋势非常困难。这是因为美欧等处于信息技术革命前沿的发达国家，有能力有基础积极推动技术的进一步发展，并在未来保持优势；一些中等发达的经济体，如巴西、韩国、中国台湾等则会通过分包跨国公司的业务等方式分得一部分由信息通讯技术发展带来的财富；但是极端落后国家要想搭上信息革命的末班车仍是困难重重。可以说，互联网发展的不平衡性一定程度上加剧和强化了国际经济秩序中不公正不合理之处，使其在某些方面不自觉地成为国际社会两极分化的推手，但是互联网技术本身是中性的，抓住机遇，发展利用得当对经济社会的促进作用是毋庸置疑的，对此发展中国家要辩证地加以认识。

二、是国际关系民主化程度提升的助推器，还是霸权主义新工具？

互联网对国际关系民主化的提升作用主要体现在两个方面：一是互联网加速了国际关系多元化主体的形成及各主体参与国际事务的平等性。互联网非官方文化传统和广泛参与的特性，促进国际关系行为体向多元化方向发展，民族国家已经不再是国家权力无条件的绝对拥有者，包括个人、团体、各类型国际组织和国家在内的行为体，都可以利用网络信息技术带来的便利，及时了解世界各地的信息，表达自己的意见和立场，对国际事务的发展方向和进程施加自己的影响力。虽然从力量上讲，其他行为体与国家或有国家支持的政府间国际组织相比并不平衡，但互联网的强大张力已使各种主体参与国际事务的平等性得到增强，"在公民社会中，信息技术通过传播途径的巨大进步，已经能够将信息传递至难以到达的公众当中。传播媒体能够将热心政治行为的公民组成为一个批评群体"。[①] 比如：美国最初曾强烈反对《烟草控制框架公约》，但后来还是不得不在国际社会的舆论声中（包括网络舆论）放弃了原来的立场。[②] 二是互联网的发展提高了国际事务处理的透明度。在互联网出现以前，有影响力的传媒一般都控制在国家或大公司手中，造成严重的信息垄断、信息暗箱和信息不对称。而交互式低成本的互联网一经产生便拥有了强大生命力，它扩大了公众对信息的知情权，人们不仅可以在网上搜索到各种正统的或是异端的消息，还可以相互交流共同感兴趣的问题。在信息互联网时代，封锁消息变得异常困难，几乎世界各地任何有新闻点的事件一经发生便会经由网络进入全球视野并受全球舆论的监督，国际关系的透明度得

---

① ［美］皮特·萨伊：《在线公民社会的国际差距》，载曹荣湘：《解读数字鸿沟——技术殖民与社会分化》，上海三联出版社 2003 年版，第 275 页

② ［美］皮特·萨伊：《在线公民社会的国际差距》，载曹荣湘：《解读数字鸿沟——技术殖民与社会分化》，上海三联出版社 2003 年版，第 276 页

到提升。总之，互联网内在的民主精神，能极大促进各类行为体政治参与的发展和信息的公开透明，从而有助于推动国际关系民主化进程。

与互联网带来的国际关系日趋民主化背道而驰的是，以美国为代表的西方发达国家的网络霸权不时以各种方式表现出来，在某些情况下甚至还有加强趋势。所谓网络霸权是指一国利用在信息网络技术方面的绝对优势不公正地为本国攫取政治、经济和军事利益。第一，在倡导平等开放精神的互联网的监管上表现出霸权色彩。如前文所述，全球互联网的最高管理机构"互联网域名与数字地址分配机构"（ICANN）是隶属于美国商务部的一个非盈利机构，它不仅负责分配域名，还控制着管理互联网主目录的所有根服务器。第二，美国等西方信息强国占据着网络信息技术的高位。有学者认为，互联网刺激下加速形成的全球生产网络和金融网络限制了贫穷国家与发达国家的跨国公司讨价还价的能力，缩小了这些国家政治、经济、文化、科技及军事政策选择的余地，发展中国家的脆弱性进入一个新的阶段。① 最后，西方信息强国利用网络优势对发展中国家进行技术控制、经济干预和政治干涉时隐蔽性增强，他们常常通过互联网操纵控制目标国中的民主分子和自由斗士的言行，用加工伪造的信息蛊惑大众，影响舆论，不战而屈人之兵，达到干扰其国内政治秩序甚至颠覆其政权的目的。比如 2008 年中国在处置拉萨 314 事件中，西方发达国家的 CNN 等媒体利用其具有全球影响力的网站，登载加工伪造过的图片、文字信息等，其赤裸裸的霸权行径被一些俄罗斯专家称为"信息恐怖主义"。

三、是全球文化融合的催化剂，还是文化殖民的新装备？

当前，世界文化多样性已得到广泛认同，人们普遍认识到：不同文化在相互尊重、相互平等的基础上，互相学习和借鉴将成为常态，东西方文化的互动是人类文明进步的阶梯。广大发展中国家更加注重文明对话与文化主权，正在改变单边文化接受方的状态，努力成为文化向外辐射的一方，争取在世界文化之林中占有一席之地。而西方文化也注意到了自己的局限性，开始向非西方文化学习和借鉴。这种努力在一定程度上激发了西方文化的活力，推动了西方文化的发展。在全球化日益发展的今天，互联网的出现极大压缩了时空阻隔，为信息的检索、交流和对话提供了机会。这是一个社会交往交流和文明发展融合的大平台。互联网传播方式的廉价和便捷，尤其为欠发达国家提供了广泛的机会，使得他们对自己国家的文化形象有更大的控制力，也为各种文化的冲突、交流、理解和融合创造了无限机会。在不同文化因碰撞

① ［美］迈理里·S. 格林德：《是否准备好了：发展中世界和全球化》，载约瑟夫·S. 奈、约翰·D. 唐纳胡：《全球化世界的治理》，王勇（译），世界知识出版社，2003 年，第 166 页

而发生冲突的同时，它们的依赖程度也在日益加深，相互认同的范围也在不断扩大。可以说，互联网的发展使人类社会的文化融合正处于空前的活跃期，并在内容和形式、广度和深度上不断有新的发展，"（虽然）美国统治着这个变动着的世界的文化影像、信息和宗教信仰的事实是不可争议的，但是……世界并不会就此走向盎格鲁—萨克逊……在数字空间里，每一种文化都将形成它自己的发展方式"。①

从理论和原则上讲，互联网史无前例地给弱势文化提供了理想的发展空间。借助于先进的信息网络技术，各民族各地区可以平等地进行信息文化的交流和沟通，但网络在打破文化交流技术障碍的同时，也打破了本土文化的天然屏蔽。政治经济实力的差别，造成了信息资源和信息流通的不平衡，技术先进和市场繁荣的一方自然处于文化高位。根据文化传播的"马太效应"（Matthew's Effect），其结果很可能是强者愈强，弱者愈弱。首先，互联网技术本身就体现着一种文化强势，如同任何其他技术一样，互联网技术虽然是中立的，但其内部隐藏着其设计者的偏好。西方的理念、知识和通信行为在很大程度上决定着互联网的结构、体系和文化。② 其次，网络世界的通用语言是英语。尽管世界上使用英语的人仅占人口总数的10%，但互联网链接总数超过80%使用的是英语，紧随其后依次为德语、法语、西班牙语和日语链接，无一不是互联网和经济强国语言。而且各种电脑程序语言也几乎都英语。现在，欠发达国家的人要想从事与计算机和网络有关的工作，就必须熟悉英语及其文化。再次，互联网上承载的跨国流动的绝大部分信息内容是由西方发达国家主导的，他们在全世界范围内推销自己的思想文化、价值标准和意识形态，在文化贸易和交流方面处于出超地位。发展中国家想对此进行必要的控制、限制、选择和取舍变得愈发困难。发达国家通过网络向受众连续不断地传递文化信息，这种不可抗拒的反复传递会使普通受众产生亲近感、认同感，以至最后信赖这种文化理念，同时对本民族的自尊心、自豪感和归属感产生动摇，对本国的忠诚度下降，这种趋势如不加以改变，将最终动摇民族国家存在的根基。因此，互联网在发展尚不平衡的情况下，不自觉地表现出对边缘人群的歧视，并在一定程度上成为西方文化和政治意识形态输出的重要新型载体。

---

① Nathan Gardels et al. （1997）, "Cultural Imperialism on the Net," In O' Reilly and Associates （eds.）, the Harvard Conference on the Internet and Society, Cambridge, MA: Harvard University Press, P. 466–483

② 陈源：《〈网络帝国主义?——新电子前沿中的国际关系〉评介》,《国外社会科学》2001年第6期，第75页

四、是有利于提升国家科技军事实力，还是会带来更多非传统安全问题？

互联网信息技术是一国科技实力强弱的重要表征，也是新军事变革的关键技术条件。在各方面条件都均等的情况下，各国科技军事实力都能从互联网信息技术的发展中获得普遍提升。在非传统威胁领域，互联网信息技术所发挥的作用也越来越明显。这是因为信息和行动一致是预防和对抗国际恐怖主义、跨国犯罪、毒品贸易和大规模杀伤性武器扩散等问题的关键要素。而先进的网络信息技术对国际社会加强在情报领域的合作，扩大信息共享和交流的范围，发现更多的线索及加强行动协调意义重大。

在现阶段，从以互联网为主导成果的ICTs中获益最大的，还是那些本已十分强大的国家。比如，美国是最早将信息技术应用于军事领域，并引发世界范围内"新科技革命"和"新军事变革"的国家之一；太空传感器、Direct Broadcasting、高速计算机及复杂的软件系统等，增强了信息科技强国在幅员辽阔地域收集、甄别、处理、传递和传播复杂信息的能力；美国等国对作战空间细微变化的敏锐觉察，以及精确打击力量的增强，确保了它们继续在各个高科技，包括军事科技领域保持强大优势。虽然，当代信息弱国可以从商业市场上买到诸多先进技术，但在将一种系统纳入诸多系统的能力方面，信息强国具有先行优势。如美军提出要在 C^4ISR 的基础上搞全球信息栅格，[①] 以集成各类军事通信和信息系统，将遍及全球的美军连接在一起，为作战、指挥、决策、保障人员提供无缝隙信息共享和服务，实现信息和决策优势。

但是，从另一个方面讲，互联网也增强了个人、团体等传统弱势行为体以及国际犯罪组织获取技术、信息和相关资源的能力。即使是最弱小的国家，甚至恐怖组织或贩毒集团，都可以雇佣自己的计算机程序员在软件中植入一个特洛伊木马病毒，以摧毁强大对手的关键网络或导致计算机运行失败。[②] 这意味着科技军事强国的绝对优势定律正在遭遇到非对称优势的挑战，以往过多仰赖国家及其军事力量解决安全问题的思路正在遭到挑战，经济金融安全、信息安全、恐怖主义、跨国犯罪等非传统安全问题正在各个层面上对全球发展构成严重挑战，信息网络化的发展加剧了解决此类问题的难度和不确定性。首先，从信息网络自身的脆弱性上分析，尽管网络安全技术也在不断发展，但总是滞后于网络攻击技术的发展，网络漏洞存在的可能性是绝对的，而安全总是相对的和低保障的。网络恐怖主义的猖獗便是利用了网络的这根软肋。

---

① 《江泽民文选》（第3卷），人民出版社2006年版，第167、359页。C4ISR，是由Command（指挥）、Control（控制）、Communications（通信）、Computers（计算机）、Intelligence（情报）、Surveillance（监视）、Reconnaissance（侦察）第一个字母组合而成

② Walter B Wriston（1997），"Bits, Bytes, and Diplomacy," Foreign Affairs, 76（5），p. 180

当前，出现了现实世界里传统的恐怖主义袭击可能和网络空间的恐怖主义更紧密结合在一起的趋势，这将使人类社会面临更大的威胁。其次，从互联网的管理上分析，网络结构的松散化，也增大了对其进行有效管理的难度，时至今日，世界各国还未在互联网管理方面缔结具有普遍约束力的国际条约，这大大降低了对以互联网为犯罪工具或犯罪内容的跨国犯罪活动打击的有效性。美国的国防部曾进行了一次实验，由军方组织起一个黑客队伍模拟敌方，任务就是通过互联网上公开提供的软件攻击国防部的计算机。实验证明他们成功攻入五角大楼的几千台计算机，却只有寥寥几次被检测出来，他们甚至攻入了计算机指挥和控制系统。如果这样的威胁真的在电网、电话系统和金融市场上发生，后果不堪设想。① 最后，从现实世界对信息网络依赖性上分析，依赖的程度越深，范围越广，互联网一旦遭遇人为或不可抗力的破坏时，人类社会的损失将越惨重。当前基于互联网的虚拟经济和网络金融便面临这样的问题，如 2006 年年底，中国台湾近海发生强烈地震，导致 6 条国际海底电缆断裂，造成中国、东南亚以及美洲地区通信网络中断，有关国家金融交易就受到严重影响。

五、是促进社会全面解放和进步，还是新打开的潘多拉宝盒？

互联网是一种社会解放工具。表现在：一是互联网正成为全球经济增长的关键基础设施，加速了经济全球化的发展，极大地解放了社会生产力，创造了巨大财富；不仅如此，它还潜移默化地影响和改造着人类社会的制度和规范，成为一种对经济社会发展起到革命性解放作用的力量。二是网络的开放本性、无中心的分散式结构及交互式特性，使互联网存在强大的推动社会民主和个性解放的内在逻辑力量。信息互联网时代，由少数有权力的人对信息进行垄断、封锁和控制的时代已告终结。网络面前人人平等，任何人都能对政治事件或决策发布批评或支持的信息，确保了人们的利益表达权和话语权，能形成舆论和民意合力，发挥公民社会对国家政治生活的影响力。在这个过程中，人们的利益得到表达，个性得到彰显，个人价值得到充分体现，人性得到解放，从而在最大程度上消除了社会各种不稳定的因素，达到了人与社会，人与科技更为和谐和融洽的关系，是社会全面进步的标志。

但是也正是由于以上特点，互联网在解放社会和个体，带给社会巨大效益、更多新的体验和愉悦时，也带来了各种复杂的社会和法律问题。首先，互联网上的不良信息呈泛滥趋势。网上的色情暴力信息，假新闻、假信息正成为误导青少年犯罪的"精神鸦片"，侵蚀着某些青少年的意志和理想，直接

---

① D avid J. Rothkopf (1998), "Cyberpolitik: The Changing Nature of Power in the Information Age," Journal of International Affairs, 51 (2), p. 347

影响新生代世界观及人生价值观的形成与生活方式的选择，有可能滋生更多的未成年人犯罪和更为复杂的社会问题。其次，互联网成为新的犯罪手段和工具，从制造爆炸的方法到化学武器的合成，从游戏赌博到毒品走私，从偷盗网上银行账户到故意传播网络病毒，几乎无所不用其极。正如有的学者指出的："人们在因特网上可以为所欲为，使用者能在网上找到人所能做的全部坏事"。① 再次，互联网的超国家性使某些法律问题复杂化。比如在互联网条件下，货币在计算机网络中是以电子货币流的不间断形式存在的，这无形中为将数额巨大的黑钱转为合法商业投资提供了便利。再比如，互联网在某种程度上加强了儿童色情犯罪的国际化和组织化，而各国在这个问题上的法律差异却给网络儿童色情犯罪留下了较大的可乘之机，国家传统的社会管理或处置手段——警察或军队都不能很好地应对这个问题。② 包括国家、相关国际组织和技术支持组织等在内的整个国际社会，必须加强对以上这些问题的研究和认识，通过有效国际合作加强互联网的全球治理，更好地发挥互联网对人类社会进步的积极作用。

六、是预防和解决国际冲突的新手段，还是国际冲突滋生加剧的推手?

冷战后一个时期，因领土、资源争端及民族、宗教纷争而引起的地区冲突频仍，一度呈上升趋势，对地区和国际安全造成很大威胁。一些国家的领导人为掩盖自身政策失误和国内危机，或者在野党或派系为夺取国家政权，也往往鼓动或煽动冲突和内乱。近几年，一些持续多年的冲突和战乱有的已经得到解决，有的正走上政治解决的轨道或逐步降温。在这个过程中，互联网对国际社会充分发挥调解能力、缓和或解决国际或地区冲突起到一定积极意义。比如，在冲突各方短暂停火的间隙，国际社会可以充分利用网络信息技术提高冲突各方和平谈判的效率。如果冲突各方的焦点是领土问题，国际社会可以借助先进的计算机软硬件的支持，在谈判中边界划分出现变动时，制图人员可以利用相关软件系统当场制作出标注停火线的新地图，并精确计算出土地占比，这样就降低了各方误解误判的发生，提高了谈判效率；借助于先进的监控和通讯技术和设施，国际社会可以对有关各方在战区的行动了如指掌，相关信息的掌握和披露完整、准确，也会在无形中增加谈判各方的相互信任；③ 如果能向签订武器控制协议的双方提供相关信息，就能降低误解

---

① ［德］恩格尔:《对因特网内容的控制》，载《国外社会科学》，1997 年第 6 期，第 38—44 页

② Jessica Mathews (1997)，"Power Shift," Foreign Affairs, January/February, p. 58

③ See Margarita S. Studemeister (1998)，"The Impact of Information and Communication Technologies on International Cconflict Management," American Society for Information Science, 24 (3), p. 25

和不信任发生的几率，增加协议执行和的可能性。① 同时，当发生政治冲突性时，网络传播也有助于制约冲突各方可能做出的过激反应。1994 年 1 月，墨西哥南部恰帕斯州的萨帕塔主义者挑起的冲突刚开始，他们就通过其支持者——互联网上无处不在的国际人权分子，将他们的主张和要求上传到互联网上。短时间内，全世界媒体的注意力被集中到该州。这种关注一方面帮助萨帕塔主义者在世界范围内赢得支持和同情，另一方面也在一定程度上制约了墨西哥政府对此做出过度反应，否则这就很有可能是一场流血冲突。后来墨西哥外交部长曾对此评论说："枪声持续了 10 天，自此，战争已经成为了一场互联网之战"。②

　　虽然互联网通常被认为具有促进相互了解，预防或消除国际和种族间冲突的功能，但是实际运用中，互联网也可能起到相反的作用，这主要表现在：一是在国际冲突中，媒体传统上大都担负起宣传战的重要角色，互联网当然也具有相同的功能，如在以巴冲突中，双方网站都在痛斥对方的"暴行"。如果在亲巴勒斯坦的网站上，我们很可能就会读到一封上书"以色列屠杀"之类的血书，同时还会建有链接指向曾引发世人扼腕的小男孩惨死枪下的事件。同样，如果是在亲以色列的网站上，人们则可看到犹太居民细诉夜晚枪战的残忍等讯息。在这种情况下，互联网业甚至已经成为散布种族仇恨和歧视的工具，这是在加剧而不是在减低冲突。如一些网站明目张胆地散布种族主义的理念，无形中会降低人们的相互容忍度，增长反民主的风潮。二是诸如涂改网页、删改数据、堵塞访问通路等一般的黑客攻击，成为伴随国际冲突时最常见的状况，它已成为审视地区局势紧张与否国家关系好坏与否的晴雨表。从发展看，黑客攻击具有程度愈演愈烈、规模愈来愈大、持续时间愈来愈长的特点。而双方的国家机器都会对对方黑客攻击给予高度关注，并采取相应措施。③ 比如 2008 年 8 月爆发的俄格冲突中，战争同时在现实和虚拟世界上同时打响。俄罗斯的黑客通过对格鲁吉亚的虚拟攻击，致使格鲁吉亚总统办公室、议会和中央银行等政府机构及通信、交通产业等基础产业的电算网遭到集中攻击而陷入瘫痪。即使在俄宣布暂停对格的军事行动后，俄黑客仍继续向格网络发起攻击，导致两国外交口水战升级。

---

① Joseph S. Nye, Jr. and Owens, William A. (1996), "America's Information Edge," Foreign Affairs, 75 (2), p. 32

② Jessica Mathews (1997), "Power Shift," Foreign Affairs, January/February, p. 54

③ 闵大洪：《网络传播在国际关系中的特殊作用——以最近三个事件为例》，载 http://cjr. zjol. com. cn/05cjr/system/2006/12/19/008057234. shtml（2008 年 4 月 30 日访问）

　　梅尔文·克兰兹伯格认为"技术既无好坏，亦非中立"，[①] 人类所释放出来的技术力量与人类本身互动的复杂矩阵仍然是有待探索的问题。全面看待这一问题有助于各国尤其是发展中国家把握利用好互联网信息技术带来的空前发展机遇；同时，对互联网带来的负面效应和挑战，各国也不应一味被动回避。面对严峻挑战，世界各国在维护信息网络稳定、开发信息技术及利用信息资源等方面有着越来越多的共同利益和广阔的合作前景。

---

　　① Kranzberg, M. (1985), "The Information Age: Evolution or Revolution?" in Bruce R. Guile (ed.), Informaion Technologies and Social Transformation, Washington, DC: National Academy of Engineering, p. 50

第二章　互联网时代的国家主权和国家安全

自威斯特伐里亚体系以来的 300 多年来，国家一直有明确的地域划分，国家享有对内对外绝对主权，国家主要依靠经济、军事和政治权力三支柱实现国家利益，也主要以经济军事实力来衡量其综合实力，传统意义上的国家安全也主要指国家的军事安全、经济安全和政治安全。但是 20 世纪 90 年代以来，以互联网为代表的 ICTs 革命及其引领下的全球化浪潮正在推动着人类社会迈向信息时代的崭新阶段。深入探讨互联网条件下的国家主权和国家安全等这些国际政治的基本问题成为研究互联网时代国际博弈与合作的重要逻辑起点。

第一节　信息主权成为国家主权新要素

强大、分散、灵活的互联网与其所承载的海量信息相互助力，正在对国家主权问题产生重要影响：网络信息国际传播几乎可以不受限制地跨越国界，而国家却缺乏有效的管理和控制手段，传统的国家对内、对外主权观受到冲击，信息主权及其维护正在成为该领域的一项新课题。

一、互联网对国家主权的影响和冲击

（一）国家主权的概念

法国思想家让·布丹第一次明确提出了近代主权的概念，并着重从对内主权的角度阐述主权的内在属性，认为主权是"对公民和臣民的不受法律限制的最高权力"。而与布丹生活在同时代的荷兰法学家雨果·格劳秀斯则主张从国际关系的角度诠释主权对外独立的重要属性，指出，"凡行为不从属于其他人的法律控制，从而不致因其他人意志的行使而使之无效的权力，称为'主权'"。这样国家主权的两根支柱——对内主权和对外主权——完全得到确立。1648 年威斯特伐里亚会议将国家主权原则确立为国际关系中应当遵守的基本准则，推动了具有独立主权的近代民族国家的广泛建立。[1]

---

[1] 刘凯：《全球化发展背景下国家主权自主有限让渡问题研究》，中央党校 2007 年博士论文，第 27 - 30 页

国家主权平等是联合国宪章的基本原则之一，传统的国际关系理论认为主权是国家的根本属性。国家主权是对内最高、对外独立的权力，其最主要的内容是政治独立、领土完整和经济自主。其主要特征是：对内，国家主权表现为最高政治权威的"权力"性质；而在对外的国际关系领域，国家主权强调的是国家作为国际社会一员所享有的法律上的权益与参与国际社会的资格，是一种"权利"属性，[1] 即国家主权观念可以从"对内权力"和"对外权利"上理解。

国家主权观念走过了一条非绝对化的演变，欧盟一体化进程、WTO争端的解决机制、国际刑事法院规约的有关规定等即是明证。因此，只要国家与其他重要国际行为体发生政治、经济、文化等往来和交流，国家主权观就不是绝对的，国家行使主权的范围与能力在互联网条件下发生变化也是符合历史逻辑的。

（二）互联网对以地理划界为依据的国家主权的冲击

不同的人类共同体形成地理疆域分明的主权国家。国家行使主权的范围一般是在一国疆域之内，包括一国的领陆、领水、领空和领陆、领水的底土等四个部分。[2] 当前世界上有200多个主权国家。国家的主权特性赋予国家运用本国的政治、经济、军事、技术和其他资源在其主权范围内采取、实行和强制执行相关国内、国际政策的权力和能力。从法律的角度，主权确保一个国家可以有效阻止别国干涉其内部事务。

但是，以互联网为核心ICTs革命直接导致一定时期内多数国家地位的下降和非国家行为体力量的上升。应用广泛、价格低廉的ICTs彻底打破了国家对信息处理的垄断，信息访问和发布的便捷无疑增加了重要行为体的数量，[3] 实际的地理限制与国界分隔开始在互联网中消失，相当一部分经济与文化活动可以借助网络得以实现，主权国家行动自由的能力越来越受到互联网全球化发展的挑战。互联网所带来的后果已经超出了主权国家的政治想象力和控制力，如今网络恐怖主义、网络色情等都不是哪一个国家能够单独解决的问题。地缘政治边界相对于信息的流动也变得越来越不具有屏障和过滤作用。通过互联网，国外的各种信息从技术上完全实现不受任何限制地穿越国界，世界上任何地方发生的事情都可以即时传遍全世界的每一个国家，对一国的政治、经济、社会秩序和国家安全造成重大影响。如绕地飞行的卫星上安装的高分辨率摄像机可以清楚探明任何地理特征以及一国民用、军用和商业设

---

① 张军旗：《主权让渡的法律涵义三辨》，载《现代法学》2005年第1期，第98—102页

② 任明艳：《互联网背景下国家信息主权问题研究》，载《河北法学》2007年第6月，25卷，第6期，第71页

③ Jessica Mathews（1997），"Power Shift," Foreign Affairs, January/February, p. 50

施，然后再将这些信息传回地面，国家的主权和安全受到极大挑战。因此，一些国际关系学者认为，互联网的本质特征是其"克服了所有地域边界和距离的障碍"。① 可以这样说，信息技术的无限性构建了一个多姿多彩的虚拟世界，大大拓展了人类生存和发展的空间，使人类世界有形的、有限的空间向无形的、无限的虚拟空间延伸。正像航海和航空技术赋予国家领海和领空主权一样，而互联网为主导的信息技术革命则使主权国家遇到了"信息边疆"主权捍卫问题。②，互联网信息空间成为主权行使的"第五空间"，③ 这在一定程度上丰富了国家主权的内涵。

（三）信息主权的发展演变及提出的意义④

信息主权并不是在互联网时代出现的全新概念，它是一个历史范畴。"信息主权"是指国家对信息必然享有的保护、管理和控制的权力，是国家主权在信息活动中的体现。⑤ 在传统的国家主权观念中，不乏对于其领土所产生、接收和流动的信息的管理与控制。但是这时的信息控制与管理尚没有上升到关乎国家独立主权和安全的战略高度。信息主要作为国家的政治主权、经济主权、文化主权等的附属形态而存在。随着互联网的全球发展，国家的"信息主权"观念更加独立并有强化趋势。国家对信息的生产力、传播力和控制力决定了在互联网空间的国家管辖范围。

随着以互联网为推动力的信息社会与新信息观的形成，信息在全球范围内的流动成本几乎为零，这使得国家在国际关系中的权利主张、国家意志的贯彻、国内政策的回旋余地、公民行为方式不可避免地受到信息网络强国，即信息产品输出国的影响。虽然国家为维护国家主权，从理论上可以限制外部信息传入本国，但是互联网分散开放的内在结构特点使国家的管控努力逐渐失去意义，国家的政治、经济和文化主权不断受到侵蚀。越来越多的国家认识到："没有信息的独立和主权，就没有国家的独立和主权"。⑥ 这样，信息主权从经济、政治和文化主权中分离出来，成为现代国家主权的新要素是历史必然。在互联网迅猛发展和信息天生自由的双重作用下，传统的国家政治、经济和文化主权甚至会在一定程度上转化为信息主权的依附的趋势。

从本质上讲，互联网属于全人类，不完全从属于任何国家、政府或国际

---

① Jan Aart Scholtc (2000), Globalization: A Critical Introduction New York: St. Martin's Press, p. 75

② 陈宁、严磊：《论信息网络化对国家主权的挑战》，载《世界经济与政治论坛》2004 年第 5 期，第 55 页

③ 孙昌军，郑远民，易志斌：《网络安全法》，湖南大学出版社，2002 年版，第 12 页

④ 有关"信息产品输出国"的提法可参见罗小玲：《从信息主权的高度认识信息产业的重要性》，载《情报资料工作》，2002 年年刊，第 11 页

⑤ 沈雪石：《论信息互联网时代的国家安全》，载《国防科技》，2004 年第 11 期，第 21 页

⑥ 沈雪石：《论信息互联网时代的国家安全》，载《国防科技》，2004 年第 11 期，第 21 页

组织，因而也不存在绝对意义上的中心控制权威。但是，现实的国际社会是由不同国家组成的，国家利益仍驱使各国去维护各自的信息主权，再加上互联网在时间和空间发展上存在的不对等、不均衡，信息网络强国对于信息网络弱国已经实际形成了"信息势差"。居于信息低位势的国家，信息主权甚至整个国家主权都面临极大挑战，"信息疆域"的大小、"信息边界"的安全，直接关系到一个民族、一个国家在信息互联网时代的兴衰存亡。因此，提高维护信息网络空间主权的能力、拓展"信息疆域"，加大信息辐射的广度和深度，保卫"信息边界"，是国家在信息时代维护自身主权的至关重要的问题。因此，信息主权赋予国家主权更深刻的内涵，体现了鲜明的时代内容，反映了信息网络全球化背景下民族国家对维护国家主权和独立的必然要求，这是国家主权原则的新发展，也是现代国际法发展的新趋势。

二、全球性互联网加大了维护国家主权的难度

从技术角度讲，虽然国家维护信息主权的收益或者说利益总体来说是一定的或是稳定的，但是随着每一次新技术浪潮的冲击，国家维护信息主权和控制信息流动的成本正在急剧攀升，并且难度越来越大。1819 年的卡尔斯巴德条约对于跨界运输的图书和报纸控制的成本低，效率高；但是出于政治、军事目的而人为干扰国际短波广播通讯的难度则很高且代价高昂；信息互联网时代出现卫星通讯后，虽然从技术上打掉某个通讯卫星的可能性是存在的，但是其物质和政治代价几乎超出了主权国家的承受范围，信息主权的行使更像是"理论楼阁"的空谈。[1] 对国家在信息主权问题上的状况，美国的 Deborah Spar 就认为："国际组织缺乏维持互联网空间秩序的力量；国家则缺乏权威；而国家间协议签订的低效率根本就无法跟上高速的技术更新"。[2] 美国麻省理工学院传媒实验室的共同创始人之一尼古拉斯·尼葛罗庞帝也认为："互联网几乎不可控制，这并非因为法律不具有适应性，而是因为民族国家不适应（互联网的架构）"。[3]

全球性互联网环境下，网络主体发布与传递信息的网络行为兼具了国家性与全球性的双重属性，这也使国家信息主权意志的表达既是面向国内的，也是面向全球各国和世界网民的，从这个意义上，前述主权的"对内权力"

---

[1] Wolfgang Kleinw? chter (2000), "ICANN As the 'United Nations' of the Global Information Society? - The Long Road towards Self-Regulation of the Internet", International Communication Gazette, 62 (6), P. 454

[2] Deborah Spar (1999), "Lost in (Cyber) space: The Private Rules of Online Commerce," in Claire Culter, Tony Porter, and Virginia Haufler (eds.), Private Authority and International Affairs, Albany: SUNY Press, p. 47

[3] Andrew Higgins and Azeem Azhar, "China Begins to Erect Second Great Wall in Cyberspace," The Guardian, 5 February 1996

与"对外权利"很难完全分离。而国家行使对内对外主权与互联网分散化的内在结构形成了不可调和的矛盾，不仅国家的"对外权利"处于弱化和相对化过程中，国家的"对内权力"的维系难度也空前加大。美国的 Haufler 认为"互联网分散、开放和全球互联的特性使得由国家对其有效施行自上而下的管理方式变得异常困难"。[①] 正是全球网络的互联使国家主权的基本要素——在明确界定的地理区域内向法定登记的公民行使主权的原则——受到互联网的严峻挑战。面对互联网上出现的儿童色情、纳粹宣传、黑客攻击国家关键信息系统等新型问题时，信息内容管控、隐私权保护及通过国家立法限制过度商业化等传统办法的作用日渐衰微。互联网在全球的渗入表明：国际与国内、民事与军事、私人与公众、和平与战争的边界正在消融。[②] 从表面上看，互联网使一国政府对事件进程的控制力正在减小，即国家的"对内权力"受到的挑战更大，与此相连，任何对内主权的丧失或减弱都有可能导致更大的对外主权危机。

第二节　信息互联网时代的国家安全

互联网既是通讯传播的媒介，又是一种关键基础设施。在互联网上使用同样的网络协议既可以传输普通的电子邮件，也可以传输网络赌博、市政统计数据或在线消费和信用卡信息等。现在除了大部分的金融交易信息是加密传输以外，大部分的网络信息暴露在公众视野之内，可以被任何人所读取。虽然互联网在实现了沟通联系最大程度的简化，却不能同时提供最大程度的安全保障。[③] 比如，虽然互联网起源于军事领域，但是今天绝大多数的军用通讯联系是通过民用网络进行传输的，是名副其实的重度依赖。[④] 再比如雷达能监测范围能到达国家的深层空间，绕地卫星上安装的高分辨率摄像机可以清楚的探明一国的任何地理特征以及民用、军用和商业设施等。[⑤] 因此，当代一国如果没有信息网络安全，政治、经济、军事、文化和科技安全都无从谈起。

[①] Virginia Haufler (2001), A Public Role for the Private Sector, Washington, D. C.: Carnegie Endowment for International Peace, p. 82

[②] Johan Eriksson and Giampiero Giacomello (2006), "The Information Revolution, Security, and International Relations: (IR) Relevant Theory?" International Political Science Review, 27 (3), p. 227

[③] Johan Eriksson and Giampiero Giacomello (2006), "The Information Revolution, Security, and International Relations: (IR) Relevant Theory?" International Political Science Review, 27 (3), p. 225

[④] Johan Eriksson and Giampiero Giacomello (2006), "The Information Revolution, Security, and International Relations: (IR) Relevant Theory?" International Political Science Review, 27 (3), p. 232

[⑤] Margarita S. Studemeister (1998), "The Impact of Information and Communication Technologies on International Cconflict Management," American Society for Information Science, 24 (3), p. 25

一、信息互联网时代国家安全观的转变

(一) 国家安全及国家安全观的含义

安全是国际政治研究的"起点"和"落点"①，国家安全是国家生存和发展的基石。自由主义的代表约瑟夫·奈认为：国家安全就是国家核心价值不存在任何威胁。② 现实主义代表人物阿诺德·沃尔弗斯在《冲突与合作》中指出："安全，在客观的意义上，表明对所获得价值不存在威胁，在主观的意义上，表明不存在这样的价值会受到攻击的恐惧"。③ 因此，一般意义上的国家安全意味着一国社会的核心价值处于无威胁状态。而安全观更多的是从社会现实建构的角度提出的一个术语。所谓"观"即是看法观点等。安全观就是对国际安全环境、安全内容、安全保障等有关安全问题的看法和观点，这是符合建构主义思想的。建构主义认为，物质现实（比如说物质世界，计算机，光缆等）和社会现实（身份、利益、规范和机制等）同时存在于这个世界。二者的区别在于社会现实是被社会建构的，极易受条件变化影响，始终处于动态过程。因此建构主义研究的不是"社会现实是什么"，而是它们是如何处于当前这个状态的。④ 因此，国家安全观作为一种对安全问题的观点，与利益、身份、规范等社会因素一样具有内在的动态性和条件性，因此是时代变迁的反映和产物。

(二) 信息网络环境下国家安全研究的进展

来自现实主义阵营的传统安全学派，其安全观是以国家为中心的，并着眼于对军事安全的战略研究。在一个日益建立在互联网上的人类社会里，他们认为，尽管当前在安全领域出现了种族、宗教冲突、国际恐怖主义、跨国有组织犯罪及全球变暖等安全因素，但是为保持概念的清晰和理论内核的简洁⑤，没有必要扩大安全的定义。⑥ 有些传统派学者也注意到互联网等信息技术的发展及其对安全的影响，但他们或者把与ICTs有关的威胁归结到经济领域，认为这种威胁不一定影响到国家安全；或者虽然注意到了信息战，但认为这不过是传统国家间冲突的技术因素或副产品。仍然没有突破其在国家安

① 倪世雄：《当代西方国际关系理论》，复旦大学出版社，2001年版，第434页

② Johan Eriksson and Giampiero Giacomello (2006), "The Information Revolution, Security, and International Relations: (IR) Relevant Theory?" International Political Science Review, 27 (3), p. 231

③ 周小霞：《浅析互联网时代的国家安全》，载《湖北社会科学》2005年第1期，第114页

④ Wendt, A. (1992), "Anarchy Is What States Make of It: The Social Construction of Power Politics," International Organization 46, p. 391 –425

⑤ Goldmann, K. (1999), "Issues, Not Labels, Please! Response to Eriksson," Cooperation and Conflict 34 (3), p. 331 –333

⑥ Ayoob, M. (1997), "Defining Security: A Subaltern Realist Perspective," in K. Krause and M. C. Williams (eds.), Critical Security Studies: Concepts and Cases, London: UCL Press, p. 121 –142

全问题上以国家军事安全为中心且过分强调物质实力的局限。比如 Ayoob 认为，"只有当经济、生态等领域的威胁会立即产生政治后果或潜在地威胁到国家边界、政治机构或政体时，才可能称其为国家安全问题"。①

由于深受康德哲学和威尔逊理想主义的影响，自由主义认为即使人不是生来就善，至少也是善于接纳和学习的，因此技术等等现代化发展手段是开化启蒙和和平变化的工具，因此他们对于信息网络条件下的相互依赖和相互联系看得较为乐观，对于可能因此而出现的脆弱性或不安全性估计不足，他们强调在国际层面上建立相关规范和机制等和平手段来克服各种冲突。综合了自由主义和某些批评理论的扩展学派，其代表人物布赞（Buzan）、穆乐（Muller）及前面曾提到的杰西卡·迈秀斯（Jessica T. Mathews）等认为，应扩展安全概念，以应对新威胁和新挑战。新的概念要跨越政治、社会、经济和环境等领域。② 而且扩展学派还将非政府组织、社会运动组织、恐怖组织、私人企业以及个人等具有跨国行为能力的非国家行为体作为分析安全问题的重要行为体。虽然他们的安全概念涵盖经济、生态、政治和文化等重要方面，但其对互联网的出现及信息革命的其他因素关注度仍然较小。如前文所述，互联网具有双刃剑作用，以互联网为核心的 ICTs 并不简单是合作、民主化和和平的工具，而且还是诱导、蛊惑社会公众和进行恐怖活动的便捷工具。它不仅方便了国际货币基金组织、大赦国际、通用汽车公司等非国家行为体的活动，同时也为基地组织、爱尔兰共和军、科萨·诺斯特拉（Cosa Nostra，美国黑手党犯罪集团）等非国家行为体进行实时的全球通讯联系提供同样便利的条件，这样自然产生了正反两个方面的效果：一方面促进了一体化、合作和自由化，另一方面又对恐怖主义、跨国犯罪和国家的不稳定状态推波助澜。互联网负面作用的存在，使当代社会在通讯联系、能源生产和商业活动等方面对互联网的过分依赖面临新的风险。

建构主义是一种物质现实和社会现实基础上的实用主义的后现代理论。建构主义者的核心理论法则是：规范（或者说观点，如对与错等基本信仰）塑造了行为体身份（将我或我们从他者中区分出来），进而形成了不同利益。这种理论说明了国家安全政策与国家对安全的看法观点之间关系密切。建构主义的安全研究重在强调与身份认同和文化相关联的安全威胁，这也是被现实主义和自由主义所低估的。艾沃拉德（Everard）认为信息战挑战的虽然是"信息疆域"的边界，但从边界即身份认同的角度讲，信息战就是身份认同

---

① Ayoob, M. (1997), "Defining Security: A Subaltern Realist Perspective," in K. Krause and M. C. Williams (eds.), Critical Security Studies: Concepts and Cases, London: UCL Press, p. 128 – 129

② ［英］巴瑞·布赞：《新安全论》，朱宁(译)，浙江人民出版社，2003 年，译者序

战。建构主义者强调映象和符号的重要性，他们认为从同样使用键盘和鼠标来看，数字战争实际类似于计算机游戏，因此一国包括电影和计算机游戏产业等在内的娱乐产业，由于其效果、战术工具和软件等与军事有异曲同工之妙，正在成为越来越重要的军事灵感之源，有时甚至带来专业技术方面的启示。① 在某网站上涂鸦虽然比烧掉敌人的旗帜敌对性或者说冲突程度要弱一些，但就其效果来说都可以造成被攻击者信心和安全感的丧失及感到遭受污蔑和重大伤害。像以色列和阿拉伯黑客间、巴基斯坦和印度黑客间的冲突都是这个道理。从这个意义上看，建构主义对当代安全问题的研究是一种更为实用主义的研究方法②，目的在于解决安全研究理论和实践脱节的问题。

信息网络环境下的国家安全非常复杂，必须吸收各学派研究的有益成果。当前，大多数国家已经认识到，单单靠一国政府很难控制或影响全世界的个人和团体在互联网上传播各种信息的行为，而这些信息可能影响到本国人民对其国内政治经济等问题的看法和态度。虽然这并非全新挑战，毕竟收音机、电视和广播也有类似的效果，但不同的是通过互联网传播的信息是海量的、多点的和交互式的，要阻止这样的信息渗透几乎是不可能的。因此以互联网为核心的ICTs不仅是经济社会全球化发展的又一种推动力量，对国家安全概念来说，更意味着信息网络已经全面渗透并影响到国家安全的各个层面和领域，对国家的政治安全、经济安全、文化安全、军事安全和科技安全产生不可估量的影响。对应于前文提到的"国家安全意味着一国社会的核心价值处于无威胁的状态"，在信息社会里，对一个国家信息生产、传播和信息政策自主度的威胁可被视作对社会核心价值的威胁，③ 因此，信息网络安全问题成为信息时代国家安全的重要问题。

二、信息网络安全正在成为国家安全的重要维度

具体来讲，信息网络安全主要包括网络安全和信息安全。④

（一）网络安全

这里指网络设施及其虚拟连接的安全。当今时代，即使一个国家能够确保拥有独立完整的传统主权和领土，并不意味着国家处于安全状态。这是因为互联网的全球互联可能使国家在无形的网络空间受威胁或损害，而网络受

① Der Derian, J. (2000), "Virtuous War/Virtual Theory," International Affairs 76 (4), p. 771－788

② 实用主义主要是由美国Charles Sander Peirce及John Dewey等思想家发展而来的一种哲学取向。近年来在国际政治研究领域出现了恢复实用主义的努力和尝试

③ Johan Eriksson and Giampiero Giacomello (2006), "The Information Revolution, Security, and International Relations: (IR) Relevant Theory?" International Political Science Review, 27 (3), p. 222

④ 从本质上讲，是互联网使信息安全的重要性上升到直接关系国家安全的战略层面，网络安全与信息安全无法绝然分开。但为了有所侧重和突出，下文将分别从网络安全和信息安全的角度进行论述

到的损害和威胁会对过度依赖互联网的现实世界造成重大损失。这也就是为什么信息网络环境下的全球相互依赖依存从安全的角度讲是复杂、脆弱且敏感的。1991 年，美国一位农民在掩埋死牛时挖断了一条光缆，导致美国联邦航空管理局所属的 4 个空中交通控制心关闭数小时。海湾战争期间，美国国防部的计算机网络就曾遭到破坏对军事指挥造成一定影响。此外，使用网路阻塞、邮件轰炸、拒绝登录等方法造成网络瘫痪的事件也层出不穷，对国家安全和正常经济社会活动造成很大影响。除了不可抗力的原因外，互联网系统的高度复杂性决定了其自身存在不可克服的漏洞。构成网络系统的硬件和软件越多样化和异构化，安全漏洞问题就越难以解决。① 作为尚不掌握互联网核心技术的广大发展中国家来说，互联网上的安全漏洞在国家间关系非正常状态下，有可能成为网络强国发动网络战攻击的重点，这对于一个日益建立在互联网基础上的社会来说，这是极其危险的。因此，网络安全问题是关系国家存亡的战略安全问题。

（二）信息安全

信息安全是指维持国家政治、经济、科技、军事、文化和社会活动等系统的信息不受内外环境威胁、干扰、破坏而正常运行的状态。② 信息安全并非新鲜事物。从 2000 多年前的孙子兵法算起，人们在战争中就非常注意信息运作和信息安全问题，间谍战、电子战等也都是为了获取敌方信息而最大程度保护自身的信息安全。因此信息安全自有国家间关系以来就一直存在，只是随着时间的推移，信息及信息安全的重要性越来越引起人们的关注。互联网全球信息系统的发展和普及使信息安全对国家安全的意义有了质的飞跃。在全球互联网上流动的信息像不断生长的神经一样融入国家安全这一有机体内。信息安全成为国家安全的关键要素。信息安全也再也不能从从属的、次要的意义上去理解，而应从贯穿国家安全各个层面领域的战略地位上去理解，没有信息安全，就没有国家政治、经济、文化、科技、军事和社会安全。这主要是：一是从政治安全角度讲，其他国际行为体完全可以通过互联网进行信息活动和运作，操纵一个国家的政治进程和公众舆论，轻则国家形象受损、政治局势动荡，重则国家政权都可能被颠覆（2009 年伊朗大选后的动荡和骚乱就有深刻的西方国家信息操控背景）。二是从经济安全角度讲，现在每一个国家的经济系统特别是金融系统基本上都是开放的，与世界紧密联系在一起，网络强国往往同时掌握着金融经济的话语权，他们的跨国大投行对其他国家

① 李莉：《信息网络与国家安全》，载《百科知识》，2007 年第 3 期，第 63 页
② 顾铮铮：《互联网时代我国信息安全面临的挑战及对策》，载《江南社会学院学报》2007 年 9 月，第 9 卷第 3 期，第 13 页

及其金融系统的评估评测等信息极易通过互联网的传导引起该国经济金融活动的起伏。三是从军事安全角度讲，信息战已经成为危害国家安全的"战略战"，但是无论是网络计算机的核心软、硬件系统，还是在信息战中十分关键的卫星定位系统，很多国家都处于被地位。四是从文化安全角度讲，没有丝毫过滤功能的互联网上充斥着西方强国的消费文化、自由主义的意识形态和政治价值观的宣传，极大降低了国民的身份文化认同感和自豪感。五是从科技安全的角度讲，互联网成为当代科技信息泄露的重要渠道。由于安全意识淡漠和管理不到位等因素，中国有关部门在例行检查中发现，有很多存在有重要科技信息或其他机密的计算机与互联网连接。至于通过有目的的使用网络病毒或其他手段获取一国政治、经济、文化、科技、军事信息的情况更是屡见不鲜。

第三章　博弈与合作：互联网时代
国际关系的新趋势

国际政治经济学创始人之一苏珊·斯特兰奇认为，当前国际社会主要存在两种权力，一种是强制性的联系性权力，另一种是间接性的结构性权力（苏珊女士认为约瑟夫·奈关于软、硬权力的划分与此类似）。前者是强制对方去干或许本来不想干的事情的权力。后者是无需直接施加压力就能扩大或缩小对方选择范围的权力，而知识就是结构性权力之一。当前，随着互联网的全球发展及其在社会运行中基础地位的确立，互联网同时表现出联系性权力与结构性权力的双重特征：一方面，互联网可以增强国家在各领域的硬权力，另一方面，互联网及其所承载的知识和信息又使其成为结构性权力的关键资源。比如互联网信息沟通和互动的低廉、便捷，使当代的国际、国内政治近乎成为透明的压力政治，"民族国家在确定议事日程和行动方案时变得多少不由自主"。① 因此，增强对互联网时代国际政治、经济、文化等各领域的国际博弈与合作基本问题的认识，进而做出符合时代特征和要求的战略决策，是实现经济繁荣、社会发展、军事优势、国家安全和政权巩固的重要前提。

第一节　互联网时代国际博弈与合作的含义

一般说来，博弈论是最地道的竞争理论，其本义是高强度的竞争。但是当历史的车轮驶入 21 世纪，互联网的快速发展和网络传播的快速推进已经成为当代重要特征；同时，互联网推动下的全球化和世界经济多极化趋势进一步发展，这些都赋予了博弈更深刻更丰富的合作含义，国家尤其是大国之间形成了"相互竞争、相互依存，既有矛盾对立，又有合作协调的关系格局"。由于各国行为相互影响加深，互联网时代的国际关系博弈在更大范围内，都更加具有了合作的意义、要求和特征，是一种可以相互受益、互惠的合作博弈关系。②

① 王逸舟：《国家利益再思考》，载《中国社会科学》2002 年第 2 期，第 162 页
② 王德迅：《〈冷战后的世界经济体系——协调与对立的博弈理论〉评价》，载《世界经济》，1997年第 4 期，第 69 页

一、国际博弈与合作的界定

（一）博弈与合作的含义

1、博弈及其分类

博弈，兼具赌博和对弈之义，即 gambling and chess。千百年来，从围棋、象棋到纸牌，一直到各种各样的彩票游戏——人类历史长河中形成了别样的博弈文化。2000 多年前中国春秋战国时代的典籍如《孙子兵法》、《孙膑兵法》中充满了博弈的案例。"田忌与齐王赛马"反映了我国古代朴素的博弈思想。因此，博弈的本义正是意味着一种高强度、高烈度的竞争，通常情况下博弈总有输赢。[①] 1944 年，美国数字学家冯·诺曼与经济学家奥斯卡·摩根斯坦出版《博弈论与经济行为》一书，不仅探讨了博弈论的一些基本概念，还探讨了博弈论在经济学上空前广泛的应用，被视为是数理经济学确立的里程碑。[②]

从人类行为的普遍意义考察，参加斗争或竞争的各方具有不同的目标或利益。为了达到各自的目标和利益，各方必须考虑对手的各种可能的行动方案，并力图选取对自己最为有利或最为合理的方案，因此，所谓"博弈"（Game），从过程上看，就是指具有利益关联性的理性行为体之间的互动行为，这种互动或交往就是要通过策略选择实现各自的战略目标。扑克、桥牌等游戏是博弈，现实生活中大量的合作和冲突现象也是博弈。因此，这里所说的博弈比上文提到的经济学博弈论的范围要广泛，后者在规则上是预先设定的（比如说商品交易，扑克游戏等都是有一定规则的），而前者还包括那些大量没有固定规则的、在行为可能性和战略上是不确定的、行为规则本身亦成为竞争对象的博弈现象。[③] 美国的麦凯恩（McCain，R. A.）也认为，博弈论这种说法是一种科学的比喻，很多不被看做是博弈的行为，如竞争、战争和竞选等都可以作为博弈来处理和分析。[④] 因此本书所述博弈是指一般意义上，由个人、组织、机构甚至国家等行为体进行的策略性接触和互动，其关键性步骤是找出在对方选择既定的情况自己应采取的最优反应战略，并最终实现自己的战略目标。

虽然本书所述的博弈范围比经济学意义上的博弈包含范围更广，所指现象更为普遍，但是不管是从战略宏观意义上，还是从微观层面讲，博弈都包

① ［美］麦凯恩（McCain，R. A.）：《博弈论：战略分析入门》，原毅军（译），机械工业出版社，2006 年版，第 2 页

② 侯经川：《基于博弈论的国家竞争力评价体系研究》，北京图书馆出版社，2005 年版，第 97 页

③ 王水雄：《结构博弈——互联网导致社会扁平化的剖析》，华夏出版社，2003 年版，第 49 页

④ ［美］麦凯恩（McCain，R. A.）：《博弈论：战略分析入门》，原毅军（译），机械工业出版社，2006 年版，第 2 页

含四个最基本的要素：一是局中人（player），也就是博弈的参与者①，其在各类博弈中进行战略、策略和行动选择以最大化自己的效用。博弈的参与者可以是个人，也可以是集体（包括国家、国际组织和跨国公司等）。一般来讲，他们在博弈中虽然利益、目标和偏好各不相同，但都是想赢的。二是支付（payoff）函数。从微观上讲，一局或多次博弈结束，一般会有胜败之分和得利多少之别，或者有精神上的愉悦和失落，即物质或精神上的收入与支出的结果就是"支付"，它是局中人从博弈中获得的效用水平②，也是他们希望最大化实现的东西。具体博弈的支付函数千差万别，但从理性国家的角度来讲，其在国际博弈中无疑最希望达到国强民富及国际影响力和话语权增强等支付函数。三是行动或策略空间（act/strategy space）。博弈的局中人可能会有数套可供自己选择的行动方案或策略集，但是该局中人不仅要了解自己的行动或策略选择范围，也要了解对方可能的行动方案或策略方案，以及各种策略或行动之间的因果关系。只有在充分考虑各种限定条件和情况后，才可能匡定一个可行的策略或行动空间。③ 四是信息（information）结构。该要素是指博弈的局中人对有关博弈的环境和局势的知识和信息，包括对对手特征和行动等情况的了解。如果所有局中人都有关于博弈环境和局势的所有信息，这样的信息结构就是完全信息，反之则是不完全信息；如果所有局中人都有相同的信息，这样的信息结构就称为对称信息，反之则为不对称信息。信息结构是否对称对博弈的结果即支付函数影响很大。④

　　各类行为体在生产、生活、接触和交往中涉及的博弈从时间和空间上来讲，具有持续性、反复性的特点，这些博弈可以分为合作性博弈和非合作性博弈。所谓合作性博弈是指行为体从自己的利益出发与其他参与者谈判达成协议或形成联盟，其结果对联盟各方均有利；而非合作性博弈是指参与者在

---

　　① 本章第二节将详细论述互联网时代国际博弈与合作的参与者，即主体问题

　　② 效用支付与实际物的支付是有区别的。如对一个赤贫的人来说 100 元可能是救命钱，而对一个富人来说 100 元可能就太微不足道了

　　③ 本章第二节将详细论述当代国际博弈与合作涉及的行动或策略空间问题

　　④ 当代世界信息结构是对称与不对称的矛盾统一。一般来说，在国际竞争的环境下，一般的、规则性的知识和信息是透明的、对称的，而核心的、产权性的知识信息则是不透明不对称的。如 WTO 一方面通过"透明度原则"规定各成员国要将管理对外贸易的各项法律、法规、行政规章、司法判决，与他国签订的有关协定、条约等等须予以公布，但同时 WTO 又通过了《与贸易有关的知识产权协议》对相关知识产权实行等更有效、更充分和更全面的保护，事实上就是把发达国家与发展中国家之间在知识财富上的不平等制度化了。再者，从互联网信息技术的发展看，一方面互联网把全球联系了起来，为实现全球性的知识信息透明和对称提供了技术上的保障，但是与互联网相隔离的内部网的大量存在、网络信息付费服务的趋势在发展，以及原本就存在的那些没有经济技术条件上网的国家、地区和社会群体等，这些都造成当代发达国家与发展中国家在知识信息上的不透明、不对称成为国际博弈与合作矛盾中的主要方面

行动选择时无法达成约束性的协议。如人们进行生产分工与商品交换等的经济活动就是合作性的博弈，而囚徒困境则是典型的非合作性博弈。虽然经济学家们所说的完全信息静态博弈，完全信息动态博弈，不完全信息静态博弈，不完全信息动态博弈等多为非合作博弈，但随着全球化、信息化的发展，各类行为体之间利益关系日益复杂，很难说博弈参与人之间的利益完全没有交集。因此当代意义上的博弈，一定程度上已经摆脱了当初你失即我得的零和博弈的局限，多数情况下指存在不完全共同利益或有利益交集的行为体之间的互动行为，已经包含了越来越多的合作可能。李忠杰教授在论述当代综合国力的竞争时曾深刻指出："（当代）竞争并不排除合作。竞争的同时，也往往发展着大量的合作"。①

2、博弈中的合作与竞争

合作，从字面上解释就是二人或多人一起工作以达到共同目的，有时甚至指给敌人帮助。合作的前提，首先是人们相信他们的目标或者说利益是相关的，这是影响人们相互作用动态和结果的重要变量。人们的目标或利益相关引起三种可能的行为：一是合作；二是竞争；三是独立。如果人们的目标或利益正相关，他们多采取合作行为，而合作并非出于利他而是自利的驱使；如果人们的目标或利益负相关，他们多采取竞争的行为，以争输赢；如果人们目标或利益相互独立没有交集，则说明行为体之间毫无关系，他们也就失去了共存于同一结构和体系中的意义。② 最后一种情况在社会广泛联系、相互依赖的前提下几乎不可能存在，而目标完全相左的你输即我赢的情况在利益关系错综复杂的当今时代也极为罕见，同时目标完全正相关，你的利益和目标同时也是我的利益和目标情况也几乎不可能存在。因此，行为体之间存在目标或利益的相关性几乎总是介于完全正向完全负向之间，行为体之间的互动与接触也就同时存在合作与竞争两种因素。

因此，"合作"就是行为体之间为了实现各自利益目标，在充分认识到彼此目标间差异的基础上，异中求同进行的广泛全面的协作。③ 而"竞争"通常是围绕目标或利益中存在差异的部分展开的争夺。正如前文所述，博弈的本义是一种高强度的，意在决出输赢的竞争，但也不排除在客观上，博弈过程中也可能产生合作因素，但这并不意味着必然产生或达成实际的合作，实

---

① 李忠杰：《怎样认识和对待综合国力的竞争——"怎样认识和把握当今的国际战略形势"之七》，载《瞭望新闻周刊》2002 年 7 月 15 日第 29 期，第 26 页

② 张朋柱：《合作博弈理论与应用——非完全共同利益群体合作管理》，上海交通大学出版社、2006 年，第 11 页

③ 张朋柱：《合作博弈理论与应用——非完全共同利益群体合作管理》，上海交通大学出版社、2006 年，第 11 页

际的合作行动不仅需要博弈中实际存在合作因素，还需要局中人有意识地进行主观选择并通过不断较量斗争才能达成。即使随着全球化及全球互联的发展，各层次、各领域博弈中的合作因素有所增多，但在博弈中所包含的竞争与合作这对矛盾中，竞争因素和竞争是绝对的、无条件的，而合作因素和合作是相对的、有条件的。竞争是这对矛盾的主要方面，但也不排除在某种条件下，合作上升为矛盾的主要方面。因此，当代博弈不仅表现为竞争、斗争、对抗、冲突、摩擦，也同时表现为合作、协作、沟通、对话和融合。适度的竞争和冲突可以保持博弈行为体的旺盛生命力和创新精神，而对合作和协作的过度预期则会使行为体变得迟钝和冷漠。博弈中如果能达成成功的合作，各方往往能通过协同效应，发挥各自所长与优势，共同创造共赢的局面，甚至接近帕累托最优，[①] 通过这样的成功合作完成的博弈的结果，是双方在实现其共同目标的同时，达到了各自的战略目的。[②] 但是，由于参与博弈的各行为体的利益间存在着冲突和竞争，搭便车问题以及机会主义等，合作会变得非常困难，再加上现实的博弈环境充满动态性，在时间的流动中包含着随机变化因素，博弈行为的最后结果往往不是最优或最佳的。也就是说，虽然当代多数博弈现象都包含竞争与合作因素，但合作因素萌芽、发展是有条件的，而且即使有合作因素的存在，也并不一定必然成功转化为合作的实际行动，基于此，本书中的"博弈与合作"联系在一起使用，是为了更加全面地表述出博弈中竞争与合作的关系，也是为了强调实际达成的成功合作对博弈过程和结果的重要性。

（二）国际博弈与合作的思想和概念

1、国际博弈与合作的含义

国际博弈与合作，顾名思义就是参与人作为国际行为体的互动和接触（下文将详细分析国际行为体）。按照《2008中国国际现代化报告》的观点，"国际互动是一种国际博弈，博弈结果受到博弈规则、博弈双方水平和实力、

---

① 帕累托最优是以提出这个概念的意大利经济学家维弗雷多帕雷托的名字命名的。帕累托最优是指资源分配的一种状态，即在不使任何人境况变坏的情况下，而不可能再使某些人的处境变好。帕累托改进是指一种变化，在没有使任何人境况变坏的前提下，使得至少一个人变得更好。帕累托最优是指已经没有进行帕累托改进的余地的状态；另一方面，帕累托改进是达到帕累托最优的路径和方法。帕累托最优是公平与效率的最佳状态。维弗雷多帕雷托在他关于经济效率和收入分配的研究中使用了这个概念。帕累托最优其实是对参与博弈的一方而言，就像美国著名经济学家、诺贝尔经济学奖获得者布坎南教授认为的，当今国际政治互动，如政治谈判等形成相互妥协的态势，就个体而言，谈判结局很少是帕累托最优；在国际关系博弈中，如果一方一味追求最优，不仅不现实，更会引起潜在的国际冲突，还可能陷入最劣的状态。这也要求国家在国际关系博弈中在平衡好绝对收益相对收益的关系，在帕累托改进中要寻找一个合适的度，在尊重国际社会及其他博弈参与者的情况下，得到合理收益

② Oberchall A. (1978)，"Theories of Social Conflict," Annual Review of Sociology, 4, p. 291–315

博弈过程决策、博弈环境和条件等的影响，往往难以准确预知"。① 这也印证了上文对博弈下的定义。在全球互联、网络传播日益发展的今天，国际行为体之间的利益目标不可能完全独立迥异，毫无交集，正如李忠杰教授所说，"当今世界，随着经济全球化的迅猛发展，科学技术的日新月异，交通工具的日益发达，通讯手段的不断改进，……一个国家的利益已经不仅仅限于自己的国境线之内，而是越来越多地表现在与外部世界的联系之中"。② 因此参与国际博弈与合作的行为体的首要特征之一就是具有不完全的共同利益。马丁·舒比克曾说，"大多数社会现象……都可以被称为非零和博弈。换句话说，博弈参与者的命运和收益很容易变得休戚相关，纯粹的受益者和纯粹的受损者都不存在"。③ 因此国际行为体尤其是国家行为体之间确实存在共同利益，国际政治和国际关系互动并不完全是零和游戏。但是，国家之间拥有共同利益并不一定会合作，共同利益的存在是合作的必要而非充分条件。合作意味着既有利益博弈又有互补利益。当行为体调整其行为以适应对方的实际或期望的倾向时，就会出现合作。④ 因此，国际博弈与合作是一个行为体之间不断调适协调的复杂过程。国际博弈与合作的表现形式有国际竞争、国际斗争、国际冲突以及摩擦、对抗或对峙等，还包括国际合作、国际协作以及对话和沟通等。从一个较长时期来看，国际博弈与合作是不断往复进行的无限过程。每一个国际行为体，尤其是国家都希望自己能够在国际博弈与合作中立于不败之地，实现利益最大化。但是国际博弈和合作多是在信息不完全、地位不对称、国际环境变化莫测的情况下进行的，国家所追求的国家利益的范围、大小也会发生一定变化，因此对于博弈与合作过程进行动态监测，是增加成功概率、降低失败概率、增加收益、降低损失的重要措施。国际博弈与合作中，竞争具有绝对性和残酷性特点，合作具有相对性和较高的智慧要求，如果单方面一厢情愿地追求国际合作和国际交流，可能付出很大代价而一无所获，只有正视这一点，并选择合适的互动策略，包括国家在内的国际行为体才能持续提升参与博弈与合作的力量与能力。多数时候，国家等国际行为体参与国际博弈与合作可以按照既定方针进行，但是，如果时代特征、国家利益、国际环境、国际行为体等发生了重大变化，国家等国际行为体就要对相

---

① 中国现代化战略研究课题组、中国科学院中国现代化研究中心：《中国现代化报告2008－国际现代化研究》，北京大学出版社，2008年，第156页

② 李忠杰：《怎样认识和对待综合国力的竞争——"怎样认识和把握当今的国际战略形势"之七》，载《瞭望新闻周刊》2002年7月15日第29期，第23页

③ ［美］詹姆斯·多尔蒂，小罗伯特·普法尔兹格拉夫：《争论中的国际关系理论》，阎学通、陈寒溪等译，世界知识出版社，2003年，第611页

④ Keohane（1988），"International Institutions: Two Approaches", International Studies Quarterly, 32, p. 380

关战略和策略进行适时的调整，选择对自己最为有利的策略组合。

2、从权力行使、抵制和协调的角度看国际博弈的三种方式①

一是权力行使。不同国家影响国际政治经济的能力是不同的。比如：中断国际经贸联系的能力；建立和维持一定的国际政治经济秩序的能力；维持一定军事实力并对他国形成军事威胁的能力等等。在权力行使的博弈过程中，发达国家能较为顺利地实现自己的国家利益与安全目的，如通过经济、技术与军事援助、文化渗透、经济制裁和经济封锁、跨国公司对东道国的渗透控制、主导形成有利于自身的国际规则、通过舆论战控制国际舆论，以及作为最后手段的军事控制或战争威胁等手段和方式。

二是权力抵制。与发达国家的权力行使相对应的是相对落后的发展中国家对此的抵制和抗争等。资本主义从来没有停止过在全球的扩张，相对不发达国家也一直在国际博弈中抑制发达国家对它们行使权力。不发达国家曾经或正在使用的权力抵制与抗争方式有：独立自主（如中国）、闭关自守（如现在的朝鲜）、经济赶超（曾经的亚洲四小龙）、形成国际卡特尔（如建立OPEC组织等增强对国际初级产品或资源性产品的定价权）、加强联合行动与建立国际政治经济新秩序的努力、军事与战争、个别国家的恐怖主义方式等等。上面这些博弈方式中，其中一些可靠有效，但也有很多是消极的反应。当前，不发达国家抵制发达国家权力行使的博弈实践已经经历了长期过程，正视全球化趋势、注重联合、合作与融入越来越成为它们的共识。

三是权力协调。在国家之间的博弈过程中，各国都希望本国利益最大化，同时希望它国承担更多的成本。这样的博弈心态使发达国家更倾向于自己的权力行使不能打丝毫折扣，相对不发达国家也倾向于加强自我保护进行绝对抵制，这样的硬碰硬当然容易使矛盾激化。但是当代国际关系中相互依赖加深的现实使权力行使与抵制的矛盾总能通过磋商、谈判等方式，由各方做出不同程度让步而得到调解和缓和。这种权力的协调，使当代国际博弈发展到极端地步的可能性很小。当代国际博弈中对合作的重视是必然趋势。

3、国际机制理论包含的国际博弈与合作思想

新现实主义国际机制理论和新自由主义国际机制理论是国际机制理论的两种理性主义流派。②

---

①　侯经川：《基于博弈论的国家竞争力评价体系研究》，北京图书馆出版社，2005年，第181－183页

②　Andreas Hasenclever, Peter Mayerand Volker Rittberger（1997），Theories of International Regimes, London：Cambridge University Press, p. 1－2

霸权稳定论是新现实主义对机制产生最权威并得到普遍认同的解释。[①] 其基本思想是：霸权国家建立霸权体系，并在霸权体系内建立基本原则、规则、规范和决策程序等；其他国家接受这些国际机制的重要前提霸权国实力与威望；这些国际机制的作用一是可以维持霸权体系，二是霸权国家可以从中获得最大利益；同时，霸权国家为维持这个体系以及自身利益，向该体系其他国家提供这些国际机制产生的"公共产品"（Public Goods），并对"搭便车行为"（Free - rider）较为宽容；这种国际机制会随着霸权国地位的变动而发生相应变化。现实主义国际机制理论可以用"性别战"博弈模型来描述。所谓"性别战"是指一对渴望在一起的男女在安排娱乐活动时，必须就听歌剧和看拳击作出选择。博弈过程如下表3.1 - 1和3.1 - 2表达。表3.1 - 1表示，如果在一起，男女收益为（1，1），如果分开，男女收益为（0，0）。表3.1 - 2表示，选择看拳击的男女收益为（1，0），男选择看拳击，女选择听歌剧的收益为（1，1），选择听歌剧的男女收益为（0，1），两种收益叠加，则选择一起看拳击的男女收益为（2，1），选择一起听歌剧的男女收益为（1，2），男看拳击，女听歌剧的收益为（1，1）。

表3.1 - 1

女 男	一起	分开
一起	1, 1	NONE
分开	NONE	0, 0

表3.1 - 2

女 男	看拳击	听歌剧
看拳击	1, 0	1, 1
听歌剧	NONE	0, 1

这样，在"在一起"这样的理性驱使下，男女在一起看拳击或听歌剧的总收益是所有选择里面收益总和最大的，达到了3。因此，两人在一起采取合作是理性的，但谁先采取行动，即先动或先行优势（first-move advantage）是最关键的。先行的一方（往往代表实力或权力较大的一方）可以协调对方。可见这种协调不是相互协调，而是一方对另一方在权力和先行基础上的协调，

① Robert Crawford（1996），Regime Theory in the Post - Cold War World：Rethingking Neoliberal Approaches to International Relations，Dartmouth：Darmouth Publishing Company，p. 57

即权力在机制形成与变迁中地位更为突出了。[1] 同时，机制本身反过来也可以成为权力增强的基础或权力生发的源泉，[2] 这就导致国际机制的内容往往是国际行为体激烈博弈的重要方面，甚至在机制建立后还要继续为此激烈博弈。比如随着互联网的全球普及，就互联网的全球使用、维护、管理的相关制度就成为包括各国，尤其是大国在内的各种国际行为体竞相追逐的对象。美国作为互联网的发源地，有先动优势，它通过亲自出面，或者倡议成立了一系列的国际组织，制定和完善了相关制度，对其他国家和国际行为体的分享互联网管理权的要求采取了拖延、阻挠的战术，并通过这些国际机制进一步维护和扩大了自己的国家利益。

新自由主义机制理论近年来的影响力逐渐增大。该理论把相互依赖这一现实作为连通现实主义与自由主义的关键点。这种理论既承认国家是追求绝对收益的理性人，也不否认权力在国际机制中的作用；但是又强调，国际机制是国际关系中的独立变量（independent variable），对国家实现共同利益意义重大；该理论还认为国际政治中存在着广泛的不确定性，降低了国家间合作的意愿，而国家之间又确实存在着只能通过合作才能实现的共同利益，这种矛盾正是国际机制形成的根源，这些国际机制形成后，通过降低不确定性来促进国际合作。这一理论可以用"囚徒困境"加以说明。所谓"囚徒困境"，就是两个犯罪嫌疑人被单独关押，他们分别被告之，如果都坦白（合作），则各判刑6个月；如果都抵赖（合作），则各判1个月；如果一人坦白而另一个抵赖，则坦白者释放，而抵赖者判9个月。该博弈可用下表3.1-3表示。在孤立的囚徒困境中，行为体之间不合作，即一人坦白而另一人抵赖，对坦白者而是最理性的选择，问题是如果两人都一味追求个人理性，则都坦白的结果是各判6个月，从结果上看，并非最佳策略。要想使双方放弃自认为理性的策略，则只能在一方期望未来存在合作可能性的情况下才能发生。机制的部分作用正是促进产生这种期望。[3] Lapson R. 通过建立一个两阶段的扩展博弈模型来研究囚徒困境[4]，第一阶段中的行为选择信息能通过第二阶段的战略行为暴露出来，他描述了在该扩展博弈中，这种暴露的机制，即通过第二阶段的惩罚来敦促第一阶段即囚徒困境中的合作，最终通过重复剔除法

① Stephen Krasner (1991), "Global Communications and National Power: Life on the Pareto Frontier", World Politics, 43, p. 336

② Stephen Krasner (1985), Structural Conflict: The Third World Against Global Liberalism, Berkelay: University of California Press, p. 7 –9

③ Andreas Hasenclever, Peter Mayerand Volker Rittberger (1997), Theories of International Regimes, London: Cambridge University Press, p. 46

④ Lapson R. (1994), "Cooperation by indirect revelation through strategic behavior," International Journal of Game Theory, 23, p. 65 –74

得到一个合作的连续均衡。[①] 国际博弈与合作过程中，一方对另一方可能的选择往往充满不确定性（uncertainty），因而错过了许多达成共同获益的机会或从已经达成的协议中退出。国际机制，正是着眼于克服个体理性与集体理性的内在不一致性，向国家等行为体提供信息或降低信息成本，从而促进合作。[②] 所以，从这个意义上说，机制增加了环境"反复出现"的可能，类似于在囚徒困境中进行多次重复博弈，则合作增加。[③]

表 3.1-3

囚徒2 囚徒1	缄默	招供
缄默/抵赖	-1, -1	-9, 0
招供	0, -9	-6, -6

可见，国际机制理论从博弈论中汲取了许多知识和能量，与博弈论一样重在探讨无政府状态下的竞争与合作问题，包括霸权、相对收益和相互依赖等重要问题。[④] 其所包含的深厚的国际博弈与合作思想对于探讨全球互联时代的国际博弈与合作问题，特别是发达国家的先发优势、发展中国家的博弈策略以及设置合理机制、促进国际合作，共同应对传播全球化带来的全球性问题具有重要的启示。在一次性博弈中，行为体很难进行合作，但在经过多次博弈，行为体通过降低不确定性，形成对合作回报的良好预期，可以加大合作的力度，形成良性循环。比如，随着科学技术在国家发展中的作用日益关键，国家行为体在这方面出现了猜忌、防范和自我保护与合作、共赢和共同发展两种截然相反的两种行为趋势。如在中国的"嫦娥一号"探月计划中，美国出于一种复杂的心理拒绝向中国提供在使用太空通信网络方面的帮助。而有些国家却根据以往博弈经验向我国伸出了合作之手，如欧洲空间局向中国提供了深空通信系统用于该项目的卫星通讯，而作为回报，中国承诺将同欧洲分享"嫦娥一号"探月卫星收集的数据。因此，在当代国际博弈与合作中，对合作的良好预期对加强合作、实现双赢的博弈结果非常重要。

---

① 张朋柱：《合作博弈理论与应用——非完全共同利益群体合作管理》，上海交通大学出版社，2006 年，第 24 页

② Robert Keohane（1984），After Hegemony：Cooperation and Discord in the world Political Economy，Princeton：Princeton University Press，p. 245

③ Robert Keohane（1984），After Hegemony：Cooperation and Discord in the world Political Economy，Princeton：Princeton University Press，p. 76

④ Andrew Kydd and Duncan Snidal（1993），"Progress in Game - Theoritical Analysis of International Regimes，" in Volker Rittberger（ed.），Regime Theory and International Relations，Oxford：Clarendon Press，p. 112

在国际政治、经济、文化等关系中的互动过程和模式会表现出某些博弈的特征，"各方都在试图摸清对方的意图，并随着时局的发展对所处的环境加以界定"，① 博弈、博弈论、讨价还价和决策同国际关系研究具有很强的相关性。但是，我们所说的国际博弈与合作从抽象的国际关系互动的意义上讲，并不是指具体某一次的国际博弈与合作，而是宏观的战略博弈与合作。博弈论只是分析国际博弈与合作，尤其是具体问题的重要工具之一，国际博弈与合作更多是强调从博弈的方法和角度出发，理解整体国际关系。当然，从这个意义上，我们也可以把整个国际关系，包括各层次领域的国际博弈与合作抽象为多个行为体参与、没有止歇的零和博弈和非零和博弈的混合体。

二、互联网时代国际博弈和合作的具体内涵

（一）互联网的发展使当代国际博弈与合作中的竞争与合作因素同时得以扩展

一方面，全球互联和传播全球化发展促成了非国家行为体数量和力量的双增，新的利益群体和政治团体不断涌现，它们的主张和诉求使原本就竞争激烈的国际博弈更加严酷。约瑟夫·奈在《信息时代北约的使命》中对信息互联网时代的权力分配进行了论述。② 它认为当代的权力分配就像一场三维的围棋对弈。从军事维度看，单极形态明显，美国的优势明显超越了所有其他国家，其军事开支比紧随其后的 8 个国家开支的总和还要大。美国也是信息互联网时代新军事变革的领跑者，还是拥有洲际导弹及实现海、陆、空部队全球部署的唯一国家。从经济维度看，呈现出多极形态，美国、欧洲和日本占据三分之二的世界生产。但是在由非国家行为体构成的跨国关系维度来看，其权力结构更为分散。信息互联网时代背景及其所导致的权力结构的复杂性使国际博弈与合作的主要行为体——国家制定战略和政策变得愈发困难，因为这意味着要在几个维度上同时进行竞争与合作。因此，在信息时代新的威胁和挑战面前，现代国家，尤其是大国强国为了守住原有优势，民族主义和保守情绪可能重新抬头，"民族网络将成为全球正在涌现的各种网络的一部分"。③ 而且，信息革命其实并没有从根本上动摇国家行为体的优势，特别是对大国强国而言。现代国家权力表面上的衰落，只是因为还没有能够及时适应信息革命的挑战。④ 罗伯特·基欧汉和约瑟夫·奈认为，信息革命未将世界政治改造成完全复杂相互依存的新世界政治的原因是，信息并不是在真空中

---

① ［美］肯尼思华尔兹：《国际政治理论》，信强译，上海人民出版社，2003 年，第 150 页

② Joseph S. Nye, Jr.（1999），"Redefining NATO's mission in the Information Age," NATO Review, 47（4），p. 12.

③ ［美］约翰·奈斯比特：《影响世界的亚洲大趋势》，载《未来与发展》1996 年第 1 期

④ 肖佳灵、唐贤兴：《大国外交——理论·决策·挑战》，时事出版社，2003 年，第 748 页

流动，而是在已被各传统力量占据的政治空间中流动。① 这意味着，当旧有的国际体系受到新技术的改造而进入新的发展阶段的时候，不仅现代国家的适应性远远超过想象，原有的霸权国家和利益集团更是会极力维护其原有地位和优势，保守思想会有所抬头，互联网信息时代里围绕网络和信息优势的争夺将不可避免。在无形"信息疆域"中，西方网络强国的正在利用其经济科技优势扩大信息的传播力和影响力，这种行为必然引起其他国家的反对和抵制。这在一定程度上无疑会导致国际博弈与合作中的竞争和冲突态势有所加剧。

另一方面，工业革命使关键生产要素由人力劳动变为资本设备，而信息互联网时代，ICTs 引起的变革则是将关键生产要素从资本转变为知识和信息。以互联网信息技术为特征的第三次浪潮正在把人类文明推向新的阶段，新的信息互联网时代的政治、经济、文化和社会结构正在形成。"信息文明对旧有文明的超越不再体现为对有形资产和疆土的征服，而是利用技术和管理以及信息超越时空的力量去实现'软'征服，国际关系范式正朝着这一方向演变"。② 以往国际关系中，国际利益博弈与合作的主要目标是占有有形的市场、疆域和资源，博弈引发的冲突是明显的和难以调和的，加剧了国际关系的对抗性和不稳定性。但是信息互联网时代，国际博弈与合作的利益目标是信息知识等无形资源。信息的最大特点在于通过共享和合作，信息可以增殖和扩大，并通过创造性劳动，培育新的领域和增长点。这样国际博弈与合作中的合作因素空前增多。虽然在国际无政府状态下，民族国家政治制度的不同、意识形态的分歧、利益目标冲突仍然还是国际关系的基本现象，但是在互联网信息技术推动下，国际博弈中合作的因素正在积累，由于当前正处于信息革命的早期阶段，随着信息革命的深入和量变的积累，实际达成的合作会越来越多，正如美国政治学家 Willian E. Halal 所指出的，"计算机化的信息与信息技术正在施展一种神奇的力量，它正在使民族国家团结起来形成一种以合作和竞争为基础的全球秩序"。③

（二）围绕互联网本身的开发、建设、使用和管理正日益展开新型而广泛的国际博弈与合作

现在几乎不会有人坚持再互联网只是一种单纯的传播技术手段而已。互联网已经全面渗入了世界政治、军事、经济技术、文化和社会生活中，成为当今时代的标志和表征。在这样的情况下，围绕互联网的开发、建设、使用

---

① Robert O. Keohane and Joseph S. Nye Jr.（1998），"Power and Interdependence in the Information Age", Foreign Affairs, 77（5），p. 84

② 蔡拓：《全球问题与当代国际关系》，天津人民出版社，2002 年版，第 351 页

③ 张新华：《信息时代国际政治的演变趋势》，载《国际观察》，1998 年第 3 期，第 25 页

和全球治理等问题，国际社会展开了一系列的斗争、较量与合作，成为一种新型的国际博弈与合作，也成为当代国际博弈与合作的重要内容。

如前所述，互联网起源于美国。在美、欧、日等西方发达国家和地区率先发展和普及。它们对互联网的早期研发投入、制度设计、管理协调和积极推广等客观上对当代互联网的全球普及起到了至关重要的作用。但是西方国家这么做绝不是做慈善事业。网络的价值在于共享。前面提到，罗伯特·梅特卡夫1973年就网络的价值给出一个简单的数学公式 $V = C^2$，即网络价值随着网络中节点数目的乘方而呈指数增长。[①] 这就是说，最大程度地获取互联网全球普及所蕴藏的巨大能量和潜力，是西方发达国家在互联网建设中进行博弈与合作的战略目标。为了使本国网络发展更快、更好、更优，以抓住在互联网问题上的话语权和主导权，西方国家和地区在互联网的开发建设方面一直不遗余力。前面提到，美、日、欧早在上世纪90年代先后出台政策，1993年9月，美国政府就制订了《国家信息基础结构：行动计划》，决定于2015年之前用4,000亿美元构建"信息高速公路"；日本1994年1月提出了与美国类似的国家网络建设目标；欧盟（欧共体）1994年2月公布"德洛尔白皮书"，计划10年内投资9,000亿法郎建设欧洲信息网络基础设施；2009年4月，澳大利亚政府也宣布，将投入430亿澳元（约合310亿美元）建设一个全国高速宽带网络，以振兴经济。[②] 应该说，这些计划和措施有助于这些发达国家和地区进一步垄断计算机、网络设备以及各应用软件的生产、定价与技术标准，并在制定互联网时代的游戏规则上有更强悍的话语权，以获取高知识附加值，在国际贸易中不断获取丰厚的利润，并不断不留痕迹地将本国经济发展的负面因素转嫁到发展中国家。与此同时，相当一部分发展中国家和新兴经济体也及时意识到了互联网的战略意义，积极采取措施，利用后发优势，在互联网建设和信息化发展方面有了突飞猛进的进展。中国是较早在互联网建设方面采取鼓励扶持政策的发展中国家之一，互联网的软、硬件建设发展迅猛，网民人数激增。截止2008年年底，中国的网民数量在超越美国，位居世界第一的基础上，互联网普及率也达到22.6%，首超全球平均水平21.9%。[③] 印度也紧紧抓住互联网发展带来的历史机遇，其软件外包业已经成为国民经济增长支柱，其接入速度在200Kbps以上的宽带用户到2006年已经达到227万户（家庭），这一数字到2011年将达到1051万户（家庭）。相反

---

① ［西］曼纽尔·卡斯特：《网络社会的崛起》，夏铸九（译），社会科学文献出版社，2006年版，第34页

② 陶冶：《澳巨资建宽带网引担忧》，载《环球时报》2009年4月9日第14版

③ 中国互联网络信息中心CNNIC：《第23次中国互联网发展状况统计报告》，2009年1月13日发布

的例子是苏联。上世纪八、九十年代的整个世界经济中，国家竞争力已经越来越有赖于互联网的发展、信息的获得和信息网络技术的研发。但是，由于对全球互联和传播全球化这一时代背景及国际博弈与合作的对象和内容已经发生变化等问题缺乏战略性认识和判断，苏联未能就如何适应信息时代的挑战，实现在主导产业、组织架构、教育和知识构成等方面的转型问题上缺乏清晰的战略，因此其解体也就具有了某种必然性。有西方学者说"苏联及其卫星国的崩溃，是美国在冷战期间的最后一个胜利和信息时代的第一个重大胜利"。[1]

随着互联网成为全球性基础设施，全球信息传播带来的黑客、病毒、垃圾邮件、色情暴力等全球性问题不断增多，围绕互联网的全球治理[2]而展开的国际博弈与合作也正成为各方关注的焦点，其中美国对互联网全球运行的控制权过大，已经成为矛盾的主要方面。有西方学者认为："网络之所以被创造出来，不仅是为了沟通，也是为了获取位置，以便脱离沟通（outcommunicate，意即获得更多的权力可以忽略其他方面的意见）"。[3] 虽然互联网具有非官方文化传统，但实际上，任何网络的正常运行都需要某种中央控制。比如，全球电话系统就是由在1865年创建、现隶属于联合国的国际电信联盟（ITU）管理。[4] 但是互联网的情况则有些特殊。互联网发源于美国，一直到1998年，互联网基本上都是由美国某大学的一位教授单独监管。这种个人管理曾闹出一些荒诞的事情，比如代表英国的地址后缀.uk就被分配给了个人而非英国政府。在这样的情况下，经过各国政府、政府间国际组织、非政府组织、商界、技术界的一系列复杂博弈后，ICANN（the Internet Corporation for Assigned Names and Numbers）作为一种各方面折衷的产物诞生了。该组织并没有像电话网络一样置于一个多边条约管辖之下，而是隶属于美国商务部，并受美国法律的调节。而且2005年6月30日美国商务部还发表了一份简要声明，宣布美国将无限期地保留对互联网的控制权，这被认为是当代的门罗主义，相关国际争议进一步扩大。[5] 发达国家、发展中国家及相关国际组织等对互联网全球运行管理权的博弈，在联合国举行的信息社会世界峰会（WSIS）上达到了一个顶点。该峰会分为两个阶段，第一阶段会议于2003年12月在日内瓦举

---

① David J. Rothkopf (1998), "Cyberpolitik: The Changing Nature of Power in the Information Age," *Journal of International Affairs*, 51 (2), p. 333

② 这是一个复杂的问题，在以后各章后陆续会有涉及

③ Mulgan, G. J. (1991), *Communication and Ccontrol: Networks and the New Economies of Communication*, New York: Guilford Press, p. 21

④ Kenneth Neil Cukier (2005), "Who Will Control the Internet?" *Foreign Affairs*, 84 (6), p. 6-24

⑤ Kenneth Neil Cukier (2005), "Who Will Control the Internet?" *Foreign Affairs*, 84 (6), p. 6-24

行，第二阶段会议 2005 年 11 月在突尼斯举行。会上，发达国家虽然也发出了批评美国的声音，但主要还是从发达国家集团利益的角度提出相关建议，发展中国家则表现出一定的团结性。比如巴西和南非批评了当前对互联网的管理安排；中国则倡导建立一个新的国际条约组织来管理全球互联网；古巴、叙利亚和津巴布韦等国也将现存的互联网管理体系称为"新殖民主义"。法国等欧洲国家则更倾向于一个建立在相同的民主价值观基础上的政府间方式。①由于 ICANN 对通用顶级域名、IPV6 协议、登记机构等做出的任何技术决定都有其深远的政治、经济和社会意义。②，因此，围绕互联网的开发、建设、使用和管理，国际社会的博弈与合作还会继续发展。如何照顾主权国家及相关国际组织的需求，使互联网更加普及、管理更具代表性、信息传播更加安全有保障，恐怕还需要有关各方不断协调立场，在斗争中求合作，以使互联网更充分地发挥出其对人类社会的积极作用。

（三）以互联网为战略工具和手段进行国际博弈与合作正成为当代国际博弈与合作的重要方式

由于互联网对全球社会的超强嵌入和渗透能力，互联网已经成为一个全新的全球地理空间。③ 国际政治、经济和文化博弈与合作已经不可能完全脱离互联网环境而单独进行。在相当多的情况下，互联网已经直接成为各类行为体进行博弈和合作的战略工具和手段。

1、互联网已经初步成为国内、国际政治进程的重要环境，并成为政治博弈的重要工具和手段。从国内政治来讲，由于互联网和信息高速公路的发展，电子政府已经越来越成为一种新的政府形式。电子政府，一方面，指实现了办公自动化和管理现代化的政府，即实现了电子政治的政府。④ 电子政府的前提是拥有计算机和上网条件。在世界发达国家，电子政府是在 20 世纪 70 年代到 90 年代用 20 年的时间逐步实现的，与互联网的发展几乎同步。⑤ 另一方面，电子政府指网络上的虚拟政府机关，即运用 ICTs，不仅将有关政府机关的组织架构、职能宗旨、办事章程、法规政策等信息放到互联网上，而且在互联网上实现政府很多行政服务功能，实现与社会公众的直接互动交流，以利于政府更好地接受群众的监督及政务信息的公开透明。社会信息化的发展，

①　Kenneth Neil Cukier (2005), "Who Will Control the Internet?" Foreign Affairs, 84 (6), p. 6 – 24

②　Wolfgang Kleinw? chter (2000), "ICANN As the 'United Nations' of the Global Information Society? – The Long Road towards Self – Regulation of the Internet", International Communication Gazette, 62 (6), p. 471

③　PCCIP: President's Commission on Critical Infrastructure Protection. At http://www.info – sec.com/pccip/web/backgrd.html. (accessed on 20/06/2002)

④　高惠珠：《科技革命与社会变迁》，学林出版社，1999 年，第 88 页

⑤　蔡翠红：《信息网络与国际政治》，学林出版社，2003 年，第 20 – 21 页

也使社会公众有能力和条件通过互联网表达政治意见和政治诉求，从而在一定程度上影响国内政治进程。在互联网引入政治领域以前，社会公众对政治信息的掌握非常有限，权力的天平明显偏向政府，政府容易驾驭一个相对封闭的社会。而电子政府及社会信息化的发展，使个人或团体有了更多直接参与政治活动的机会。在一定时期内，政府的稳定性降低，传统的政治管理模式受到挑战，国家的社会政治稳定形势更为复杂。从国际政治的层面讲，互联网使国际政治的透明度增加，国际政治行为体增多，力量增强。在互联网的背景条件下，非国家行为体可以就某一个全球问题组织起来，而不用考虑其实际的地理位置。比如非政府组织——国际禁止地雷运动组织，正是充分发挥互联网在沟通、联系、组织、协调、策划方面的作用，成功使121个国家在加拿大首都渥太华签署了《关于禁止使用、存储、生产和转让杀伤人员地雷及销毁此种地雷的公约》，在美国强烈反对下第一次全面禁止一种几乎所有国家都在使用的重要武器，被称为全球军备控制历史上的一次重大变化。信息借由互联网实现了真正的全球传播，导致国际政治与国内政治的界限进一步模糊。互联网已经成为国际政治行为体对目标国进行社会舆论和政治进程操纵的战略工具，目标国家的政治稳定、政治制度和发展模式都有可能受到一定干扰。网络政治动员、跨国政治黑客攻击等，都可能引起双边争端和国际冲突。政治进程的网络化运作意味着，国家要同时在国际和国内两个层面与国际政治行为体和国内政治行为体进行博弈和合作，而成为政治博弈的复合主体，必须熟悉互联网及网络政治传播特点，并增强运用互联网进行政治博弈与合作的能力。

2、经济领域是以互联网为核心的ICTs应用最充分、最彻底的领域，国际经济领域利用互联网进行博弈与合作的现象也最为常见。《今日美国》曾登过这样一篇报道：北京清华大学的一组计算机程序员正在用JAVA技术为IBM编写程序，一天工作结束的时候，他们将工作成果通过互联网发送到西雅图的一个IBM机构，那里的程序员在此基础上继续工作，并将工作成果又通过互联网发送到了拉脱维亚的某个软件集团，然后，工作再继续向东传递到印度的塔塔集团，再由它将工作继续传回时值早晨的北京清华，然后再传到西雅图，继续无休止地进行着全球接力，直至项目完成。IBM当时主管互联网技术的副总裁John Patrick说："由于有了互联网，我们似乎将一天变成了48小时，技术仿佛消融了时间和空间"。① 互联网的这种作用，使跨国公司、国家行为体等，能更多抓住生产要素以空前规模和速度在全世界范围内自由流动和高效组合的契机，利用自身比较优势，在国际经济博弈与合作中提高经

---

① Kevin Maney "Technoogy is Demolishing Time, Distance," USA Today, 2 September 1997

济效率，增强国际竞争力。同时，在互联网为代表的新技术推动下，经济边界与政治边界已经不相吻合。比如当代金融交易同时在许多国家进行，一国发生金融危机，经由全球金融市场和金融网络，其破坏力可以传导到许多国家。如果国家，尤其是发展中国家只看到互联网对经济合作的促进作用，而忽略了网络经济激烈的竞争本性及其削弱国家经济控制能力的负面作用，则有可能成为发达国家经济金融危机的转嫁地，导致国家经济实力后退几十年。史蒂芬·考伯林在 1997 年夏季号《外交政策》上撰文指出："电子现金流和电子商务加剧了经济和政治的不对称性，由于电子化而形成的统一的世界经济与以地域划界的民族国家，互联网空间和实际的地理空间形成了鲜明的对比。如何解决这种非对称性及经济政策关系如何被重构是我们这个时代两个关键问题之一"。[①] 此外，发达国家正是借助互联网这一全球统一的平台，以前所未有的规模、技术和人才实力，把在发达国家形成并受其控制的一整套运行模式、竞争规则、贸易原理以至价值理念向全球推进，并利用其经济技术优势主导新的游戏规则和运作机制的制定；互联网的创建者及其技术标准的设置者享有的天然标准垄断特权与共享要求之间的冲突和较量有所增多；利用电脑远程访问等网络环境特有的方式窃取经济情报的情报战而导致的国家间摩擦也愈演愈烈。发展中国家对此应给予特别重视，不仅注意在全球网络化环境中更好地参与国际经济博弈与合作，也要积极争取网络经济规则制定的主导权，维护好国家的经济主权、独立和安全，防止在新的时代和技术环境下重新沦为网络强国的经济附庸。

3、作为最强大的文化传播媒介，互联网已经成为各国、各民族、各类群体文化同台竞技的全球舞台。从理论上讲，互联网的全球开放性、互动性与超文本性，为各类文化的宣传、交流与对话提供了前所未有的管道。国家的文化软实力借助互联网可以扩大传播面和影响力，有助于塑造民族国家形象和提高国际影响力，资源性软实力可以切切实实地转化为关系性软权力不断发挥作用。"人们再也不能互相回避或坚持闭关自守的孤立主义政策。不断增强的流动性、现代化的交通电信技术的发展，似乎在迅速打破不同文化间的时空关系。……某些曾经显得遥远的、与世隔绝的文化，一下子与我们的关系密切起来"。[②] 在互联网环境下，文化交流与融合等内在特性得到更为充分释放，国家行为体在国际文化博弈中，要把基点放在网络环境下弘扬本民族优秀文化传统与思想理念上，紧紧依靠深受本国文化熏陶的人民的力量，坚

---

① David J. Rothkopf (1998)，"Cyberpolitik: The Changing Nature of Power in the Information Age," Journal of International Affairs, 51 (2), p. 339

② 冯珍珍：《网络技术、网络语言与网络文化》，载项家祥、王正平主编《网络文化的跨学科研究》，上海三联书店，2007 年版，第 73 页

持文化走出去的战略，大力依托互联网，提高本国文化在世界上的知名度、魅力和吸引力；同时要以大国胸怀，坚持文化引起来，主动介绍外国的先进文化，注重发挥互联网的舆论平台作用，引导提高广大人民的文化鉴赏力与辨别力，在文化交流、碰撞中增强本国文化的竞争力与活力。各国行为体在互联网环境中进行文化博弈与合作时，还应注意经济科技实力越强，语言文化的传播力越强，影响力越大这一惯性和趋势。要防止在这一过程中本国文化被同化湮灭，就必须坚持文化主权和安全原则。

此外，我们还必须注意到：有明确互联网因素（围绕互联网本身的开发、建设、使用和管理，或在工具意义上使用互联网使之服务于国家在政治、经济、文化等领域的国际博弈与合作）的国际博弈与合作，即以互联网为博弈对象或以互联网为博弈工具的国际博弈与合作，共同构成全球互联时代国际博弈与合作的基本内容。当然，从更广泛的意义上讲，全球信息网络更像是当代国际博弈与合作的"神经"，[①] 它广泛渗入、快速生长并起作用于当代各个类型、层面、领域的国际博弈与合作。正因为如此，有明确互联网因素的国际博弈与合作与其他各个层面、领域、类型的国际博弈与合作并不能决然分开，它们之间交互运动、相互影响、互相渗透。

当代互联网已经使全球 200 多个国家和地区的十几亿用户紧密地联系在一起。互联网用户可以不受地理边界限制自由访问、交流、发布和共享信息，并开展跨国商业活动；数字融合技术日趋成熟，任何形式的信息都能够以数字的形式表现，然后以前所未有的方式和速度加以组合、改变和再利用；计算机信息网络系统已经逐渐控制了关键的社会基础设施。整个世界已经形成了一个紧密联系的整体，这使我们所处的时代成为一个复杂、混乱的过程，充满各种矛盾、悖论和质疑。各类行为体可能会跨越国际、地区、国家和国内各层次，在公共和私营部门等各行为领域，在由东西、北南各个方向上同时引发新的竞争、合作和冲突。国际博弈与合作既是一个很宏观，又是一个很具体的概念，它涉及到国际交往的方方面面和各个领域，包括各种类型。这就决定了有互联网因素的国际博弈与合作，与那些表面看来没有明显互联网因素的国际博弈与合作发生互动、渗透的可能性很大。

总之，全球互联和网络传播已经成当代国际博弈与合作的宏观时代背景、重要动因，互联网也成为当代国际博弈和合作的战略工具。在当前的国际政治、经济、文化博弈和合作中，既出现了一些增进合作，促进交流的积极因素，也出现了一些加剧竞争和对抗的消极和保守因素。从国家的角度来讲，

---

① 学者杨伯淑认为"互联网是全球化的中枢神经，而不是工具"。见杨伯淑、刘瑛：《关于全球化与互联网的若干理论问题初探》，载《新闻与传播研究》2001 年第 4 期，第 44 页

应注意把握这些变化，辩证认识竞争与合作的关系，增加对全球互联和传播全球化的重视程度和研究力度，既不畏惧实力基础上的竞争，又有能力促进达成实际有效的合作，主动参与机制设置，在实际合作与合作预期之间形成良性循环，实现国家和国际社会的双赢。

第二节　互联网时代国际博弈与合作的主体、类型及特点

　　全球互联和传播全球化的发展使参与当代国际互动的行为体种类和数量越来越丰富，国家在维护国家安全与利益方面面临重大机遇和挑战。当代国际博弈与合作可以分为哪几种基本类型，有哪些特点，参与其中的行为体所处地位有何不同，等等，这些问题是研究当代国际关系互动要解决的基本问题。分析这些基本问题，有助于我们在传播全球化、信息网络化时代，提高对国际博弈与合作的复杂性和规律性的认识和探索，更好地把握好竞争与合作这对任何国际关系互动中都要涉及的基本矛盾，研究它们的变化发展，形成科学合理符合时代变化的国际博弈与合作战略策略。

一、当代国际博弈与合作的主体

　　同研究国际关系最重要的问题之一是认定国际舞台上的主要角色一样，网络全球传播时代国际博弈与合作研究的首要问题也是主体问题，即详细考察互联网对国际行为体的不同影响和作用，以及受到互联网重新塑造的国际行为主体在当代国际博弈与合作中的基本作用和表现。虽然不同的国际关系流派对不同国际行为体的重要性和地位观点不尽相同，但在国际行为体分为国家行为体与非国家行为体这一点上基本没有分歧。下面主要以此分类标准探究当代国际博弈与合作的主体问题。

（一）国家行为体

　　从1648年威斯特伐里亚会议确立了民族国家体系至今，在相当长的时期内，民族国家一直是国际关系中最重要乃至唯一的行为体。第二次世界大战后，随着民族解放运动的兴起，民族国家的数量激增。20世纪30年代还只有60个左右，今天，这一数字已突破两百。现实主义认为，民族国家是世界政治的基本组织单位。虽然新现实主义承认国际社会存在不同的国际角色，但国家仍是最中心的角色，[①] 国家总是追求国家权力的相对最大化，国家权力决定它在国际体系中的地位。他们认为，其他所有实体，不管范围、力量大小、都次于民族国家。民族国家才是国际层面上的主要行为体。现实主义者们并

---

① 倪世雄：《当代西方国际关系理论》，复旦大学出版社，2001年，第129页

不断言现存的民族国家结构将永世长存，但却相信这种结构从目前来看，仍是根深蒂固的，而且还可能会在未来相当长时期内构成国际政治现实的基本单位。① 如肯尼斯·华尔兹就认为，"实力最强大的单元为其他单元和它自己设定了行动的舞台，……结构是一个有生命力的概念，它产生于主要单元之间的互动"。② 而新自由主义则认为，国家是理性的行为主体，但不是唯一的行为主体，非政府组织和国际组织都参与国际互动，③ 国家应该有开放和透明的特性，国家在国际社会中是独立的、自主的和平等的。④

互联网产生和广泛普及以前，相对来讲，民族国家在国际舞台上的力量和地位是其他行为体远不能撼动的，也一直是政治、军事、经济等领域国际博弈与合作的主要行为体，并依靠经济、军事和政治权力三支柱实现国家利益。但是，互联网作为一种全新理念的全球信息系统，其发展远远超出了人们的想象，网络传播的开放性、交互性、实时性、成本低廉等特点不仅在最广泛的程度上促进了人类社会的信息交流，同时也对民族国家在各领域国际博弈与合作中的地位和作用等带来重大影响：

1、信息网络化和传播全球化的深入发展，弱化了一国政府运用本国政治、经济、军事、技术和其他资源实施国内、国际政策的权力和能力。这是因为以地理划界的国家管辖权，与全球化发展的、没有任何边界概念的互联网形成内在矛盾，国家自上而下的管理与互联网扁平化、分散化的内在结构形成了不可调和的矛盾，两者冲突必然缩减单个国家的权力广度和力度。"没有一个明确的中央权力机构能一手接管 Internet。这是一项了不起的政治发明——一个宏伟的结构却具有内在的强大能力，可以抵御集权和专制控制"。⑤ Haufler 也持同样的观点，认为"互联网分散、开放和全球互联的特性使得由国家对其有效施行自上而下的管理方式变得异常困难"。⑥ 这种冲击具体表现在：一是国家对个人行为的控制趋于弱化。在网络传播环境中，低廉的费用使普通人也可以生成并向大众传播自己的思想，成为议程设置主体，并影响社会政治经济进程。国家对信息生产和传播的垄断被打破，社会整合的难度

---

① Holsti, K. J. (1987), the Dividing Discipline: Hegemony and Diversity in International Theory, Boston, MA: Allen & Unwin, p. 11

② ［美］肯尼思华尔兹：《国际政治理论》，信强译，上海人民出版社，2003 年，第 96 页

③ 中国现代化战略研究课题组，中国科学院中国现代化研究中心：《中国现代化报告 2008——国际现代化研究》，北京大学出版社，2008 年，第 110 页

④ 倪世雄：《当代西方国际关系理论》，复旦大学出版社，2001 年，第 165 页

⑤ ［美］威廉·J·米切尔：《比特之城：空间·场所·信息高速路》，范海燕、胡泳译，生活·读书·新知三联书店，1999 年，第 150 页

⑥ Virginia Haufler (2001), A Public Role for the Private Sector, Washington, D. C.: Carnegie Endowment for International Peace, p. 82

加大。比如现在非常火热的微型博客，使个人通过手机或网络就能在最短的时间内，发布任何想说的话，并通过自己圈子传圈子的方式实现迅速传播，国家对此的影响和控制明显没有跟上。二是国家的司法、税收等管辖权面临新挑战。互联网使犯罪嫌疑人的行为发生地与犯罪结果地相分离，同时互联网匿名登录制及电子犯罪证据的获取难等问题使国家行使司法管理权面临一系列复杂情况。同时，"电子商务以前所未有的无形方式，媒介虚拟化的国际市场交易，交易参与者的多国性、流动性、无纸化操作的快捷性等特征，已使基于属地和属人两种原则建立的国家税收管辖权面临挑战，以往对纳税主体、客体的认定以及纳税环节、地点等基本概念的解释都陷入困境"。[①] 三是对互联网导致的全球性问题，国家尚无有效应对办法。如网络恐怖主义、网络信息污染等都不是哪一个国家能够单独解决的。由于在网络的任何一个节点上都可以发起攻击，因此很难搞清楚进攻是来自国内还是国外，是来自个人还是团体，也很难搞清楚某次进攻应算是犯罪活动，还是战争。[②] 四是互联网使国家外交事务管理和实践面临着更多复杂性：国家间官方外交关系已经不再是国际交往和国际联系的唯一内容，各国网民通过网络平台也能发挥民间外交家作用；外交工作所处的信息环境也发生了很大变化，信息处理和传播的高速度和低成本使国家越来越不能保证其官方消息的权威性。美国前国务卿克里斯托夫就曾抱怨说，他收到的机密情报中有很多他已经在 CNN 上看到或听到过。[③]

2、国家以其强大的适应性成为信息革命的最大受益者。当代国家仍享有多数人民的忠诚和信赖，并且掌握着巨大的社会财富[④]，是互联网时代国际博弈与合作的重要主体。虽然信息革命降低了通讯成本、技术利用及市场准入的门槛，有平衡大国、小国及非国家行为体力量的作用。但是如果认为国家在互联网时代就此走上了日渐衰微的道路，显然忽视了国际关系的复杂性。互联网在很多方面可以使国家尤其是大国力量更为强大、在国际关系中的主体地位更加巩固。这是因为：一是重要的市场进入门槛及规模经济对权力的影响即使在互联网时代也会继续存在。如软权力会受到电影和电视等传播媒介附载的文化内容的强烈影响，国家尤其是大国会继续从其大型的跨国娱乐

---

① 陈湛匀、鲍康荣：《改变世界的网络经济》，上海人民出版社，2000 年，第 184 页

② 周光辉，周笑梅：《互联网对国家的冲击与国家的回应》，载《政治学研究》2001 年第 2 期，第 42 页

③ Margarita S. Studemeister（1998），"The Impact of Information and Communication Technologies on International Cconflict Management," American Society for Information Science, 24（3），p. 27

④ Robert O. Keohane and Joseph S. Nye Jr.（1998），"Power and Interdependence in the Information Age", Foreign Affairs, 77（5），p. 81

公司形成的规模经济和影响力中受益。二是虽然互联网条件下，信息发布和接收非常便利且成本很低，但填补空白的新信息和稀缺信息比普通信息价值高，其收集和生产需要巨大投资，[①] 不是一般的非国家行为体所能承担的。三是在全球信息系统的构建、完善和继续研发中，国家以其雄厚的经济科技实力往往占据先机。如上世纪美苏冷战中，美国由于受到苏联军事竞争的压力而在科学研究方面投入巨资，直接促成了互联网的发明。四是互联网环境中，国家安全的两难境地仍未得到根本改变，军事力量在国际关系的关键领域仍起重要作用。虽然以往需要花巨资进行研发的军事技术现在已经小型化、商品化，小国或非国家行为体，包括恐怖主义组织通过一般市场或黑市交易就能直接买到，从某种程度上增加了国家的脆弱性和易受伤害的可能。但是互联网信息技术发展的最大受益者还是那些早就十分强大的国家。如美国等国就最早将网络信息技术等应用于军事领域，引发全世界军事领域的"军事变革"。

（二）非国家行为体

虽然国家行为体在互联网时代国际博弈与合作中的主体地位短时期内不可憾动，但是网络技术的日益发展和低成本化，还是从很多方面削弱了国家的力量和权力，个人，跨国公司、非政府组织、国家间政府组织等直接受益于跨界通讯联系费用的降低，数量不断增加，行动和协调能力也得到了加强，在国际政治、经济、文化博弈与合作中起着越来越重要的作用。"权力可以由政府行使，也可以由非国家权威行使"。[②] 过去，国家垄断了一切权威，但是现在网络传播全球化和多元化力量的推动下，包括个人在内的非国家行为体普遍地介入了世界政治经济舞台，它们影响着全球政治经济的过程和结果。

1、个人

古典自由主义主张，个人应该作为任何社会理论的基础，因为只有个人才是真实的，而社会只是一个抽象的概念。但是很多国际关系理论家并不把个人视作国际行为体，几乎所有的法律权威都一致否认个人具有国际法上的任何主体地位。[③] 但是网络传播全球化带来的社会现实：任何人只要拥有一台计算机和一个调制解调器，就可以极低的成本与世界上任何角落进行联系和行动协调。比如网络黑客坐在电脑前，就可以向其他国家的任何信息系统实

---

① Robert O. Keohane and Joseph S. Nye Jr. (1998), "Power and Interdependence in the Information Age", Foreign Affairs, 77 (5), p. 88

② ［英］苏珊·斯特兰奇：《权力流散：世界经济中的国家与非国家权威》，肖宏宇、耿协峰（译），北京大学出版社，2005 年，第 5 页

③ ［美］詹姆斯·多尔蒂，小罗伯特·普法尔兹格拉夫：《争论中的国际关系理论》，阎学通，陈寒溪等译，世界知识出版社，2003 年，第 31 页

施网络攻击，这种行为不仅具有国际性，有时还会引起两国或多国关系的紧张和冲突；个人借助全球互联提供的便利，在自己的家中就可以实现将网络色情信息等传播至其他国家和地区，其行为的国际性特征已很明显，仅靠单个国家的法律难以有效调节和控制。

此外，由兴趣爱好者、数码精英、学术研究者自发组成的松散社会群体或机构，其行为或决定也很容易通过互联网传播至国际层面，对国际博弈与合作施加自身影响力。比如数码精英，已经或正在组建相关的权威机构，"全球性电子通讯标准的制定过程，正在从传统国家权威机构转移到那些其目标和忠诚度都更具有商业性而非国家性的人士手中"。① 因此，个人，包括由兴趣爱好者、数码精英或研究者自发组成的松散的社会群体，在网络传播和全球互联带来的便利下，参与到各领域国际博弈与合作中的能力会愈加显现。

2、国际非政府组织

非政府组织（NGO）一般指非官方的、非营利的、代表某部分人意愿的组织。如其组织成员、活动、结构、地理分布等任何一方面超越了国家的界限，就可以称其为国际非政府组织。② 由于全球发达的网络系统，如公告栏、电子邮件、微博等服务使草根阶层的动员和行动组织能力大大提高，刺激了非政府组织的发展。在法国，1987 年一年就成立了 54000 个私营组织，而相比之下，1960 年代每年成立的不过 11000 个。③ 通讯条件的改善无疑是其中的重要原因。为了增强和提高各方的协调性和工作效率，避免资源浪费，非政府组织通常在互联网上建立通讯联系中心。大赦国际、美国援外合作署（Cooperative for American Relief Everywhere，CARE）和绿色和平组织等就是具有很大影响力的国际非政府组织，它们的影响力与日俱增，其资金支持、专业水平等同甚至超越一些小国政府和政府间国际组织。1993 年，联合国人权中心主任抱怨说："我们是联合国内负责人权事务的重要部门，但是比起大赦国际来，我们的资金和资源都少得可怜，这真是可笑"。④ 据统计，从上世纪

---

① ［美］克雷格·西蒙：《走向全球化的互联网管理规则》，载温都尔卡·库芭科娃、尼古拉斯·奥鲁夫等编《建构世界中的国际关系》，肖峰（译），北京大学出版社，2006 年，第 178 页

② 根据沈奕斐在《中国台湾地区的非政府组织研究》中的观点，非政府组织在不同的国家、不同的时期，有许多相似的名称。如："第三部门"（The Third Sector，美国的用法，其另一个等同的概念是"独立部门" Independent Sector）、"非营利组织"（Nonprofit Sector）、"慈善组织"（Charitable Sector）、"志愿者组织"（Voluntary Sector，英国的用法）、"免税组织"（Tax－exempt Sector）、"经济社会"（Economie Social，在法国、比利时用的较多）、"公民社会"（Civil Society）等。载肖佳灵、唐贤兴主编：《大国外交——理论·决策·挑战》，时事出版社，2003 年，第 693－696 页

③ Margarita S. Studemeister（1998），"The Impact of Information and Communication Technologies on International Cconflict Management，" American Society for Information Science，24（3），p. 26

④ Jessica Mathews（1997），"Power Shift，" Foreign Affairs，January/February，p. 53

末开始，非政府组织所提供的发展援助比整个联合国体系（不包括世界银行和国际货币基金组织）所能提供的都多。[①] 即使在互联网这一全球性信息系统的管理方面，国际非政府组织如全球电子商务对话组织（The Global Business Dialogue on E – Commerce，GBDE）、IETF、ISCO 和 ICANN 等就在其中起着重要作用。

近些年来，有越来越多的学者把民族解放组织、国际恐怖组织、跨国犯罪集团等包括进非政府组织的范畴。[②] 毫无疑问，国际非政府组织已经成为当代国际博弈与合作的重要行为体。

3、跨国公司

跨国公司（TNCS）又被称为多国公司（MNCS），一般指除了母国本部外，还在其他国家拥有子公司的企业。交通和通讯技术的发展促进了跨国公司的大发展。在互联网出现以前，跨国公司就已经出现了。比如上世纪 60 年代的美国的跨国公司大部分，在世界各地设立子公司，并多由当地的外国人管理。由于当时经济技术条件的限制，要是把一个人派到国外子公司任职可能由于条件艰苦而能意味着一种惩罚。但是互联网的出现和发展使情况发生了重大变化。互联网促进了全球统一市场的形成。法律、广告、商业咨询、资金来源和其他服务也借助全球互联高度国际市场化了。懂一门外语加上丰富的国外工作经验越来越成为对跨国公司高管的必然要求，而且很多情况下，跨国公司总部甚至不设在公司的母国。[③] 跨国公司一般拥有巨大的经济资源，10 个最大跨国公司年销售额的总和比联合国 130 多个发展中国家的国内生产总值还多。[④] 因此跨国公司有能力以舆论压力、游说或贿赂等方式干预东道国的政治、经济和社会等问题。全球互联环境中，随着跨国公司实力的增强，这一类国际行为体在当代国际博弈与合作中的作用会越来越大。

4、政府间国际组织

政府间国际组织由国家支持成立并服务于国家。因此有学者干脆把政府间国际组织归入国家行为体中。这在相对封闭，以国家为主导的时代是行得通的。但是随着全球互联的发展和网络的全球化传播，国际组织的职能作用也正在发生一些变化。比如，它们积极利用低成本、高效率的互联网通讯，建立了相对独立的支持群体网络，同时还加强了与非政府组织的联系，并通

---

① Jessica Mathews（1997），"Power Shift," Foreign Affairs, January/February, p. 53
② ［美］詹姆斯·多尔蒂，小罗伯特·普法尔兹格拉夫：《争论中的国际关系理论》，阎学通，陈寒溪（译），世界知识出版社，2003 年，第 32 页
③ Jessica Mathews（1997），"Power Shift," Foreign Affairs, January/February, p. 56
④ World Bank（1990），World Development Report 1990, London：Oxford University Press, p. 182 – 183

过它们与其关注的群体建立了直接联系，进一步摆脱了对国家支持的依赖。[1]另一方面，政府间国际组织的这些举动也造成了其与国家关系的紧张，因为国家一方面感到需要更有能力的国际组织来协助其处理一系列跨国挑战，但同时又担心这些国际组织有了新的支持群体，而成为自己的竞争对手。当前，与人权、贸易、毒品走私、腐败、难民、反恐措施、武器控制和民主问题有关的协议、机制和国际机构增加很快，各种指南、向各国推荐的好的经验做法、无约束力的决议等形式的"软法律"增长也很快。这表明政府间国际组织在成为当代国际博弈与合作的重要行为体。

总体来说，全球互联及其层出不穷的传播联系方式，极大降低了非国家行为体通讯联系和组织活动的财务和时间成本，相比于过去，它们能更有效地协调行动，在当代国际博弈与合作中发挥出更大的影响力。但是，国家仍然是互联网条件下国际博弈合作最重要的关键行为体。虽然从人类发展的未来进程看，互联网对于国家的冲击和消解具有一定的积极意义，[2]但在当代，国家尤其是大国通常有更多的外交政策工具选择，以在国际博弈与合作中得到更加符合国家利益的结果。非国家行为体在更多的时候，不过是国家利益的代理人而已。国家为了确保得到理想结果，在创建某一机制后，通常选择将机制管理授权给非国家行为体（如 ICANN 就是典型的例子）；虽然非国家行为体的确有独立设置议程的权力，但是一旦某个问题领域引起国家的注意和干预，结果多数会反映国家的偏好和利益。[3]因此，互联网时代国际博弈与合作的主体既包括国家，也包括个人、国际非政府组织、政府间国际组织、跨国公司等非国家行为体，但这些主体的作用并不是完全均等的，国家，尤其是大国强国的地位在这一进程中作用更加突出。

二、当代国际博弈与合作的类型

对互联网时代国际博弈与合作进行科学分类，有助于国际行为主体增强对宏观形势的判断，及对其他主体的了解，对制定博弈战略、政策和措施，有利于提高国际关系互动的有效性。

（一）以参与的主体划分

由于国家仍然是全球互联环境中国际互动过程中的最重要主体，本书倾向于把有国家行为体参与的国际博弈与合作分为四种，并把没有国家直接参与，但有深刻国家因素背景的国际博弈与合作置于这一分类框架下。

---

① Jessica Mathews (1997), "Power Shift," Foreign Affairs, January/February, p. 57

② 周光辉，周笑梅：《互联网对国家的冲击与国家的回应》，载《政治学研究》2001 年第 2 期，第 37 页

③ Daniel W. Drezner (2004), "The Global Governance of the Internet: Bringing the State Back in," Political Science Quarterly, 119（3），p. 496

1、国家之间进行的国际博弈与合作

国家不是国际互动过程中的唯一主体，随着通讯手段和公民社会发展，第三部门的力量不断壮大，活跃在国际舞台上、对各类国际关系互动发挥不同影响力的主体各类和数量不断增加。但国家仍然是当代国际关系和国际法最重要的主体这一点并未根本改变。而且，国家间进行的国际博弈与合作具有层次高，重要性强，影响力大的特点。在这一类国际博弈与合作中必须注意：互联网具有的马太效应可能产生这样的结果，传统强国在虹吸作用下实力更强；原来力量微不足道的非国家行为体（尤其是国际非政府组织和个人等）凭借在互联网条件下突然充分释放出的能量和灵活性而凸显其重要性；原来的弱国、小国由于其内在脆弱性和僵化的科层组织而在与前两者的博弈与合作中均不占明显优势，处于尴尬的中间状态，其实力和权力不断被前两者所攫取而更加羸弱。美国哈佛大学肯尼迪政府学院政治学副教授皮帕·诺里斯（Pippa Norris）认为，"即将来临的互联网时代有可能进一步扩大处于网络核心的后工业经济与处于边缘的发展中社会之间的差距……根本的问题是既得优势。像瑞典、澳大利亚和美国这些处于技术革命前沿的国家，就有可能积极推动技术进一步发展，并维持其未来的优势"。[1]

2、国家与国际非政府组织之间进行的国际博弈与合作

互联网是当代公民社会力量日益发展壮大的原因之一，非政府组织对国际事务、社会运动和特定国家政策的影响越来越大，这类组织通常通过互联网与各国各地区专家力量建立起松散的网络，善于从可能被国家忽视或故意回避的特殊角度或群体利益出发设置行动议程，与国家展开博弈。如前方曾提到的国际反地雷运动这一国际非政府组织，就是利用了全球互联带来的通讯和通讯便利，在国际上发起了一场声势浩大的禁雷运动。该组织一方面注重与加拿大这类中等国家及其他国际机构和政客名人合作，同时在互联网上营造了强大的舆论场，向其他国家施加政治压力，并最终让有关国家的态度和立场有所改变。总体上来讲，国际非政府组织在当代的发展，对于推动国际秩序向更加公正合理的方向发展有一定积极作用；但同时，由于非政府组织的非营利性质，其活动经费多来自国家、公司企业或个人捐助，因此，一些实力强大的非政府组织不可避免有西方政府背景和浓厚的意识形态色彩，而被发展中国家称为"西方国家的别动队"。[2] 此外，当某一领域的问题重要性日渐突显后，国家往往作为幕后推手直接扶植建立非政府组织，并以各种

---

① ［美］皮帕·诺里斯：《数字鸿沟的三种形态》，曹荣湘(译)，载曹荣湘选编《解读数字鸿沟——技术殖民与社会分化》，上海三联书店，2003 年版，第 19 页

② 杨冠群：《关注蓄势待发的世界非政府组织运动》，载《国际问题研究》2001 年第 3 期，第53 页

形式保持对该组织的控制力和影响力，从而在该领域获得话语权。比如 ICANN 的成立就反映了这方面的情况。

3、国家与跨国公司之间进行的国际博弈与合作

跨国公司的实力和影响力在全球互联和网络传播全球化发展背景下正在增强，它们与母国和东道国在政治、经济、文化等方面的互动正在增加。虽然跨国公司的生产、经营、销售等活动具有全球性，它们也更倾向于将自身定位于"全球公民"，① 以标明其利益与任何政治实体的利益相脱离，避免成为国家关系紧张的受害方。虽然跨国公司努力模糊其"国籍"问题，但它代表和维护的永远是母国的国家利益。比如欧盟和微软之间旷日持久的反垄断官司就说明，即使在资本主义发达国家之间也不存在完全共同的利益，因此各国尤其是发展中国家与跨国公司打交道时，既要善于发挥跨国公司对本国资金、技术及就业方面的积极作用，同时又要在涉及国家核心关键的发展领域，奉行审慎合作的原则，维护国家的经济独立和政治安全。从中小国家与国际电信运营巨头的博弈来看，这些跨国公司不仅享有信息获取的不对称优势以及对技术的垄断，它们彼此之间往往还结成了战略同盟或共同体，其博弈实力往往在一些国家之上，再加上它们在游戏规则的了解和运用等方面能力更强，往往能掌控博弈与合作进程，最终取得最有利于自己的博弈结果。因此，包括中国在内的广大发展中国家在与跨国公司的国际博弈与合作中的策略选择余地大为缩减，它们只能"选择与外国伙伴合作，（在此前提下才）有选择不同外国伙伴的权利，以及同选中的合作伙伴达成合作的最佳条件的权利"。② 因此在信息通讯技术大发展的当代，发展中国家必须加强这方面的研究和应对。

4、国家与个人之间进行的国际博弈与合作

个人的力量和影响力借助于互联网带来的全球传播得到了最充分的释放。私人拥有海底光缆和卫星已经成为现实。③ 以前，最为严密精确的情报来源是由国家政府控制的间谍卫星拍摄的高清晰度照片，但是现在私人公司也正在建造清晰度 1 米或以内的卫星，以向其顾客提供追踪跟踪等服务。④ 在这样的环境和条件下，个人行为可以轻易击破国家界限，并对他国目标或国际社会

---

① David J. Rothkopf (1998), "Cyberpolitik: The Changing Nature of Power in the Information Age," Journal of International Affairs, 51 (2), p. 337

② ［英］苏珊·斯特兰奇：《权力流散：世界经济中的国家与非国家权威》，肖宏宇、耿协峰译，北京大学出版社，2005 年，第 92 页

③ ［英］苏珊·斯特兰奇：《权力流散：世界经济中的国家与非国家权威》，肖宏宇、耿协峰译，北京大学出版社，2005 年，第 93 页

④ Bruce D. Berkowitz (1996), "Information Age Intelligence," Foreign Policy, 103, p. 43

造成影响。一个普通的计算机程序员在软件中植入一个特洛伊木马病毒，就可以摧毁关键网络或导致计算机运行失败，[1] 给他国的安全和利益造成重大损失。恐怖分子也有可能通过网络远程破坏目标国家的通讯联系、电力供应等基础设施。当然，总体来讲，虽然国家与个人之间发生的这些博弈在数量有上升的趋势，但还没有成为当代国际博弈与合作的常态，具有偶发性、突发性和对抗性强等特点。在这种博弈与合作中，个人拥有非对称优势，可以一时占据上风，但国家利用自己的绝对优势，运用其强大的监控、管理和危机处理能力，可以很快扭转不利局面。这点从 2001 年中美黑客大战中可以得到充分说明。[2] 在 2001 年整个中美南海撞机事件的处理期间，中美两国都有数百个网站受到攻击，导致中美两国政府直接介入。先是美国联邦调查局开始采取行动，搜寻在黑客大战中活跃的两个美国黑客组织，以消除美国互联网公司对于大战可能危及美国电子商务企业正常运营的担心。中国方面也对中国红客的行为进行了疏导和制止。中美两国通过有效的法律、行政、技术等手段，很快就实现了对黑客行为的控制。

此外，在（跨国）公司企业之间进行的国际博弈与合作也经常有深刻的国家因素。比如中国华为公司曾酝酿与美国贝恩私人资本公司联合收购美国 3COM 公司，就遭到了美国外国投资委员会[3]的否决。2006 年，该委员会还以"妨害国家安全"为由阻止了以色列一家公司收购美国的哥伦比亚软件公司。综合来看，在当代国际博弈与合作中，国家的角色非常关键。尤其是大国，它们与其代言人——跨国公司、非政府组织、政府间国际组织之间相互助力与借重，充分利用其在历史上积累起来的经济技术优势和在信息革命中的先行优势，获得符合其利益的博弈结果。虽然广大发展国家与其他国际行为体也正从互联网发展中获益，但要彻底颠覆与发达国家及其代言人的力量对比，路途还很遥远。

对当代国际博弈与合作从国家行为体是否参与的角度进行分类，有助于发展中国家更加了解当代国际博弈与合作的宏观形势、格局及自身的实力和地位，更加坚定的把维护国家主权与利益作为参与各层次、各领域的国际关系互动的基本原则。

---

① Walter B Wriston (1997), "Bits, Bytes, and Diplomacy," Foreign Affairs, 76 (5), p. 180

② 沈逸：《信息时代的外交：挑战、衰退与转型》，载肖佳灵、唐贤兴主编：《大国外交——理论·决策·挑战》，时事出版社，2003 年，第 743 – 746 页

③ 美国的外国投资委员会是一个跨政府机构，成立于 1975 年，主要目的是审查外国在美投资安全。该委员会现由美国财政部长担任主席，直接向总统负责，组成部门包括国防部、国务院、商务部、国土安全部等 12 个部门。苏丽、王莉：《华为收购 3COM 计划搁浅》，载《环球时报》，2008 年 2 月 22 日，第 14 版

（二）以竞争与合作两种因素在当代国际博弈与合作中的不同表现和趋向划分①

当前，国际关系正处于从冷战时期的两极体系向后冷战时期的多极体系转型的长期进程中。伴随着互联网时代国际行为体数量、种类的增多和影响力增强，国际博弈在广度、深度、烈度和复杂性上前所未有。尤其是国家等主要国际行为体把参与信息时代的国际博弈与合作视作调整相互关系、探索今后发展道路、拓展国家利益版图重要契机，博弈涉及的竞争与合作因素也表现出不同的发展趋势。

1、对当代国际博弈与合作中竞争和合作因素的分析

亚历山大·温特认为，国际社会的三种无政府文化——霍布斯文化、洛克文化和康德文化，分别建构了不同的身份关系，即敌人、竞争对手和朋友。杀戮和被杀是霍布斯文化中国家间关系的特征。摆脱了战争状态的行为体之间的竞争与合作构成了洛克文化国际关系的特征。而基于朋友角色的康德文化超越了竞争与合作关系，能将对方的利益内化为共同体的利益，建立了新的合作观念。本书认为，在国际无政府环境特征明显，信息革命尚处早期发展阶段的情况下，国际博弈与合作更多体现出的是洛克文化国际关系的特征，即国家是以竞争对手的身份看待对方，离康德文化体现的大同世界还有很大距离，因为康德文化体现出的境界是：朋友身份对持久友谊的预期，使得即使双方发生争吵也终能以和平方式化解②，在这种状态下，"行为者的政策能够自动地促进其他行为者目标的实现"。③ 因此，当代国际博弈与合作主要涉及的政治、经济、文化等领域，以国家为主的行为体之间存在这样或那样的竞争是客观必然，互联网的马太效应甚至在某些方面某些情况下还有加剧行为体之间竞争与对抗的趋势。

但是，互联网的发展、普及和渗透，将全球各个角落紧密联系在了一起，强化了国际博弈与合作中"你中有我，我中有你"的相互依赖局面，国际互动过程中各方的共同利益不断扩大，共识也随之增多。早在1989年邓小平会见美国前总统尼克松时就曾说过的："考虑国与国之间的关系主要应该从国家自身的战略利益出发。着眼于自身长远的战略利益，同时也尊重对方的利益"。④ 这里就涉及到如何正确看待国家利益问题。收益或利益是

---

① 《互联网空间的国际博弈类型学分析》，《理论前沿》2008 年第 10 期，24－26 页

② 亚历山大·温 特：《国际政治的社会理论》，秦亚青(译)，上海人民出版社，2008 年，第 6 章 244－301 页

③ ［美］罗伯特·基欧汉：《霸权之后——世界政治经济中的合作与纷争》，苏长和(译)，上海人民出版社，2006 年，第 51 页

④ 《邓小平文选》（第 3 卷）：人民出版社，1993 年版，第 330 页

国家参与国际博弈的目的与着眼点。如果参与博弈的行为体只关心相对收益，即自己所得是否多于其他行为体所获，而不从绝对收益，即参与主体都可能是获益方的角度考虑合作，那么国家间的互动只能是没有合作余地的零和博弈。只有当参与主体认为合作能惠及每个成员，即每个主体都能获得绝对收益，并因而舍弃对相对收益的追求时，才能视区域利益或全球利益为实现个体利益的必然步骤，才能使合作的范围得以扩大、稳定性得以提高。① 特别是互联网和网络传播在发展过程中出现了大量的负面效应，类似网络信息污染、网络恐怖主义等不是哪一个国家能单独解决的，加强合作更有其必然性。事实上，全球互联时代的国际博弈与合作可以被视作混合动机博弈（Mixed Motive Games），同时存在着"互相依赖和冲突，以及伙伴和竞争关系"。② 因此，以国家为主的行为体应积极推动国际博弈与合作向良性方向发展，即在竞争中合作，在合作中竞争，而不是过去所谓的"零和博弈"。将维护各自的国家利益与尊重他国的利益结合起来，承认竞争与合作同在、矛盾与妥协并存的客观现实，坚持诚信合作，适度妥协，按规矩竞争，尽量不要将摩擦推向对抗的方向。合作并不意味着没有竞争，竞争对手与合作伙伴其实是一个硬币的两面，要通过努力，克服或化解潜在的或现实的竞争与冲突，最终实现双赢、共赢。

2、当代国际博弈的两种基本类型：趋向竞争型与趋向合作型

当代国际博弈与合作主要涉及政治、经济、文化、军事、科技等基本领域。任何领域的国际互动都包含有竞争和合作因素。总体来讲，政治、军事等传统安全领域，国际博弈与合作中的竞争因素表现较为突出，尤其在当前阶段，互联网的马太效应使原优势强国力量继续加强，这些领域的竞争趋向明显。同时互联网加大了国家等行为体在经济、金融、网络安全、文化、科技、跨国犯罪等非传统安全领域的全球互联和相互依存，国际博弈与合作中合作趋向明显。按照这种思路，本书倾向于将全球互联时代的国际博弈划分为趋向竞争型和趋向合作型两种类型。但这绝不意味着在任何国际互动中只有竞争或只有合作。当前阶段和条件下的国际互动都是竞争绝对性与合作相对性的矛盾统一体，只不过互联网条件下的政治军事国际博弈出现了竞争性趋势有所加剧的苗头，但也存在缓和因素；经济技术文化等领域的博弈合作性趋势有所加强，但也存在激烈竞争。通过分析，关键是要结合互联网的特点和网络传播发展趋势，在趋向竞争型的国际博弈与合作中发现和梳理合作

---

① 倪世雄：《当代西方国际关系理论》，复旦大学出版社2001年版，第132—133页
② ［美］罗伯特·基欧汉：《霸权之后——世界政治经济中的合作与纷争》，苏长和(译)，上海人民出版社，2006年，第68页

的因素，在趋向合作型国际博弈与合作中认识到竞争的必要性和确定合作的原则，把握好竞争和合作的尺度，在竞争的绝对性和合作的相对性之间找到一个平衡点。

（1）趋向竞争型的国际博弈

当前，国家仍然是国际关系的主要行为体。在国际社会"无政府"和"丛林法则"支配下，国家存在的重要目标就是不断增强自身的实力和权力，以求维护自身的安全。国家间不可避免地存在竞争关系。传统安全观认为，政治安全和军事安全是国家传统安全的重心，是关系到国家主权与国家利益的关键所在。相对于其他问题领域，国际政治军事互动的对抗性和竞争性较强，即使在冷战结束后，和平与发展成为国际社会发展主流的情况下，这一判断仍有一定的合理性。互联网的发展和全球互联的现实，不仅没有改变，反而由于促使国际行为体数量、种类、力量增加，而加剧了国际社会的无政府状态，这使国际政治军事博弈的竞争性因素有所增加，表现在：

一是数字鸿沟的出现使信息弱国在政治军事博弈与合作中处于不利地位，这些国家的不安全感上升。占有经济技术优势的发达国家通过在无国界互联网上操纵发展中国家的信息流，可以达到削弱其政治合法性和破坏其国家社会政治稳定的目的。它们在互联网上大肆宣传自己的意识形态，大力推进价值观外交。发展中国家自主选择国家制度和发展道路的权力，以及稳定发展的前景受到威胁。在军事领域，信息强国利用自己的网络信息技术优势继续走在新军事变革的前面，传统的核威慑出现了向信息威慑转向的趋势，"'信息保护伞'使一方能看到对手而对手看不到对方，……藉以对对手形成威慑或者制服对手"。① 二是全球范围内不断推进的电子政务使政府掌握的大量关系国家生存发展的机密信息被窃取的风险增加。实践中，由于相关各部门对机密信息敏感程度把握存在差异，网络安全措施不到位等原因，使有政府、军方背景的网络间谍或黑客有了可乘之机。有报道称中国的军事、军工单位和重要政府部门的网络是被攻击的重点。② 三是互联网打破了国家对信息的垄断，政治的透明度骤然提高，政府任何不慎重的行为经由网络放大器作用，可能导致一定的政治危机。而且外部势力也常常借力于网络，进行网络政治动员，煽动不明真相的公众，扭曲或放大民族国家的内部事务或内部矛盾，制造政治动荡。

虽然当代政治军事博弈的竞争性有加剧的一面，但是互联网也是各博弈主体交流与合作的良好平台，一是可以充分利用互联网这个迄今为止功能最

① 中国现代国际关系研究所：《信息革命与国际关系》，时事出版社2002年版，第398页
② 程刚：《网络间谍威胁中国安全》，《环球时报》2007年10月26日第1530期第1版

强大的全球媒介，在以我为主的前提下，以更真实的信息，更详实的内容，更直接的形式与其他各种类型的国际主体展开对话与交流，消除隔阂，弥合分歧，增加各层级互信，提高国家政治军事透明度，树立诚实负责任的国家形象并及时化解误解，降低对抗的风险。二是互联网上呼吁和平与发展的舆论正在发挥出越来越大的牵制力量，以合作谋安全的新安全观得到越来越多国家的认同。这可以促使各国顺应这种潮流，在国际组织框架内，加强政治军事对话与协调，不断开展政治军事战略层面与技术层面的合作与交流。三是互联网的发展使未来的战争形态发生变化。网络战的高技术性、情报的不确定性、攻防双方的非对称性和灾难的瞬时性等，加大了国家独善其身的难度，势必要求各国加强情报信息交流、司法和技术合作等，以在维护国际社会整体利益的同时，维护好自身的安全与利益。

（2）趋向合作型的国际博弈

互联网推动了全球化的发展，各国为了自身的安全利益和发展利益，在经济、科技、文化等国际博弈与合作领域中，谋求合作的势头越来越突出，国家尤其是大国之间出现良性互动的可能性在增大。这表现在：

一是在经济领域，互联网的发展彻底改变了传统企业的运作模式，电子商务实现了现代经济对充分信息、零交易成本和市场进入低门槛的需求，经济的全球化和网络化特征日趋明显。由于网络效应的存在，间参与国际经济互动的各方增加合作，重要性日益凸显。如在 Icts 行业中，生产者之间通常会寻求合作和兼容，以共同赢得市场标准。[1] 同时，互联网促进了全球统一的金融市场的形成，"人们只要在计算机上敲几个键，成百上千亿美元的资金就可以转移到世界上任何一个地方"[2]，这些情况对协调、对话和合作提出了更高的要求。二是在科技领域，互联网普及和对高新技术的渗透，为全球科技研发与交流合作搭建了一个良好平台，主权国家的科学技术活动越来越受到多种国际组织和国际制度的约束，出现了崭新的国际科学技术事务的游戏规则；同时科技发展中的异化，如核技术、地雷、克隆技术、网络攻击技术的扩散等，带来了很多全球性问题，各国加强合作、共同应对是理性选择。三是文化领域，在全球化日益发展的今天，互联网的出现极大压缩了时空阻隔，为全球文化的自由传播提供了极其廉价和便捷的方式，也为各种文化的冲突、交流、理解和融合创造了无限机会。在不同文化因碰撞而发生冲突的同时，它们的依赖程度也在日益加深，相互认同的范围也在不断扩大。可以说，网络平台基础上的文化融合与交流正处于空前的活跃期，并在内容和形式、广

---

[1] 中国现代国际关系研究所：《信息革命与国际关系》，时事出版社 2002 年版，第 236 页
[2] 胡键、文军：《网络与国家安全》，贵州人民出版社 2002 年版，第 148 页

度和深度上不断有新的发展。

虽然全球互联使经济、科技、文化等领域国际博弈的合作因素有所增加，但是这并不意味着完全没有竞争和冲突，表现在：一是在经济领域，脆弱落后的发展中国家在全球互联的情况下，更容易成为发达国家转嫁危机的目标国，再加上它们对国际经济制度和经济运行规则不够了解和熟悉，不能熟练运用它们来维护自身利益，更无法主导新的游戏规则的制订，国家的经济安全和发展主权面临很大隐患。二是在科技领域，由于互联网的强渗透性与先导性，科学技术因素已经成为国家发展的重要决定力量。科技比以往任何时候都有浓厚的民族国家色彩、国家利益立场和国家安全属性，围绕着技术垄断与反垄断的斗争将是长期的。三是在文化领域，国家政治经济实力的差别，造成了信息资源和信息生产传播的不平衡，技术先进和市场繁荣的一方处于文化高位，大量不受传统控制形式影响的信息资料借助网络实现了跨国传播，"对一国文化的影响将超过任何一个直播卫星系统"。① 因此，广大发展中国家在适应互联网特点和发展趋势，成为文化向外辐射一方的过程中，还有很长的路要走。

三、互联网时代国际博弈与合作的特点

全球互联的发展使国际博弈与合作出现了一些新的特点：

1、参与国际博弈与合作的主体增多。如前文所述，在制度变迁和技术创新——尤其是网络信息技术——的推动下，原本在国际舞台上没有任何影响力的主体，如普通公民，以及原本在国际事务上影响力较小的国际主体，如利益群体等，正借力于各种网络系统不断增强其行为的国际影响力。这样国家在国际博弈与合作中追求的目标、手段、工具，以及互动对象都发生了很大变化。例如，在计算机和互联网得到普遍运用之后，国家不仅要在传统的国际军事博弈中维护国家军事安全利益，还要维护本国军事部门信息网络系统的安全，使之免受来自国内外电脑黑客的攻击和战争威胁。当今时代的国际博弈与合作中，新权力运作模式虽然还未最终形成，但可以肯定的是，这一模式正在超越由线性的国家边界勾勒出的结构，David J. Rothkopf 认为，这种新的多种国际行为体共同起作用的模式类似量子物理学中研究的原子结构：这是一个由多重作用和双重作用构成的世界，权力及其运用就像任何一层或层间的粒子间电荷。超国家机构行为体是一层，地区机构行为体是一层，国家机构行为体是一层，地方机构行为体是一层，个人和利益群体存在于所有

---

① 梁俊兰：《越境数据流与信息政策和信息法律》，载《国外社会科学》1997 年第 5 期，第 64 页

层级并在其中间发挥作用。① 国家不再是国际博弈与合作的唯一重要主体，国家传统的政治、经济、军事等权力受到信息权力的重新塑造而削弱或加强，权力的来源、获得的工具及测量的方式正在发生显著变化。互联网使国际博弈舞台上重要行为体的数目增加，同时减少了以往享有过大权力的行为体的数目。在《大外交》中，基辛格曾说，"革命者总是由当初微弱的力量发展起来，他们后来占据上风是因为社会既有秩序不能发现本身存在的致命弱点"。② 这意味着，传统的国家在信息革命时代的国际博弈与合作中面临着巨大挑战。它们中的许多显然还没有适应时代和环境的改变，做好与一个充满非国家行为体的世界打交道的准备。③

　　2、当代国际博弈与合作的烈度、频度和透明度都在增强。当代互联网数据处理能力不断提高、带宽不断增加，使市场可以不断增加的速度处理前所未有的信息容量。绝大部分国际博弈与合作的对象、内容、方式、手段情况的信息都能以数字形式出现在互联网上，如国际贸易和金融交易在互联网上瞬时即可完成，市场亦可在数秒钟内做出反应。互联网具有放大作用，互联网的开放性及其全球互联使"蝴蝶效应"④ 凸显，即使个人在互联网上的无意行为也可能导致国家间关系的紧张和摩擦。如果是主观故意的电脑黑客，其行为举动给本国或他国关键基础设施等带来的破坏和损失，可能超过一场战争。通过互联网，犯罪集团和恐怖组织可还以更方便地获得充足资金支持以及逃避政府法律机构的技术和知识，从而对国家的安全形成威胁。形式不断创新的网络传播可以使无数人同时看到同一内容的新闻，新闻的效果无限放大，可以在世界范围内激发公众舆论，影响国际国内政治舆论和政治进程，原来完全属于一国内部事务的问题，都可能通过互联网而曝露在国际博弈舞台上成为焦点。比如一国对群体性事件的处理、对国内某生产行业的补贴等

---

　　① David J. Rothkopf (1998), "Cyberpolitik: The Changing Nature of Power in the Information Age," Journal of International Affairs, 51 (2), p. 357

　　② Henry Kissinger (1994), Diplomacy New York: Simon & Shuster, p. 121

　　③ David J. Rothkopf: Cyberpolitik: The Changing Nature of Power in the Information Age. Journal of International Affairs. Spring 1998; 51, 2. p. 358

　　④ 1979 年 12 月，气象学家洛伦兹提出：一只南美洲亚马逊河流域热带雨林中的蝴蝶，偶尔扇动几下翅膀，可能在两周后引起美国德克萨斯引起一场龙卷风，这就是蝴蝶效应。其原因在于：蝴蝶翅膀的运动，导致其身边的空气系统发生变化，并引起微弱气流的产生，而微弱气流的产生又会引起它四周空气或其他系统产生相应的变化，由此引起连锁反应，最终导致其他系统的极大变化。蝴蝶效应说明，事物发展的结果，对初始条件具有极为敏感的依赖性，初始条件的极小偏差，将会引起结果的极大差异。比如西方有一首善于马蹄铁上一个钉子丢失可能会最终导致一个帝国灭亡的民谣，也是这个道理，一个钉子是否会丢失，本是初始条件的十分微小的变化，但其"长期"效应却是一个帝国存与亡的根本差别。这就是军事和政治领域中的所谓"蝴蝶效应"。互联网的作用正是加速了蝴蝶效应的进程，放大了蝴蝶效应的结果

等都会引起很高程度的国际关注和博弈。互联网同时也增加了国际互动的透明度，暗箱操作和秘密外交实现难度和成本很大。比如，上世纪8、90年代，在《北美自由贸易协定》形成过程中，美国和墨西哥政府曾计划举行两国小范围的闭门磋商和谈判，但是来自美国、加拿大和墨西哥的一些国际非政府组织坚决要求公开协定蓝本中有关健康和安全、跨境污染、消费者保护、移民、劳动力转移、童工、农业可持续发展、社会宪章和债务免除等方面的内容。这些非政府组织的要求和呼声通过互联网越来越强烈，并最终迫使当时的布什政府屈服，公布了这项协定，以消除人们对环境和劳工等问题的忧虑和关注。这表明，以往向社会公众紧闭的国家间贸易谈判过程在全球互联时代已经发生了重大改变。[①]

3、当代国际博弈与合作的非对称性增强。这种非对称性表现在：一是互联网的马太效应使大国、强国与小国、弱国的国际差距拉大，它们之间进行的国际卷互动越来越不在同一层级和水平上，非对称性特征越来越明显。在军事领域，这一点表现得尤其明显。早在海湾战争中，美国装备有摄像机的小型遥控飞机就可以向军事指挥人员提供侦察影像；装备有AWACS[②]的飞行器提高了军队执行任务的安全性并可顺利向关键地区投放关键资源；地面的步兵和装甲兵与指挥部不仅通过无线电联系，还通过视频装置进行联系，该装置能随部队移动向指挥部反映战场情况；GPS全球定位系统的应用可以使飞行器和军队任何时候都能精确知道自己的位置；复杂的雷达和指挥系统增加了爱国者导弹部队的反导行动成功的概率；高技术地面雷达成像系统可以提供敌方军队移动的详细信息，甚至可以向美国国内指挥部传回战区任何一点上车辆和人员位置变动情况的信息[③]等等。二是互联网增强了非国家行为体的非对称优势，庞大官僚机构和科层组织的存在使传统民族国家在国际互动中面临越来越多的非对称挑战。互联网信息技术更适合于分散化的网络结构组织。在这种网络化结构的组织中，个人或群体由于共同的行动联系在一起，无最高层无中心，也不必建立正式机构。商业企业、公民组织、民族主义组织及犯罪集团等均采取了此类网络结构。[④] 非国家行为体在借助网络提供的便利可以获得同国家一样充分的信息资源，以及平等参与国际互动的机会。而原本是国家专属的高端信息技术和大规模杀伤性武器技术等，现在通过公开市场、黑市或网络交易正在流入非国家行为体包括个人手中。非国家行为体

---

① Jessica Mathews（1997），"Power Shift," Foreign Affairs, January/February, p. 54

② 机载警报和控制系统：一种由飞机携带的军事监视系统，可以远距离跟踪大量敌机

③ David J. Rothkopf（1998），"Cyberpolitik：The Changing Nature of Power in the Information Age," Journal of International Affairs, 51（2），p. 344

④ Jessica Mathews（1997），"Power Shift," Foreign Affairs, January/February, p. 52

可以通过实施网络恐怖主义来打击国家这一庞然大物，使金融市场崩溃，城市瘫痪、政府蒙羞、极端民族主义情绪扩散等。属于典型等级结构的国家显然还需要更好地调整自己。

4、当代国际博弈中的合作因素在不断增加。互联网推进了全球化的进一步发展，国际社会在经济、科技、文化、政治、军事等领域的利益交集越来越多，一方所得并不必然为另一方所失。如国际贸易、环境保护、能源安全等方面的合作因素和可能性正在增加。同时，与互联网的全球发展相伴随出现的全球性问题，如信息内容污染、网络恐怖主义、跨国有组织犯罪、洗钱、网络病毒、因不可抗力等导致的全球或地区性网络危机等。不是单靠哪个国家或国际组织就能解决的。而且，像当代互联网像神经系统一样全面渗入全球生产生活的各个领域和各个层面，哪些是网络恐怖主义，哪些是普通犯罪，其背后的支持者究竟是国家还是非国家行为体等已经很难快速确定，因此，国家行为体应该彻底放弃以相互猜忌和自我保护为特征的冷战思维，确立国家之间以及与国际组织及关键非国家行为体之间进行国际合作的精神和原则。

5、当代国际博弈与合作的动机和目标趋于多样化。任何博弈的目的都是为了获取收益和利益，不管这种收益和利益是物质收获还是心理满足。但是，全球互联时代由于参与国际博弈与合作的主体种类增多，其具体动机和目标呈现多样化特征。国家间的竞合博弈主要还是为了确保国家主权、安全和利益，比如在军事领域表现为获取制网权与制信息权，因为"在传统的制海权、制空权以外，又出现了制信息权问题。在高技术战争中，没有制信息权就谈不上制海权、制空权"。[①] 电脑黑客等个人行为体在与国家进行博弈时，早期曾表现出追求知识的进步意义，现在其动机日益多元化。他们或者仅仅受经济利益驱动，如俄罗斯的两少年黑客就是为了金钱目的，屡次攻破美国一些公司的网站窃取相关资料，并以此相要挟；或者是为了宣泄某种情绪，在中美南海撞机后，两国分别以红客和黑客为代号在互联网上对对方的重要网站发动了攻击；或者仅仅是为了炫耀显示其存在，如一些天才黑客以攻破美国五角大楼严密的信息网络系统为荣。国际非政府组织在与国家进行国际关系互动时，主要关注一些被国家忽视或故意回避的问题，并积极运作，以期引起国际社会广泛关注，他们的非营利性质决定了其参与国际互动的主要动机在于实现其对某一问题的见解和信仰。从广角度讲，国际恐怖组织也属于非政府组织，他们与国家等行为体进行国际互动的动机，主要还是源于其对国际现行秩序的不满，也为了宣传他们的理想和主张。当代各类国际行为体进行国际关系互动时动机各异，这就要求民族国家在处理国际博弈与合作问题

---

① 《江泽民文选》（第3卷），人民出版社，2006年，第162页

时，要注意分清情况，运用不同的策略，恰当地处理与其他行为体的互动。

6、当代国际博弈与合作中的弱小国家，其策略空间进一步被压缩。国际博弈与合作中的策略手段林林总总，基本上都可以归为以下四种：一种是不利己又损人的策略，如晚清政府闭关锁国，不仅阻碍了当时社会的发展和正常的对外交往，而且关上了其他国家与中国进行正常贸易的大门。一种是不利己但也不损人甚至利人的策略，如经济上的短视行为导致的错误决策。一般情况下国家是追求利益最大化的理性局中人，不会做出这样的决策，或即使做出这样的决策，也可以从一次或几次博弈中发现问题并修改策略。一种是利己损人的策略，如战争掠夺、军事打击、贸易保护主义和经济封锁等。一种是利己又利人的策略。① 一般来说，当代民族国家只会在利自己的前提下做出损人或不损人的权衡。而且国家对于国际博弈与合作策略的选择往往受到一定的时代条件和外界环境的制约。以往行之有效的策略有可能在全球互联的当代国际社会中行不通。比如朝鲜核问题，如果在互联网等信息通讯技术和各种技术侦察手段不够先进的年代，朝鲜利用信息不对称等条件在发展核武器或使用核讹诈策略上可能更为顺利。但是在各种卫星游弋本国上空、全球互联互通的时代，技术落后的发展中国家要保守秘密变得越来越困难（比如，美国的侦察卫星就可以通过侦获朝鲜核冷却塔温度变化的信息，来判断其是否正在进行核试验），这样，经济科技发达国家基于知识和信息的结构性权力正在把发展中国家的策略空间压缩的越来越小。

---

① 对策略利不利己，损不损人的评价标准是历史的、动态的和相对的，要将其放在一定时期内去考察。如贸易保护主义，短期来看，有可能带来政策实施国实现贸易平衡，是利己损人的，但长期来看，可能带来该国相关行业生产效率低下并最终影响该国经济的正常发展，是不利己且损人的

第四章　互联网与当代国际政治博弈

　　互联网的发展和普及带给人类的不仅仅是信息资源的共享和实时互动，更重要的是对人类社会的生产、生活和交往方式带来了巨大变革，尤其在社会政治领域产生了深刻影响。阎学通先生曾指出："对信息的开发、控制和使用成为国家利益的重要内容。获取信息可能成为与获得资本和技术同等重要的国家利益"。① 很难想象一个网络信息技术落后、信息资源匮乏的国家和社会，能在政治领域的国际博弈与合作中处于主动和强势地位，能完全胜任维护国家政治利益的重任。因此，认真分析和研究互联网对国际政治博弈与合作带来的影响、机遇和挑战，并加以正确应对，是研究当代国际政治关系互动的重要课题。

第一节　互联网的政治功能

　　卡尔·W·多伊奇1968年在《政府的神经》一书中认为："政治系统与其他诸系统一样，是借信息的获取、传送、处理、利用而实现自我维持之目标的"。② 作为当代新闻信息主要载体的互联网，它的全球互联互通、开放互动的特性不可避免地要传导到政治和政治系统中。相比于报纸、广播、电视等传统媒体，互联网的政治形塑、政治传播、政治动员、政治议程设定与政治表达、参与等政治功能更加强大而且充分。

一、政治传播功能

　　一般认为，政治传播就是政治信息的流动。③ 人们开展政治活动，进行政治互动，首要的就是传播政治信息。所谓政治信息是指"人类在社会政治生活中所产生、获取、利用、传播、保存的信息总和。它既包括社会政治团体、执政者为进行政治统治而推行的观念形态的信息、制度形态的信息、和具体政治行为的信息，又包括普通社会成员在社会政治生活中所表现出的政治心

---

① 阎学通：《中国国家利益分析》，天津人民出版社，1996年，第60－61页
② 俞可平：《权利政治与公益政治》，社会科学文献出版社，2000年，第46页
③ 李元书：《政治体系中的信息沟通》，河南人民出版社，2005年，第34页

理、政治参与等方面的信息"。① 历史上，由于无法进行充分有效的政治信息传播和沟通，部族、国家之间冲突和战争频仍。到了近现代社会，随着铁路、邮政、电报、电话、报纸、广播、电视等技术和行业的发展，政治传播的范围和效率得到极大发展。黑箱政治、秘密外交越来越不符合时代的发展。普通社会公众得到的政治信息数量增加，但参与政治信息传播互动的能力依然受到很大局限。

便捷、低廉、全球性的互联网，削弱了报纸、广播、电视等传统媒体在政治传播中的主体地位。可以《纽约时报》为例说明网络政治传播的便捷和低廉：2007 年的资料显示，当时该报印刷版客户有 110 万，而网络版用户已经达到 150 万，这两年随着网络传播技术更加先进、成本更加低廉，其网络版用户增长的势头可能会更猛。② 数量多、分布广的社会大众终端使政治信息的传播范围扩大到不可思议的程度。大量免费的信息资源和低成本的网络技术使政治信息的传递能力变得更加强大，相应从海量政治信息中筛选、确认、编辑及进一步创新信息的能力就更加重要。

网络传播的全球特性也是互联网强大政治传播功能的重要基础。有学者认为，"距离不再限制通讯成本的现象……将会改变人们在居住和工作上的选择，改变国界的观念和国际贸易的方式。距离的消亡意味着信赖于（计算机）屏幕或电话，任何活动可以在世界的任一点进行"。③ 虽然报纸、广播、电视等媒体的政治传播也有一定的全球性特征，但是国家为了维护其政治利益和社会稳定，往往可以采取新闻审查、干扰广播通讯等政策和技术手段进行有效控制。互联网的全球性则更加彻底，互联网作为一个由各国、各地区网络组成的"网中网"。其存在的意义和价值就在于全球互联，如果一个国家想控制某些政治信息经由网络传播至国内，难度很大，因为如《数字化生存》中讲的："分散式体系结构令互联网能像今天这样三头六臂。无论是通过法律还是炸弹，政客都没有办法控制这个网络。还是传送出去了，不是经由这条路，就是走另外一条路出去"。虽然，从理论上讲，为达到控制目的，可以将本国与外国的网络联系全部切断，但这样做带来的政治和社会风险不可估量。

网络的政治传播功能还体现在网络行为（如网络交易、网络展示、拍卖等）更加信息化，信息化的网络行为随着网络传播的扩散，加大了不同国家、不同政治力量之间冲突的可能。2000 年，雅虎公司曾在其网站上设立了一个

---

① 李文冰：《政治信息沟通对媒体的诉求》，载《浙江传媒学院学报》2004 年第 3 期，第 90 页

② ［美］W. 兰斯·班尼特：《新闻：政治的幻象》，杨晓红（译），当代中国出版社，2005 年，第 113－133 页

③ ［美］马里安·P·费尔德曼：《因特网革命和创新的地理分布》，载《国际社会科学杂志》（中文版），2003 年第 20 卷第 1 期，第 55 页

拍卖纳粹物品的网址，全球网民当然可以浏览这一网址。而根据法国的法律，纳粹物品贸易是被禁止的。因此一名法裔犹太人便向法国地方法院起诉了雅虎公司。这场争端的背后实际上是国家对网络空间司法管辖权的争夺。一般来说，国家都倾向于把本国技术可以伸展到的范围，确定为本国的利益空间，这无形中加大了网络政治冲突的可能。

二、政治形塑功能

在现代社会中，人们除了亲身参与外，主要是通过各种媒体接收信息、进行观点互动，形成对政治事务的基本意见和态度。各种政治力量都试图运用媒体，与公众沟通，进而影响公众对本国政府、领导人物、政治事件和国际政治事务的看法和观点。而各种媒体，也以自身的规则、技术和利益回应这些政治力量的要求。从这个意义上说，媒体框架和形塑了政治。无论是宗教的天国、政客的演说、好莱坞的电影还是网络宣教，都不过是政治权力在大众的头脑中建构某种图景进而对他们进行控制和影响的手段。现代政治学的鼻祖马基雅弗利在《君主论》一书中对如何塑造这一图景，从而控制大众意识的问题进行了论述。他认为，"统治者应该具有或者看起来具有可以给人好感的素质，……但统治者实际上无须真正具有这些品德，……每个人可以看到你的外表，但鲜有人会直接了解你的真相。而那些了解的人，却不敢忤逆由统治者的地位所维系的民众的看法"。① 20 世纪美国著名的政治评论家沃尔特·李普曼在其经典著作《舆论》中也认为："在社会生活的层次，所谓的人对他的环境的调整不过是通过虚幻的媒介进行的。……只要我们认定一个图景是真实的，我们就会把它当做环境本身"。② 媒体的政治形塑作用实际是在制造"政治认同"。

互联网作为一种媒体，相对于传统媒体的优势和特点是不言而喻的。它的虚拟性、共享性、即时性、互动性等特征，使其成为世界上任何政治力量都无法忽略的施政工具。加之，"互联网生来就是一个全球媒体"③，各种政治问题的边界更加混沌，国内政治问题通过网络全球传播，可以在短时间内被放大，引起国际关注；各种国际政治问题也进入更多网民的视野，他们的态度和声音在国际政治进程中越来越不能被忽视。这些决定了各国对互联网的政治形塑和制造政治认同作用的重视程度不断提高。他们"使用了最现代化的信息技术，以求有助于把公众变为操纵对象"，以使被形塑后的政治图景

---

① Skinner, Q. and Prince, R. (eds.) (1988), Machiavelli: the Prince, Cambridge: Cambridge University Press, p. 62 – 63

② Lippmann, W. (1997), Public Opinion, New York: Free Press Paperbacks, p. 4

③ ［美］爱德华·赫尔曼·罗伯特·麦克切斯尼：《全球媒体——全球资本主义的新传教士》，甄春亮译，天津人民出版社，2001 年，第 131、147 页

更加符合其政治利益。在互联网成为主流媒体后，这些随和、易于受影响、易于成为操纵利用对象的群体化的人，不停地受到网络等媒体传布的观念的影响，"构成了一种由统治者的意见、规定和条条框框组成的无形框架，决定并制约着公众的反应、评价及行为"。①

在互联网的政治形塑功能方面，有两种观点。一种是"推动理论"。该理论认为这种新的通讯技术手段成本低廉，可以给予边缘群体和少数族裔涉足公共事务的机会，使其在制造政治认同方面有一定的话语权。比如墨西哥札巴提斯解放军期望墨西哥人支持民主政权、结束一党统治。虽然其力量弱小，但其广泛利用互联网、录像带等媒介将他们的声音传播到全世界，在全球范围内制造政治认同，并形成了一个国际支持团体网络。该政治力量的有关人士认为："我们必须要说话，而且让我们的声音能被听到。如果我们不这样做，别人就会假借我们的声音。我们必须要找到说自己的话的方式，说给那些想要听我们话的人"。② 第二种观点是"强化理论"。该理论认为，原本众所周知的全球发展失衡不可能由于互联网的普及而自动消失，新的信息技术的出现只会加大和强化原有的不均衡现象。传统传媒大国强国利用互联网这一新媒体塑造、制造甚至捏造政治认同的能力会进一步得到强化。技术对社会政治和国际关系的影响永远有着种种可能。但目前来看，在互联网应用普及方面具有先发优势的发达国家与其他相对落后国家的数字鸿沟确实有拉大的趋势。它们的跨国大型传媒集团充分利用这一新型信息技术，在全球塑造着有利于其的声音。正如美国公共关系专家贝奈斯认为的，"我们被统治，我们的头脑被塑造，我们的口味被定型，我们思想被暗示，……不管是在政治还是经济领域，我们平日生活中的几乎每一个行动，我们的社会行为和伦理想法，都被相对少数的一些人主宰着"。③

三、政治动员功能

政治动员是指一定的政治主体，为实现一定的政治目标，利用各种资源，运用各种方式进行的政治宣传、政治鼓动等行为，以激发和鼓动客体的积极性和主动性。互联网的政治动员功能，是指政治主体充分运用互联网的特点和优势，以及互联网上的各种工具和资源对民众开展政治宣传、说服和鼓励，发动其参与政治活动的一种能力。美国《时代》周刊 2007 年即把计算机键盘和显示屏旁的"You！"尊成"年度人物"。虚拟的网络蕴含无限丰富的信息

① ［俄］B. A. 利西奇金：《第三次世界大战——信息心理战》，徐昌翰(译)，社会科学文献出版社 2003 年版，第 47－48 页

② ［西］曼纽尔·卡斯特：《认同的力量》，夏铸九(译)，社会科学文献出版社，2003 年，第 366 页

③ Bernays, E. (1928), Propaganda, New York: H. Liveright, P. 101

传播潜力，并能产生干预现实政治与社会的巨大能量。

互联网的政治动员功能也是双刃剑。从积极方面讲：互联网提高了政治家个人和政治组织的动员能力。政治家可以利用互联网高效广泛地联系民众，获得更多人的支持。美国现任总统奥巴马就把互联网的功能发挥地很充分，他尤其重视使用网络视频、搜索引擎、博客等新的政治营销工具，这也是他连续淘汰希拉里、麦凯恩等强有力竞争对手的法宝之一；其工作人员还在Facebook、Twitter 和 YouTube 网站上，应用很多高新科技，替奥巴马与支持者保持沟通；奥巴马总共募集的 6.4 亿美元中的 87% 是通过互联网募集到的，他更是将 82% 的网络营销费用投入到搜索中，因此谷歌、雅虎比任何一个代言人都不厌其烦地把有关奥巴马的信息传递给选民；2008 年美国总统大选中，还首次展开由网民提问的电视辩论会，奥巴马也因此被称为历史上第一位"互联网总统"。[1]

但是，网络媒体的政治动员也是一把双刃剑：国内的异见分子、政治制度意识形态不同的国家同样可以在互联网上向目标群体或目标国发布具有政治煽动性的内容信息，诱导、鼓噪事态发展，引发社会动荡。这种消极的网络政治动员的威力从前几年中亚地区的"颜色革命"可见一斑。当时，随着传媒业特别网络媒体的迅速发展，美国式的价值观念对格鲁吉亚、乌克兰等国家产生了更深的影响，尤其是那些较少接受原苏联模式教育、对新鲜事物好奇的年轻人。美国强大的传媒机器在这些国家时刻都在高速运转：当这些国家的掌权者有违美国意愿行事时，美国便利用传媒对其民主建设、经济发展和人权状况等大肆抨击；当美国准备改变其现政权时，便凭借已宣扬多年的"自由民主"意识对该国民众进行反政府煽动；当"革命形势"出现后，即开始对美国所支持的反对派领袖大加赞赏，给反对派以广泛的舆论支持；而一旦"革命"成功，美国媒体便迅速将消息传遍世界，希望借此推动"多米诺骨牌"效应。[2]

近几年，西方传媒强国不仅加紧利用传统媒体扩大其影响力，进行思想渗透，千方百计地削弱中国等发展中国家主流舆论的影响；还利用互联网等新兴媒体，实施思想文化渗透；利用某些社会敏感问题，造谣污蔑，恶意炒作和攻击旅居德国的美国学者威廉·恩道尔曾明确表示说 2008 年 3 月发生在西藏的骚乱事件实际上是美国新近策划的又一次颜色革命。整个骚乱过程中，

① 《"互联网总统"奥巴马：借新兴媒体一举成功》，载《京华时报》2008 – 11 – 18。http://news. xinhuanet. com/zgjx/2008 –11/18/content_ 10374018_ 2. htm（2008 年 12 月 3 日访问）

② 邸乘光：《美国传媒在"颜色革命"中"功不可没"——"颜色革命"、"街头政治"和美国分化西化中国战略》，载 http：///blog. gmw. cn/u/475/archives/2008/34147. html（2009 年 1 月 2 日访问）

西方媒体包括其网站的种种行径充分说明了网络媒体的政治动员功能对国家的破坏力。同样,2009年6月发生在伊朗的选举骚乱事件中,西方媒体,包括Twitter这样的网站也起到了重要的组织动员作用。

四、政治议程设定与政治表达、参与功能

议程设定或设置是包括传统媒体和新兴媒体等在内的大众传媒的一项重要功能。"大众传播具有一种为公众设置'议事日程'的功能,传媒的新闻报道和信息传达活动以赋予各种'议题'不同程度显著性的方式,影响人们对周围世界的'大事'及其重要性的判断"。[1] 因此,议程设定就是"传媒通过有选择地报道新闻来把社会注意力和社会关心引导到特定的方向"。[2] 在互联网成为大众传媒之前,政府与各类媒体往往合作设置政治议程。因为这二者占有和控制着传播权。在"传–受"单向的媒体环境下,公众的政治意见是否反映、怎样反映、反映多少完全由政府和媒体把握,社会公众的政治表达和政治参与的管道有很大局限。议程设置也就成为政府和媒体引导和控制社会舆论进程的一个重要手段,并以此为社会公众架构一个认知空间并框定参与热点。其实"这些议程并不真正就是当前社会的主要问题和受众最需要了解和关心的问题,媒体报道也并不能与真实生活很好地一一对应"。[3] 但是,在信息时代,这种局面得到了改观:互联网以其传播速度的快捷性、传递范围的广泛性、民意表达的匿名制、自由性、交互性、即时性和公开性,成为普通公民政治参与和政治表达的强大工具和手段。通过这种广泛的政治表达和政治参与,他们在一定程度上分散了曾专属政府和媒体的设置政治议程的权力。普通公民甚至也可以自设政治议程,就他们感兴趣的问题进行辩论和互动,在一定范围内引导社会舆论。

对这个问题应该辩证地来看。一方面公民利用互联网有了更高的政治表达、政治参与的热情和积极性,从长远来看对社会的发展与进步是有利的。传统国际和国内政治的运作,过多依赖于各种代表机制或特定组织,来表达和聚合其代表的特定阶级或阶层的社会公众的意志,存在着种种弊端,其设置的政治议程往往不能直接呼应社会最直接、最迫切的需要,进而抑制了人们政治参与和政治表达的热情,这种情况对国内政治文明和国际关系民主化发展都是不利的。而互联网作为政治表达、参与最直接有效的平台,保障了人们的民主权利,一国政府也可通过互联网了解民情民意,增强设置政治议

---

① McCombs, M. E. and D. L. Shaw (1972), "the Agenda – setting Function of Mass Media," Public Opinion Quarterly, 36, p. 176 – 187

② 郭庆光:《传播学教程》,中国人民大学出版社,1999年,第218页

③ 杨状振:《网络新媒体议程设置与民主机制建设批评》,载 http://media.people.com.cn/GB/22114/44110/113772/8359420.html(2009年4月10日访问)

程的科学性，并加强对公众自设政治议程的分析和引导，使政治系统运行更加稳定。另一方面，分散的议程设定主体及缺乏判断力的政治表达，不利于主流社会舆论的形成和国家的政治安全。

我国喧嚣一时的"华南虎照"事件就充分说明，政府和媒体如果想在互联网时代继续垄断议程设置的权力基本上是一厢情愿，每一位普通网民都可以通过网络赋予这一事件以显著性，并形成社会议题，拷问政府的权威和公信力。

案例：从广播电视到网络媒体：美国公共外交中的媒体运用

美国国务院把"公共外交"定义为"由政府资助以影响他国舆论的项目，其主要手段包括出版、电影、文化交流，以及电视广播"。① 可见，公共外交的主要目标是影响国外公众及社会舆论，政治目的很强。媒体所具有的意识形态色彩和政治功能决定了其在当代公共外交，即国际宣传，或者说是政府的跨国公共关系中必然会发挥巨大作用。美国《公共关系评论》总编莱伊·希伯特曾这样讲过："公共关系在苏联东欧共产主义的崩溃中扮演了一个角色，因为它为进行跨越国界与大众交流提供了一个有效的途径"。② 表面上看，从事公共外交的都是保持着新闻自由和新闻独立价值的中立客观的传媒机构，但其实这些传统媒体及其网络版都与政府有着千丝万缕的关系，如"美国之音"等本身就属于政府机构，"自由亚洲电台"表面上是私营的，但其实也是国会拨款，这决定了它们对国家宣传政策的忠诚度。

1983 年，苏联击落了一架韩国战机 KAL - 007。当时的里根政府迅速制造出了一盘录像带，以在联合国安理会对苏联进行外交打击。据当时参与这一大规模公关活动的美国信息署官员回忆，"该录像带是有力、有效的，但是假的。今天技术娴熟专家们已经能够使我们顷刻间（把信息）送达大众并迷惑他们。……录像带支持了苏联明知是客机却肆意击落这一论点。他们没有发射警告弹，也没有发信号让飞机降落。……它于 9 月 6 日在安理会播放，并通过卫星输送到全球"。但事实是，苏联方面在击落飞机前，发射了警告炮，并用国际通用的信号让客机降落。但是这个事实并不能改变美国迅速而有效的公共外交对苏联的宣传打击。美国通过精心策划，把苏联在全球媒体上塑造成一个不诚实、不人道的形象，媒体这个时候成为影响和塑造世界舆论的一个利器。2001 年，中美撞机事件也引发了两国的公关之战。美国首先利用了先进的现代传播技术，包括由电脑制作三维动画来表现其所宣称的飞机相

---

① Dictionary of International Relations Terms (1987), Washington, D. C.: U. S. Department of State Library, p. 85.

② Hiebert, Ray E. (1992), "Global Public Relations in a Post Communist World: a New Model," Public Relations Review, 18 (2), p. 117 - 126

撞过程，以支持自己的立场。这不能不说是新媒体技术条件下 KAL － 007 航班事件的翻版。

第二节　全球互联与国际政治博弈：变化和趋势

　　互联网的全球普及进一步打破了国内政治与国际政治的界限，强化了国际问题政治化倾向，促进了国际政治民主化并催生了新的国际政治冲突，使互联网的国际政治博弈与合作在更广范围与更深层次上进行。

一、互联网加剧了国内政治的国际化趋势

　　互联网的发展和普及，提升了社会信息化和电子政府的发展和发育水平。一国政府越来越置于本国社会公众，以及由他国家的政府和公众、政府间国际组织和国际非政府组织等构成的国际社会的监督之下。国家内部事务的透明度越来越高，国内政治进程和政策制定受到的牵制和约束也随之增大。在全球互联互通的时代，国家内政的国际化趋势越来越明显。

　　（一）互联网对国内政治的影响

　　一是互联网变革了当代政治信息的流动方式。政治与传播媒介关系密切。"政治人物不仅依赖政治团体，而且利用大众传播媒体，作为表达政见、沟通民意和争取民众支持的工具。同样的，社会大众也以大众传播媒体作为表达意见，取得政治人物注意的工具"。[①] 在互联网产生以前，政府与社会公众之间的信息沟通存在严重不对称，政治信息不仅输出数量少，且并不一定充分地为社会公众知悉，社会公众难以根据有限的政治信息作出恰当的反馈，并得到政府回应。而互联网造则就了一个民主的、四通八达的系统，"能够把要求提高到有关公众面前加以讨论，也能引起政治领导人或政府的注意"。[②] 从政治信息传播的角度，互联网的特点在于：打破了国家对政治信息的垄断和控制，信息来源更加多元，改变了以往人们对于特定的政治事件，只能获得口径立场统一的报道；关于特定政治事件的信息更为充分、丰富和形象，文字、图片、音频、视频等方式突出了事件的立体感；政治互动更加方便、快捷，人们对政治事件的感想、观点等可以在全球范围内传播碰撞，行动组织也变得相对容易。在信息社会的信息网络中，每个节点都直接或间接与其他节点相连，是一种全面的横向联系，互联网这种面向全球传播的特质，使每一个网民成为面向世界的"国际人"，[③] 国内公众在使用互联网传播政治信

---

① ［台］祝基滢：《政治传播学》，台北三民书局，1983 年，第 65 页
② ［美］戴维·伊斯顿：《政治生活的系统分析》，华夏出版社，1999 年，第 145 页
③ 刘文富：《网络政治——网络社会与国家》，商务印书馆，2002 年版，第 38 页

息、表达政治意愿时都有可能在全球范围内引起国际社会的共鸣和互动。

二是互联网扩大了社会政治参与，有可能在一定时期内导致政治稳定性降低。互联网改变了一国政府在国家政治生活中的垄断权威地位，扩大了社会的政治参与，这里主要有两层含义：一是国家内部的社会公众和组织可以对国家政治和国内政策发表更多意见和观点，并国家政治决策产生一定甚至很大影响；二是以互联网为重要技术维系的国际社会和"世界公民"对其他国家的政治参与的深度和广度也在加深。政治事件的发生、本国及世界公众的意见、政治家的态度以及政府决策和相关表决结果，在网络上以极快的速度向全球传播的，各种范围的政治行动也因此变得非常迅速。互联网上政治参与的扩大得益于目前在全球范围内推进的电子政府和社会信息化工程。原来由政府或社会权威机构控制的信息，可以公开的部分正在向本国和世界公众开放，而其他任何组织或个人掌握的信息也正在源源不断地上载到互联网上。这些都有效打破了原来由政治信息的不对称性导致的政治权力资源配置明显失衡的状况，政治的透明度骤然提高，政治权力分散化转移的趋势明显，政府进行社会控制的有效性及政治稳定性在一定时期内可能降低。

（二）国内政治问题国际化的主要表现

对于参与激进政治活动的网民来说，整个互联网便是他们的政治信息库，他们可以史无前例地从中获得各种政治参与信息。[①] 这些身处世界上任何角落的"世界公民"，可以从互联网上搜索到官方文件政策表述、政府决策者的相关资料以及关键数据信息等；他们还可以在互联网上找到与其有着相同或近似爱好的组织和个人，并可能与他们组成松散的网络组织，进行网络政治行动。社会的范围已扩展至全球，一国内部公共部门的相关议题可能会招致全球人士的议论和批评，进而影响这个国家公共决策。

互联网上的政治信息资源与网民的"世界公民"性质可能被本国的反政府组织和国际上某些势力加以利用。互联网成为这类政治势力相互勾结，制造不利舆论的策源地。虽然国家可以借鉴传统新闻和舆论审查制度，对服务器设在本国的网站进行内容审查，但是对于大量的国外网站却无计可施。如邪教组织法轮功就充分利用了互联网，将中国国内的政治问题搬到国际政治舞台上，频频对中国政府发难。目前，他们已经在 25 个国家和地区建立网站，使用了 13 种语言文字，单在美国，就在 46 个州建立了网站。[②] 这样的发展规模和动员能力，如果没有互联网提供的通讯联络的便利及国外政治势力的支持和资助是难以想象的。国家的政治安全，"主要指国家主权的安全、国

---

① 蔡文之：《网络：21 世纪的权力与挑战》，上海人民出版社，2007 年版，136 页
② 张春江、倪健民：《国家信息安全报告》，人民出版社，2000 年，第 47－48 页

家基本制度的安全、国家意识形态的安全等，当然也包括政府体系和社会秩序的稳定在内"① 都面临巨大挑战。

当然国内政治问题国际化也有有益的一面。比如，通过互联网，人们可以跨越国界团结起来抗议一国政府的不当政治决定或决策行为：在巴西，政府的某个政策曾威胁到当地一个印第安部落的生存，是互联网将这个消息带到了全世界面前，巴西政府面对来自国内外的各种压力，不得不改变现行的政策。② 因此对一个国家来说，秘密行动而不为人所知，变得愈发困难，即使是世界上最强大的国家也能感受到互联网上的这种世界舆论的压力。③

王逸舟认为，"在全球化条件下，'国内'问题常常变成跨国问题"。④ 这一趋势使互联网时代的国际政治博弈的频率、范围和强度在增加，国家行为主体面临的博弈对手和潜在合作伙伴同时都有所增加，

二、互联网加剧了一般国际问题的政治化倾向

（一）国际问题政治化倾向加剧的互联网因素

在国际关系领域，把经济、文化、体育等问题政治化的做法一向有之。比如 1984 年美国洛杉矶奥运会时，苏联及东欧国家由于与西方国家政治意识形态的分歧，拒绝参加奥运会，使这一体育盛会蒙上了政治的阴影。经济领域中由于贸易失衡、贸易摩擦等导致的两国政治关系紧张的情况也时有发生。冷战结束后，国际政治转换的一个直接后果就是国际社会处于不断变化的混乱状态，其表现一是在全球化加速发展的同时，跨界问题、全球性问题越来越多，像恐怖主义、网络犯罪等都是单凭一国或单方力量难以解决的全球难题，"全球治理赤字"不断出现；二是国际关系的平坦性日益显现，折射出国际关系金字塔形的权力结构或霸权结构出现颓势，多维权力的分散性增强，一些全球性体系安排的合法性和权威性大打折扣；三是国际关系的行为体更加多元，并且相互竞争，国家之间非正式或准正式的结合比比皆是；同时，非国家行为体参与全球事务的广度和深度增加。美国战略和国际研究中心在其名为"一种全新的矛盾本体论"报告中，也指出，信息时代里"同时出现

---

① 李忠杰：《怎样认识和维护我国的国家安全》，载《瞭望新闻周刊》，2002 年第 22 期，第 3 页

② David J. Rothkopf (1998)，"Cyberpolitik：The Changing Nature of Power in the Information Age," Journal of International Affairs, 51（2），p. 353

③ David J. Rothkopf (1998)，"Cyberpolitik：The Changing Nature of Power in the Information Age," Journal of International Affairs, 51（2），p. 329

④ 王逸舟：《国家利益再思考》，载《中国社会科学》2002 年第 2 期，第 162 页

了全球碎片和一体化"的矛盾现象。①

在以上情况中，互联网是不可忽视的重要因素。当代互联网加剧了国际关系碎片化的混乱趋势，人们的安全感再次普遍缺失。不仅中小国家、弱国有这样的感受，连大国、强国也不例外。正是出于对安全感的渴望和追求，各种力量在塑造对自己有利的未来上，展开了激烈的竞争。这强化了国家等行为体之间的竞争性安全关系，使国家行为更加趋于保守，国际问题政治化的倾向进一步加强，政治制度和意识形态分野对国家处理经济、文化、科技、体育等问题的影响越来越大。现在西方社会中，以德国为代表提出的"价值观外交"，其实就是一种将经济等问题与政治意识形态和政治价值观相挂钩的保守做法，是冷战思维在全球互联时代的新形态。同时，互联网在突破信息封锁、传播信息、形成舆论方面能量巨大，一个规模容量很小的信息经过互联网的放大，可能会在社会和国际舞台上产生令人难以预料的连锁放大反应，进而对国家的政治决策等产生持续的压力和影响力，国家在这一压力下，会自觉或不自觉地顺应国内的某种情绪。历史也显示，新的通讯传播技术很容易成为政治煽动家的工具，即使是媒体上大多数公众的意见，也并不一定适应谨慎治理的原则，尤其是在涉及长期或复杂问题的时候，更是如此。1941年7月，当时的调查显示，82%的美国公众反对美国参加第二次世界大战。②如果当时就存在互联网，整个美国汇聚起来的舆论压力或许会迫使美国做出不参战的决定，全人类或许还要在法西斯的魔掌中多忍受几年煎熬，甚至整个人类历史都要被改写。

（二）一般国际问题政治化加剧的主要表现

将一般领域的问题政治化的做法，在政治制度和意识形态存有分歧的国家互动过程中尤其容易出现：一旦在国际关系互动的某个领域，出现强势一方认为不不符合其利益的情况或问题，如贸易逆差、入境跨国并购等，强势一方的国内利益集团、非政府组织等往往利用互联网等大众传播工具煽动公众舆论，以国家安全利益及自由民主的价值观受到威胁为由向政府施压，政府也往往利用其话语优势，动辄要求对方国让步或停止相关行动。虽然将一般问题政治化化的做法是国家和非国家行为体对互联网造成的国际关系碎片化、权力分散等的一种本能应激反应，但这种行为再经由互联网的渲染放大，不仅会损害两国政治关系，两国网民在互联网上口诛笔伐，还会直接损害两

① Center for Strategic and International Studies/Robert F. McMormick Tribune Foundation Report (1996), "The Information Revolution and International Security," Washington, DC. at http://www.csis.org/html/pubserv. htmlJHJinfonatlsec (accessed on 08/08/2006)

② David J. Rothkopf (1998), "Cyberpolitik: The Changing Nature of Power in the Information Age," Journal of International Affairs, 51 (2), p. 355

国关系的民意基础，对两国关系产生深刻和全方位的影响。当前的主要表现有：

一是经济问题政治化：互联网将全球经济紧紧联系在了一起，国家作为理性经济人，应该以合作共赢的思维平和对待国际贸易中的不平衡、企业跨国收购并购等问题。但由于世界多极化和碎片化发展，经济发展中不确定性因素增加了各行为体的不安全感。比如中国和印度近几年加大了融入世界体系的步伐，互联网上有关中国和印度的负面言论很多。有些国家狭隘的利益集团或非政府组织，往往会以世界各国的制造业向中国和印度等新兴经济体转移，导致本国就业率持续低迷等借口，在网络媒体上煽动其国内民众；还有一些国家的个人或组织在网络平台上传达这样一种信息，即中国和印度等国强劲的能源需求，是导致世界石油价格飚升和全球通货膨胀发展的根本原因。网络媒体及其一些新的应用加速了这些言论和情绪的发酵扩散，不仅会迷惑公众视线，还可能在很大程度上影响政府做出合理的政治判断和决策。2004年9月，中国五矿集团准备全面收购加拿大最大矿产企业诺兰达公司100%的股权，2007年，中国石油天然气集团公司在加拿大修建门户输油管道项目，以及2008年，中国华为公司收购美国高科技公司3COM的行动，都以失败而告终。其主要原因就是这些建立在双赢基础上的经济行为被美、加等国赋予了太过浓重的政治含义，它们均以危及国家安全、人权等政治理由阻止了这些外资收购行动。相关利益集团和政治势力利用互联网等媒体进行的政治游说活动无疑加速了政府做出这样的决策。而"只讲政治策略和政治利益，而忽视经济利益的形成与获得，其结果只能是为政治而政治，为策略而策略，从而迷失了博弈的最终目标与方向"。[①] 将经济问题非政治化，并控制在经济的范围内解决，长远来看，才是对博弈各方真正有利的。

二是国际科技、文体和环境领域问题的政治化：在科技领域，美国虽然一直声称"科技无国界"，但其长期以来却以维护国家安全为由，在高科技领域对其他国家实行禁运。在互联网加剧科技扩散的形势下，这种做法尤其不利于人类共享科技文明成果，促进人类社会共同发展。在体育领域，2008年春天，北京奥运火炬在全球传递前，欧美的一些民众已经被西方网络媒体等关于西藏问题的错误、褊狭和充满政治色彩的报道动员起来，当火炬在英、法、美等国传递时，一些藏独分子、反华人士违背奥林匹克精神，公然抢夺圣火、围攻有关人员。这种将国际体育运动与政治问题挂钩的做法，深深伤害了中国人民的感情。在环境领域，气候变化这个折腾了西方近20年的话题

---

① 刘光溪：《共赢性博弈论——多边贸易体制的国际政治经济学分析》，上海财经大学出版社，2007年，第97页

凭借着 2009 年哥本哈根气候大会的空前规格和政治学者的深度参与已经完全政治化了，一些大国通过把自己包装成忧虑未来地球生存的环保分子，占据道德高位，辅以不断渲染的"中国环境威胁论"等，给中国等发展中国家施压。

三是一般黑客问题政治化。在传统权力没有完全渗透至网络之前，互联网彰显了个体和非政府组织等非传统势力的作用，而这种力量一旦剑走偏锋，完全失控可能会贻害无穷。网络黑客就是问题之一。网络黑客有多种表现形式：一种是有国家、情报机构或敌对势力和政治团体背景的黑客攻击，其目的是为了压缩对立国家政权决策空间、搜集敏感的政治、军事信息或颠覆政治制度。一种是有恐怖分子、工业间谍或犯罪集团背景的黑客攻击，其目的是为了破坏公共秩序、取得竞争优势或实施网络犯罪。还有一种是一般的黑客攻击，即没有特殊背景，纯粹是出于好奇或获取非法经济利益等目的。① 由于这种分类的界限并不绝对清晰，有些国家出于各种目的，总是把本国遭受的黑客攻击与别国政府或军方相联系，出现了把一般黑客攻击问题政治化的倾向。近几年来，德国、美国、新西兰、英国、法国等国不断声称遭到了来自中国的有组织的黑客攻击。比如 2003 年 8 月 14 日，美国和加拿大两国遇到了大规模停电事故，涉及到 5000 万家庭，虽然两国在次年公布的调查报告中称电力行业未能执行相关规定是主要原因。但 5 年后的 2008 年 6 月，美国网络安全协会前主席蒂姆·贝内特称，美国特工人员曾向他透露是中国军方黑客进入了北美电力系统的控制网络才造成了 2003 年的大停电，而且 2008 年 2 月美国佛罗里达州南部的停电也可能与中国军方黑客有关。"美中经济安全委员会"也在 2007 年度报告中大肆渲染中国间谍给美国造成的威胁。② 其实，2008 年 6 月 10 日，有着"历史上最著名的五大黑客之一"称号的凯文·保尔森在美国《连线》杂志网站上撰文说，根据佛罗里达安全合作协会（FRCC）所发布的初步报告显示，2008 年 2 月佛州大停电"毫不奇怪"地是人工操作失误所引起的，而非所谓的"黑客攻击"。来自"专业黑客"的判断或许可以减弱美国官方的臆想。从美国的《信息系统保护国家计划》中，可以看出美国对自身在信息时代面临的威胁也有某种程度的无力感："在惹是生非的黑客、硬件和软件缺陷、计算机犯罪以及更令人担忧的敌对国家和恐怖分子的处心积虑的攻击面前，我们实在是脆弱不堪"。③ 为了减轻国内舆论压力，西方国家倾向于把责任推向政治制度和意识形态迥异的国家。

① 沈昌祥，左晓栋：《信息安全》，浙江大学出版社，2007 年，第 23 页
② 王霄飞：《美国大停电赖上中国》，载《环球时报》2008 年 6 月 4 日第 8 版
③ 沈昌祥，左晓栋：《信息安全》，浙江大学出版社，2007 年，第 22 页

三、互联网促进了国际政治的民主化发展

新信息技术已经改造了政治。互联网、计算机辅助手段等的应用使普通人即使没有任何政治机构或组织的帮助，也有能力向全球发布信息、展现自我；个人或群体利用互联网提供的便利，也可以构建某种形式的网络型组织实现其主张和利益。① 可以说互联网推进了公民社会的发展，一些超国家行为体、跨国家行为体、次国家行为体、社会精英等非国家国家行为体的国际作用日益增长；同时，互联网为人们提供了一个讨论和争论有关公众利益的场所或论坛，即公共领域。当代德国思想家哈贝马斯 1962 年在其《公共领域的结构转换》（The Structure Transformation of the Public Sphere）一书中曾提出公共领域（Public Sphere）这一概念，认为其不仅促进了社会整合和群体认同，还可帮助人们从中找到社会生活的意义和价值，并促使人们在参与政治讨论过程中增加对政治秩序价值的认可度，为国家和政治子系统奠定合法性基础。② 非国家行为体种类和数量的增加、公民社会的发展、网络公共领域的形成都促进了国际政治的民主化发展，"信息的即速即得创造更深层次的民主"③，"随着信息运动的增加，政治变化的趋向是逐渐偏离选民代表政治，走向全民立即卷入中央决策行为的政治"。④ 互联网推动国际政治民主化的主要表现有：

（一）为国际政治过程提供信息等专业支持

虽然有些虚拟社区的支持者认为即使没有中央权威，他们也一样能顺利运行，但是经验证明，在社会发展和劳动分配的过程中，公众有将权力移交至一定权威的趋势。⑤ 市场在管理关键信息流动、大规模建立信息基础设施等方面并不具备强大能力，国家要在诸如密码编制、隐私保护、无线电和电视信号的管制程度、跨界信息流（TDF）国际管理规则的建立，以及从电子商务到可能威胁国家安全的信息流动等重要问题领域做出决策。但是，在全球网络化的趋势下，国际社会原有的和新出现的许多问题、如生态环境、毒品走私、网络恐怖主义等又越来越具有跨国界发展的趋势，这些问题的解决已非单个国家或国家间的合作能胜任的，其最终解决需要整个公民社会提供支持。

---

① David J. Rothkopf (1998), "Cyberpolitik：The Changing Nature of Power in the Information Age," Journal of International Affairs, 51 (2), p. 353

② 刘文富：《网络政治——网络社会与国家》，商务印书馆，2002 年版，第 292 - 293 页

③ 金枝编：《虚拟生存》，天津人民出版社 1997 年版，第 246 页

④ ［加］马歇尔·麦克卢汉：《人的延伸——媒介通论》，四川人民出版社，1992 年，第 234 页

⑤ David J. Rothkopf (1998), "Cyberpolitik：The Changing Nature of Power in the Information Age," Journal of International Affairs, 51 (2), p. 356

便捷、价廉的互联网可以使公民获得决策所需的信息并加以汇聚，以提供信息等专业支持的形式实际参与决策制定，成为其推动国际政治民主化的重要体现之一。在1997年12月京都全球变暖问题的讨论上，各类型的非政府组织成为各国代表团重要的沟通联系管道。因为这些NGOS提出的建议观点等一般都建立专业的科学研究基础之上。政府间国际组织通过利用互联网也增强了提供类似专业支持作用的能力：以政府间气候变化工作小组（Intergovernmental Panel on Climate Change，IPCC）为例，该组织的大气科学家关于气候变化的发现可信度高，很大程度上是由于该小组工作程序严密，论文或报告等信息的产生均建立在专业规范的基础上，且经过了广泛和深入细致的检查，并且要有较高的透明度和公平的程序，其执行总结等必须经过政府间审查等。因此IPCC对大量气候变化信息给出的相关性和可信性的判断，是国际谈判的重要参考。[①] 互联网还间接地使国际机构监督选举的职能得到加强。冷战期间，联合国没有在任何一个成员国行使过该项职能，但冷战结束后，各国要求监督选举的申请如潮水般涌来，他们大多是希望通过该举动，向互联网时代对民主和透明度不断提出更高需求的国内和国际公众证明自己政权的合法性，在拉丁美洲，美洲国家组织（OAS）在4年内就监督了11次全国选举。这些监督并非被动的流于形式的表面观察。监督团一般由组织严密的国际组织和非政府组织构成，在选举现场布置一定数量的外国监督员，进行分发材料，培训人员等具体工作，有时还会进行平行计票，以防止舞弊。[②]

（二）向国际政治过程施加舆论压力

当代国家垄断国际政治的时代基本已宣告结束。以互联网为平台开展的公民运动，可以将互联网上各个有关的节点团结起来，扮演跨国压力集团的角色，运用宣传、游说、咨询、民间外交等手段，表达自己的思想，倡导某项议题在国际上得到重视和确立，向国际政治过程施加整体性舆论压力。当代政治步入"压力政治"时代，这促使政治组织、决策者等要对此做出迅速反应。随着互联网这一政治空间和政治交往工具发挥越来越大的作用，人类的政治民主意识会得到更大提升，某些国家在国际上缺乏合法性基础的霸权行径、强权政治和违反国际法的行为必然会受到世界公民社会的强大舆论压力。[③] 如伊拉克阿布格莱布监狱美国的虐囚丑闻从曝光到处理，红十字国际委员会、大赦国际等非国家行为体在互联网等媒体上营造的强大国际舆论压力

---

① Robert O. Keohane and Joseph S. Nye Jr. (1998), "Power and Interdependence in the Information Age", Foreign Affairs, 77 (5), p. 92

② Jessica Mathews (1997), "Power Shift," Foreign Affairs, January/February, p. 60

③ 仪名海：《信息依赖于化与国际关系》，中国传媒大学出版社，2006年，第222页

最终使美国不得不公开道歉，相比于几十年前美国在朝鲜战争与越南战争中类似的虐囚事件最后不了了之的情况，互联网确实在推进国际政治进程向更加民主文明的方向发展。①

随着互联网信息技术的发展，地缘政治边界对信息流动变得越来越具有渗透性。世界上任何地方发生的事情都可以迅即传遍全世界，这一过程客观上提升了国际政治进程的透明度。比如在沙漠风暴行动中，布什政府组织了例行的新闻吹风会，通报战争进展、伤亡等方面的情况，以安抚美国公众，尤其是那些有亲人参战的美国人；警诫伊拉克的当权者；并向其他国家及国际社会传达讯息。② 当然，美国在这一过程中也制造了很多虚假新闻。此外，在由互联网联系起来的世界公民社会的强大压力下，世界银行、国际货币基金组织等政府间国际金融机构也加强了与商业企业、非政府组织和公民社会的联系，在此过程中，这些政府间国际组织的公众参与程度及决策开放度也越来越高。③

（三）在国际政治特定问题领域中发挥主导作用

全球发达的网络系统，如公告栏、电子邮件、微博、社区网站等服务使草根阶层的自发动员和行动组织成为可能，普通个人和非政府组织不仅能够参与国内政治，也能够参与国际政治。比如目前，全世界已经存在数十万个个人网站，其技术和资本力量绝对惊人。④ 通过互联网，个人就可以围绕某个特定全球问题组织起来，而不用考虑其实际的地理位置。以前文提到的国际反地雷运动的运作为例：1997 年，诺贝尔和平奖被授予了国际禁止地雷运动的主要组织者和协调人约迪·威廉姆斯。而约迪主要是在位于美国佛蒙特州 Putney 的家中利用互联网成功地组织协调了这次运动。具体来说，首要一步就是建立国际禁雷运动组织的官方站点 www.icbl.org，并利用 E-mail 帐户 banmines@sover.net 来协调该联盟分布在全世界 60 多个国家的 700 多个组织的活动。由于深受地雷之害的大多数是发展中国家，因此更加高速、有效和廉价的电子邮件成为理想的通讯联系方式。以约迪为例，他使用电话和传真时，其每月的账单是 400 - 500 美元，而使用电子邮件后，则降为 20 美元。而且，该组织还将地雷受害者照片和其他视频信息上传到网上，强烈吸引了公众和媒体的注意，也使浏览者无不感到震憾。即使不愿意禁雷的美国、英国等国，也有更多的人认识到地雷所造成的人道主义灾难，从而重新设置了

① 田作高：《信息革命与世界政治》，商务印书馆，2006 年，第 277 - 278 页
② Margarita S. Studemeister (1998)，"The Impact of Information and Communication Technologies on International Cconflict Management，" American Society for Information Science, 24 (3)，p. 24
③ Jessica Mathews (1997)，"Power Shift，" Foreign Affairs, January/February，p. 60
④ 温朝霞：《因特网的特性及其对国际政治关系的影响》，载《探求》，2001 年第 6 期，第 41 页

处理该问题的议事议程。可见，诺贝尔和平奖也是对互联网在全球范围内巨大的组织动员能量的认可。而且这也表明，在互联网的自组织作用下，非国家行为体发挥作用的领域还扩展至传统的政治、军事等"高级政治"领域。①

四、数字鸿沟催生了新的国际政治冲突

互联网代表了一种新的社会发展方式和经济逻辑，对全球政治、社会制度、文化等造成了巨大冲击，在新旧范式的转换过程中，原有差距的拉大、数字鸿沟的出现等必然会引起民族心理失衡和新的政治冲突和动荡；而且围绕互联网本身的全球运行、管理和治理的冲突、摩擦和斗争中，国家为主的行为体之间展开的政治角逐才刚刚开始。

（一）数字鸿沟的扩大是民族主义情绪滋生的推手，并催生了新的政治冲突

互联网带来的全球信息网络化，不仅是经济运作模式的变革，同时还是一种新的生产、管理和组织方式。但互联网的全球扩散和发展并不均衡，对新技术的社会和文化接受能力，以及人员、技术和经济基础设施的层次和可靠性等因素造成的不均衡状态正在制造新的社会不公，国家间的数字差距不断扩大。前文曾提到，苏联的解体一定程度上讲，就是数字差距积累的结果。从20世纪70年代开始的以信息技术为标志的新技术革命中，苏联的电子计算机发展速度一直比美国慢10年左右，其1976年时拥有计算机2.2万台，而同期的美国则已经拥有22万台；在光导纤维通讯、人工智能等领域，其与西方发达工业国的差距就更大了。② 到1986年，苏联在世界经济中的比重已经降到了8%。③ 伴随着苏联的解体与信息革命的深入发展，国际战略力量对比中"一超多强"的特征趋于明显，原有两极格局下的权力平衡被打破，许多原来被掩盖的民族、宗教矛盾不断暴露出来，新的国际冲突此起彼伏。

当前，西方发达国家对全球通讯的控制和垄断是非西方国家不满情绪的重要根源之一。数字鸿沟反映了全球权力分配的不公，发展中国家对其在信息社会中被边缘化的状况日益不满，它们面对西方强权政治的入侵、强国经济的控制作出了强烈反应。有一些西方的技术统治论者预言：在信息方面占据技术优势的国家将进入更辉煌的时代。其潜台词是：技术优势国家可以凌驾其他国家之上，重新安排世界秩序。发展中国家在互联网时代最担心的是西方的语言、价值理念、意识形态、政治体制、生活方式等通过互联网会实

① Margarita S. Studemeister（1998），"The Impact of Information and Communication Technologies on International Cconflict Management," American Society for Information Science, 24（3），p. 25
② 田作高：《信息革命与世界政治》，商务印书馆，2006年，第49－50页
③ 任光初：《世界政治经济与国际关系》，华东理工大学出版社，1997年，第115页

现强势渗透，使它们遭遇前所未有的身份认同危机。如有些学者认为，苏联解体的最根本的原因不是经济的恶化，而是文化危机①，伊斯兰原教旨主义的兴起和泛滥就是对这种不安全感上升的一种极端反应，他们不惜采用暴力和恐怖手段，号召对西方进行圣战，"9·11"事件就是这种非对称国际政治冲突的典型。

此外，从人类文明的角度讲，互联网的普及加速了文明的碰撞。在这种过程中，一些文化彼此认可乃至相互吸纳最后走向了融合；但是与此伴随的另一个情况是：通过互联网的放大作用，一些文化的差异和特点也更加明显地显现出来，它们之间的对立和冲撞甚至进一步加剧。这是因为诸如民族心理、语言、价值标准、审美情趣、生活方式等这些深层的民族特征以及许多特殊的历史进程和发展阶段依然存在。尤其是历史上曾有积怨的国家和民族，更是充分利用互联网带来的机遇，宣扬民族主义情绪，进一步激化了已有的民族和国家矛盾。比如巴以冲突的背后，互联网就起了推波助澜的作用。巴勒斯坦人民和以色列民众在互联网上的血泪控诉，成为最有效的政治宣传和政治动员，互联网的极化作用使两个民族的对立进一步尖锐。

（二）互联网管理②本身引发了全球新的政治冲突与摩擦

互联网自产生以来，在其技术层面上体现的是开放思想，任何网络都可以相互连接，这种互联网精神产生了自由表达、成本低廉和倡导创新的特质。③但在在域名、IP 地址、根服务器和技术标准（这四项构成互联网基础设施）的管理上，美国却大权独揽，毫无民主自由，引发了其他国家、国际组织的不满。目前，世界各国对互联网全球运行管理权的争议是新的国际政治冲突的重要体现。

互联网运行管理中最核心的是域名解析系统——DNS（Domain Name System），它可以把域名转换成为网络可以识别的 IP 地址。因此，DNS 实际上成为互联网上域名管理的一种全球通用技术规则和机制。在域名解析系统中起关键作用的是域名服务器。互联网上有 3 种类型的域名服务器：即本地域名服务器、根域名服务器和授权域名服务器。当一个本地域名服务器不能立即回答某个主机的查询时，该服务器就向某一根域名服务器查询。若根域名服务器有该主机的相关信息，就会通知该本地域名服务器。如若没有，它也一定知道该主机的信息究竟保存在哪个授权域名服务器中。这意味着，根域名服务器可以向每个互联网用户提供最终的域名解析服务。因此掌握住根域

---

① 何爱国：《民族信仰建设决定国家"软实力"》，载《社会科学报》2005 年 1 月 13 日第 4 版
② 有关互联网全球运行管理秩序详见本书第八章
③ Kenneth Neil Cukier（2005），"Who Will Control the Internet?" Foreign Affairs, 84（6），p. 6 – 24

名服务器，就等于行使 DNS 这一互联网域名管理全球技术规则的主动权。前文已述，全球 13 台域名根服务器均分布在美、欧、日，并均由美国政府授权的互联网名称与编号分配机构 ICANN 统一管理。美国不仅拥有网络域名的专控权和否决权，还拥有国际互联网高速公路的主干线，任何国家和地区的支、干线间的通信都要经过美国的主线。[1]

　　许多国家将 ICANN 视为美国单边主义的另一例证。多数各方认为互联网应该由一个国际性机构而不是由一个国家管理。[2] 1998 年 ICANN 成立时，美国商务部曾表示完全放弃对根服务器控制的期限最迟不超过 2006 年。但是随着越来越多的国家要求互联网权力，美国国内的保守主义情绪和警惕性提高，并重新考虑放弃对互联网进行控制的政策，最终美国还是回归其国家利益，决定不改变互联网管理的现状，2005 年 7 月，美国政府宣布，美国商务部将无限期保留对 13 台域名根服务器的监控权。这是因为：第一，通过控制 DNS 和根域名服务器，可以达到控制互联网利用的目的。2004 年 4 月，由于".ly"域名瘫痪，就导致利比亚从互联网上消失了 3 天。第二，掌控全球互联网通用的技术规则意味着巨大的商业机会。比如 1996 年，美国 NSI 公司通过垄断全球 DNS 登记业务就获利约 10 亿美元。[3] 在 2005 年突尼斯联合国信息社会世界峰会（WSIS）上，欧盟提出了由联合国接管美国单方面控制的域名管理权提案。但会议最终以成立一个广泛参与、民主透明、没有约束力的互联网治理论坛，即 IGF 换取了欧盟等国家和地区在这个问题上的暂时妥协。2006 年召开的 IGF 第一次会议虽然取得了一定成果，但对是否保留美国对 DNS 及根服务器的单边控制仍存在分歧。[4]

　　这场政治博弈的背后仍然是国家利益和意识形态的冲突和斗争，虽然最终结果或可未知，但是越来越多的国家认识到由美国一国控制 DNS 这一互联网域名管理的全球通用技术规则和机制是美国在互联网时代霸权主义和强权政治的新表现，发展中国家在信息互联网时代维护自身政治安全和利益面临由此带来的重大挑战。

第三节　互联网时代国际政治博弈的特点和应对

　　当前，国际体系处于一超多强的格局体系并向多极化发展的过程之中。

　　① 沈昌祥，左晓栋：《信息安全》，浙江大学出版社，2007 年，第 87 – 88 页

　　② Kenneth Neil Cukier (2005), "Who Will Control the Internet?" Foreign Affairs, 84 (6), pg. 6 – 24

　　③ Marcus Franda (2001), Governing the Internet: the Emergence of an International Regime, Boulder, CO: Lynne Rienner Publishers, P. 49.

　　④ 陈英杰：《从 IGF 会议看国际互联网治理新进展》，《通信世界》2007 年 4 月 9 日第 13 期，26 页

互联网的全球普及，对国际政治博弈的影响非常复杂。目前来看，互联网及其所伴随的全球信息化使国际政治博弈竞争性加剧，国际政治权力两极分化有更加严重的趋势，国家的内政自由、独立发展和国家主权日益受到威胁和挑战，意识形态霸权、信息侵略等政治欺压现象有进一步的发展。但是互联网也为加强国际政治合作带来福音，政治沟通管道的增多，有效性增加，不同国家网民的善意互动增强，都为减少政治误判断、润滑政治摩擦、加强政治合作提供了可能；同时全球各国普遍面临的非对称政治挑战，也促使各国在国际政治博弈中进一步协调行动。问题的关键在于，各国，尤其是网络信息技术落后的发展中国家，要不断适应网络媒体政治功能的发展和特点，多管齐下，不断增强在互联网时代参与国际政治博弈的综合实力。

一、互联网时代国际政治博弈的特点

（一）国际政治博弈的竞争性和对抗性有所加剧

1、意识形态领域的竞争更加激烈

互联网实现了信息在全球范围的自由流动，而这些信息中很多带有明显的意识形态色彩，西方国家借助书籍、广播、电影、电视音乐等传统媒体在意识形态、价值观念和思想理念的传播中一直处于主动地位。现在，它们进一步加强对互联网全天候、集多媒体于一身等特点的发掘和利用，使它们在该领域的竞争中优势更加明显。2000 年 2 月 13 日，美国总统布什在接受美国广播公司采访时称："如果因特网以在其他国家发展的那种方式进入中国，那么自由将迅速地在那片土地上站稳脚跟"。① 早在 1994 年，人权观察、大赦国际、人权律师委员会等西方非政府组织就在互联网上开辟了"数字自由网络"，专门为各国的"持不同政见者"提供发表反对本国政府言论的"论坛"。② 从 1997 年起，美国之音的汉语广播就开始进入互联网，ABC、CNN、PBS、MSNBS 等广播公司也已经上网开播新闻，CNN 的网络版是世界上最忙的新闻网址之一；其他像英国的 BBC，德国之声、法国国际广播电台等也陆续上网。这些传统媒体的网络版凭借强大的技术和财力支持，提高了对其他国家进行意识形态渗透的能力。

2、网络政治动员的角力形势更加严峻

古往今来的一切传播媒介都是政治动员的工具和手段。互联网的发展已经逐渐超越技术层面，正在将传统的"权力决定信息分配"的关系改变为

---

① 中国现代国际关系研究所：《全球战略大格局——新世纪中国的国际环境》［M］，北京时事出版社，2000 年，第 547 页

② 杨景厚：《关于全球信息基础设施对国际关系影响的探讨》，载《国际技术经济》，1996 年第 2 期，第 23 页

"信息决定权力分配"的范式。互联网成为一种新的赋权工具，各种行为体借重互联网进行的网络政治动员的博弈和角力会更加激烈。组织各类型网络政治动员和社会运动、向国家的政治权威发起挑战的主体，除了传统的国家行为体以外，还有邪教、宗教极端和种族主义者、民族分裂势力、恐怖主义组织、各类型的反政府势力和政治极端主义势力等。例如在西方有一定市场的藏独运动，就在西方敌对势力和境内外分裂势力的支持下，在境外建立了专门的藏文网站，不断散布谣言，大肆鼓吹藏独，使国外很多对西藏历史不甚明了的人士和组织上当，滋长了国际反华势力的气焰。美国等西方国家的官方机构还暗中与海外"藏独"组织勾联，资助其成立了"哲瓦在线"这样一个专业网络渗透组织，并提供相关培训，在互联网上对中国网民，尤其是藏区网民进行煽动蛊惑和渗透策反，制造政治谣言，进行以引发政治动乱为目的的政治动员并搜集中国的情报。① 治理网络政治动员最有效的手段是网络政治反动员，重塑国家在网络空间的政治权威。

　　3、围绕政治信息安全的斗争更加激烈

　　随着现代信息技术的迅猛发展和广泛应用，信息的存载和传输方式正向电子化、网络化方向发展，国家重要政治信息的产生、传输、存储和处理方式也日益多样。国家的政治信息系统往往关系政府的稳定、命运和前途。政治信息安全的概念已经从单纯的信息内容的保密，扩展到信息的完整性和可用性。但是，现代政治公开透明的要求，使大量的国家政治信息甚至带有一定密级的信息进入普通计算机信息系统，一些涉密部门和单位的日常工作愈来愈严重依赖普通信息系统。一国利用先进的信息技术完全可以对一国的政治施加有效的影响，甚至可以有效影响其政治舆论。很多发展中国家的电子政务大多建立在大量使用发达国家的软、硬件基础之上，其关键核心部门的政治信息安全岌岌可危。1999 年，加拿大科学家曾揭露美国微软公司在其销售的"视窗系统"中预留后门，微软公司及美国家安全局实际能够监控每一台装配"微软视窗"的计算机的信息流动和信息内容。② 使用这些机器和技术的国家和用户一旦遇到紧急情况，很可能会受制于人，付出惨重代价。当前，美国、英国、日本等信息技术发达国家，纷纷组建"黑客部队"，对他国政治信息进行窃取、刺探和搜集。这些黑客部队利用网络漏洞，通过"后门程序"、"逻辑炸弹"、"僵尸网络"等手段攻击他国的计算机信息系统，窃取秘密政治信息。

---

① 胡笳、程刚：《"藏独"设网络陷阱搞策反》，载《环球时报》2009 年 3 月 27 日，第 16 版
② 华涛：《网络信息安全与全球化时代信息安全国际体制的建立——关于微软的视窗系统暗含 NSA 密钥事件的思考》，载《世界经济与政治》，2000 年第 3 期，第 51－55 页

4、引导社会政治舆论的斗争更加白热化

根据德国学者伊丽莎白·诺伊曼－诺依曼（Elisabeth Noelle - Neumann）提出的"沉默的螺旋"假说，舆论的形成与大众传媒营造的"意见气候"有直接关系。[①] 互联网强大的渗透性、整合功能和放大器作用，无形中削弱了传统舆论传播中新闻审查和把关人的权限，为谎话、谣言提供了机会和便利。同时跨国大型传媒集团对于网络空间的全球控制，使互联网越来越成为舆论控制和思想控制的主战场。而公众的同意是政府运行的基础，如果没有公众的支持，任何内、外政策都难以成功。[②] 在国际关系史中，国家间大打舆论战的例子并不鲜见，如在朝鲜战争、越南战争中，当时的美国政府渲染共产主义的威胁；而在科索沃危机发生前，则又充满了对种族灾难铺天盖地的报道；在 2003 年的伊拉克战争前，美国关于伊拉克发展大规模杀伤性武器及支持恐怖主义的报道使普通美国民众丧失了判断力。在海地危机中，美国通过网络传播大量亲阿里斯蒂德的信息，以影响公众舆论，同时通过电子邮件把有关信息送到每个拥有计算机的军政领导人手中。这种极富针对性的"信息轰炸"最终起到了不战而屈人之兵的效果。[③]

（二）国际政治博弈的合作性因素有所增多

1、网络全球传播促使政治透明度提升，国际政治合作领域扩大。

社会信息化水平及全球互联的发展，使政府与外界的信息沟通和反馈效率不断提升，政治运作向透明化方向发展，人们在互联网上就可以参与重大事项的讨论。[④] 除重大国家机密外，通过互联网，包括国家在内的国际行为体在政治上的相互了解加深，这有助于减少政治误判并增强国际政治博弈过程中合作的可能。

互联网还第一次把公众的政治意见充分曝光在全世界面前，不同国家的网民还可以网络媒体上进行直接交流、互动和辩论，其政治诉求、意愿、呼声及对政治事件的评价和看法更易被其他的国际行为体知晓，进而对他们了解彼此立场和感受，达到相互间的理解和尊重，并在一定范围内形成一定舆论压力。

再者，互联网也是各国政治家们建立直接联系的崭新渠道。早在 1994 年，美国总统克林顿在回复瑞典首相卡尔·比尔特的电子邮件说："亲爱的卡尔，我感谢你支持我结束对越南贸易禁令的决定……我和你一样对正在出现

① 蔡文之：《网络：21 世纪的权力与挑战》，上海人民出版社，2007 年版，144 页
② 熊志勇：《美国公众舆论与战争》，载《外交学院学报》，2004 年第 9 期，第 45 页
③ 赵旭东：《新技术革命对国家主权的影响》，载《欧洲》，1999 年第 6 期，第 25 页
④ Lain Mclean（1986），"Mechanism for Democracy," in David Held and Christopher Pollitt（ed.），New Forms of Democracy, London, Beverly Hill and New Delhi：Sage/Open University, p. 135

的通讯技术的潜力有极大兴趣，这次试用电脑通信，是朝着建立一条国际世界信息快线迈出了重要一步"。① 这是世界上国家元首或首脑之间第一次使用电子邮件进行沟通。这种非官方非正式沟通有助于建立融洽的私人关系，并增进彼此感情和相互信任，可能为激烈的国际政治博弈与合作注入一些和谐因素。

虽然政治安全属于对抗因素突出的传统安全领域，但是网络传播造就开放氛围中，国家间的政治合作不断增多。如"中国农村村委会选举计算机系统"，就是通过建立全国性计算机网络系统，对中国农村的村委会选举情况和数据进行系统的收集、整理、统计与分析。② 以传统观点来看，基层民主发展情况当属一国政治体制改革和民主进程中较为敏感的领域，中国能在这一领域与美国前总统卡特成立的非营利组织展开合作，从一个侧面说明了国际政治博弈中的合作面在扩大。

2、非国家行为体对传统权力的挑战拓展了各国政治合作的基础。

在网络传播全球迅猛发展的时代，国家的传统权威面临更多挑战，正如美国学者皮帕·诺里斯认为的，"任何机构，它越是缺乏传统的组织资源、就越是倾向于采用数字技术以图实现重建和组织创新。现有的'稳坐钓鱼台'的政治主体，拥有扎实的组织和财政资源、法律权威、备受推崇的实践和处理事务的成套方式，因此往往是适应数字挑战的落伍者。……反之，以往只有很少的政治资本、传统优势的反对派组织，在快速适应以网络为纽带的信息和通讯机遇方面也只有很少的阻力。因此，数字政治必定对权力角逐的平衡有重大影响"。③ "非国家实体，甚至个人，都能够挑战超级大国"。④ 像国际恐怖组织、邪教组织和种族极端势力甚至个人等，倾向于借助互联网展现其在现实政治中受到的禁锢，他们破坏军事系统、通讯系统、城市基础设施控制系统等的行动往往会突破一国的有效监控范围，国家很难及时察觉、发现其恐怖袭击的各种动向。各国需要加强国际交流与合作，制定国际法规和条约，在全球范围内治理互联网，以双边和多边安全条约控制和减少非国家政治力量危害国家安全的行为，在这个过程中，开展国际合作的基础更加牢固。

① 刘文富：《网络政治——网络社会与国家》，商务印书馆，2002年版，第262页
② 吴小康：《中国农村自动化选举——'村委会选举计算机网络技术方案'介绍》，《网络报》，1998年10月5日第5期
③ ［美］皮帕·诺里斯：《数字鸿沟的三种形态》，载曹荣湘主编：《解读数字鸿沟——技术殖民与社会分化》，上海三联出版社2003年版，第29页
④ 袁鹏：《评美国未来的安全战略》，载《现代国际关系》，1998年第10期，第6页

二、增强国家在互联网国际政治博弈与合作中的软硬实力

国际政治博弈与合作中的竞争与合作因素在互联网条件下的变动和消长对国家整体的把握和应对能力提出了挑战。如何紧紧抓住互联网的优势和特点，增强国家在这方面进行博弈与合作的实力和能力，成为各国，尤其是发展中国家面临的一项重大课题。

（一）提升政务信息透明度，凝聚社会信任，增加在国际政治博弈与合作中的社会资本

法国社会学家皮埃尔·布迪厄第一次对社会资本概念进行了系统表述，他认为"社会资本是现实或潜在的资源的集合体，这些资源与拥有或多或少制度化的共同熟识和认可的关系网络有关，换言之，与一个群体中的成员身份有关。它从集体拥有的角度为每个成员提供支持，在这个词汇的多种意义上，它是为其成员提供获得信用的'信任状'"。[①] 詹姆斯·科尔曼从功能的角度定义社会资本，即像其他形式的资本一样，社会资本也是生产性的，它使得某些目标的实现成为可能，而在缺乏这些社会资本的情况下，上述目标就无法实现……例如，一个团体，如果其成员是可以信赖的，并且成员之间存在着广泛的互信，那么它将能够比缺乏这些资本的相应团体取得更大的成就。[②] 罗伯特·帕特南继承了科尔曼的思想，也注重社会资本的功能和作用，并进一步扩展了这个概念，帕特南的社会资本概念是指社会组织的特征，诸如信任、规范以及网络，它们能够通过促进合作行为来提高社会的效率。[③] 以上对社会资本理论的阐述凸显了公民间的信任、依赖和合作关系对社会发展的重大作用，重新发现和重视社会资本的作用在互联网条件下具有重要意义。如前文所述，互联网已经成为意识形态之争的阵地和网络政治动员的政治论坛，各种反动势力通过全球互联网大肆进行意识形态和反动宣传，培植自己的网络代言人，挑拨一国公众之间及其与政府的关系，煽动社会不满和反政府情绪。任其发展，政府的形象、社会信任度、社会整合程度和社会凝聚力必定大为减损，国家反击别国意识形态宣传和反网络政治动员的能力也会令人怀疑。大力提升电子政府和社会信息化水平利于整合社会资本，重塑社会公民间及其对政府的信任，增强国家在国际政治博弈与合作中的能力。

1、大力发展电子政府，改善和强化政府与公众的关系，提高政府的政治竞争力。首先是利用互联网信息技术促进政府信息公开。政府是社会各界中最大的信息资源占有者，各级政府掌握着80%以上的社会、经济、文化信息

---

① 张文宏：《社会资本：理论争辩与经验研究》[J]，载《社会学研究》2003年第4期，第23页

② ［美］罗伯特·帕特南：《使民主运转起来》，王列译，江西人民出版社，2001年版，第196页

③ ［美］罗伯特·帕特南：《使民主运转起来》，王列译，江西人民出版社，2001年版，第195页

以及全部的政策和法律信息。政府上网一方面能极大地丰富网上信息，为公民从政府网站上获取信息和服务提供方便，降低信息收集和传播的成本，实现政治体系与社会各界的信息共享，拉近政府与民众的距离，真正使互联网成为政府与公众交流的桥梁；另一方面，政府通过准确、详细、及时地在网上发布其所掌握的信息，有利于抑制虚假、恶意或各种煽动信息的影响和泛滥，有助于增强社会公众对政府的信任，并对良莠不齐的信息做出利于维护国家统一和团结的客观公正的判断，用增强了的社会凝聚力抵制各种网络政治动员及意识形态宣传的影响。其次，充分利用互联网信息技术降低公众参与政治的成本，增强公众参与的机会。依照公共选择理论，公民在参与上的消极是理性分析成本与收益的结果。也就是说，参与成本过高是公民消极的重要因素，只有那些财力强大的利益集团，才能较为有效地参与政府决策。①因此，电子政府是民众政治参与的有效途径，帕特南的社会资本理论也认为，公民参与能够巩固国家制度，有效的国家制度创造是公民参与更有可能兴旺的环境。②而且通过公民的政治参与互动，有利于国家对社会动态进行监测，增强政府的反应性，及时发现政府工作失误与不和谐的杂音，将不利于社会政治稳定的因素消除在萌芽中。再次，利用互联网塑造一个决策透明、高效廉洁的有竞争力的政府。在信息不对称的情况下，泄漏和利用内部信息是行政腐败的重要途径，而电子政府使所有成员都有同等有效的机会来了解各种备选的政策及其可能的结果③，可以更大程度地遏制腐败现象的发生，提高政府的公信力与亲和力。一个规模有限、运行高效的政府在促进社会全面发展方面、领导本国人民进行国际博弈与合作时无疑有强大的竞争力。

2、加强网络舆论引导，充分释放公民政治热情，引导社会资本向积极的方向发展。曼纽尔·卡斯特曾指出社会交往的关键区别是弱纽带和强纽带。虽然互联网的优势在于交流的广泛性，而不是深度，即互联网联系具有广泛的弱纽带联系，但是仍有可能加强既有的联系，并成为强纽带联系产生的基础和条件，从而从整体上增强公民间的了解与信任，并储备社会资本。但是，由于网络上存在"群体极化"倾向，即网民一开始就有些偏向，在网上通过交往后，人们朝着偏向的方向继续发展，最后形成极端的观点，④这一倾向极易被教会、社团等替代型机制和团体甚至反政府力量所利用，积极的社会资本有可能转化为消极的社会资本，从而危害整个社会的政治稳定和发展。因

---

① 陶文昭：《电子政府研究》，商务印书馆，2005 年，第 237 页
② ［美］罗伯特·帕特南：《使民主运转起来》，王列(译)，江西人民出版社，2001 年版，《译者的话》第 5 页
③ ［美］罗伯特·达尔：《论民主》，商务印书馆，1999 年，第 43 页
④ 蔡文之：《网络：21 世纪的权力与挑战》，上海人民出版社，2007 年版，146 页

此，在社会信息化的过程，加强国家对网络的引导、旗帜鲜明地反对网络无政府主义非常重要。如我们前面提到的中德网民在互联网上的激辩，如果中国方面能增强专家力量，用详实的数据和资料加强对中国网民辩论时的引导，可能中国网民的声音更强，辩论的效果会更好。再如在中国 2008 年四川地震发生后，中国政府积极引导，充分发挥网络媒体在危机处理中反应迅速、信息渠道多样、网民积极参与的优势，及时用主流舆论湮没了一些不利于社会政治稳定的杂音。通过网络媒体，一个全方位的灾区情形、国家准确、有力的决策部署等情况及时、公开地呈现在了世人面前，国家有关部门，甚或高层决策者都在通过网络媒体了解灾区的情况。网民们也纷纷在网络上表达他们的爱国激情，充分凝聚了社会各方面的力量。这种社会精神将是中国未来长时间稳定、可持续增长的最重要的社会资本。[1] 正像弗朗西斯·福山所说的那样，国家不仅能够做一些积极的事情来创造社会资本，也能够通过阻止一些事情来减少社会资本储备的消耗。[2]

（二）利用互联网加强国家政治形象和政治领导能力建设，增强国际政治博弈与合作中的软硬实力

国家政治形象是一个国家软实力的重要组成部分，是一国之外的外部公众对作为特定国家政治总体状况的信息经过传播和接受后形成的对该国在政治方面的整体印象和综合评价。国家政治形象通过政府外交、民间外交、对内对外宣传、政治交流、传媒等途径在世界范围内传播。由于国家利益的冲突，西方主流媒体不遗余力地对社会制度、意识形态和价值观念不同的国家进行妖魔化宣传，在相当一部分国家民众的心目中，这些被妖魔化的国家是缺乏法治、践踏人权、压制言论自由及不同政见者、封锁信息、不满现行国际秩序的糟糕形象，这种形象极大削弱了这些国家与他国发展友好关系的气氛，减少了其与其他国际行为体进行政治博弈与合作的资本，限制了其在国际政治舞台上发挥积极的建设性作用。[3]

信息化时代的到来，使互联网等现代媒体在国家政治形象传播和塑造过程中的作用和地位日益提升。当前，互联网已经覆盖了全球超过 20% 的人口，互联网作为一种快捷的沟通平台，逐渐成为用户获取信息的重要渠道之一。根据美国皮尤调查中心的调查，在美国的宽带用户中有 43% 的人通过互联网获取新闻；大约有 34% 的人称他们把绝大多数的时间花在了互联网上；在欧

---

① 英国《卫报》2008 年 6 月 9 日文章《中国经济瞄准震后社会资本增长》，载《环球时报》2008 年 6 月 10 日，第 6 版

② ［美］弗朗西斯·福山：《社会资本、公民社会与发展》，载《马克思主义与现实》2003 年第 2 期，第 36 - 44 页

③ 马宏伟：《网上塑造中国的国家形象》，载《新闻界》2001 年第 2 期，第 28 页

洲，人们从互联网获取重要新闻和信息已经超过了报纸和杂志。市场调研机构 JupiterResearch 公布最新研究报告称，欧洲人获取重要新闻和信息时，在网络上花费的时间是观看电视的三倍。①

此外，通过建立外交数据库、数据模块以及相应的决策实验室，进行模拟演练和方案优选，网络技术也可用于辅助外交决策。② 因此，互联网在外交运作、国家形象的塑造等方面都能发挥重要作用。③ 增强国家互联网国际政治博弈与合作实力和能力的一个重要方面，就是通过互联网这一强大媒介，积极利用民间力量，通过灵活方式把各方面的信息输送给国际社会，争取从思想上打动他国的政府和人民，争取民心民意，向世界展示出一个良好的国家形象。在这一过程中，国家要注意以下几点：

1、探索互联网条件下网络媒体对政治信息宣传、报道的新规律。由于互联网的全球性，其打破了国家和民族的疆域和界限，互联网上发布的信息面对的是全球的受众，网络媒体对内、对外宣传报道的区别已经越来越小，要积极探索互联网条件下宣传报道的新规律，制定国家政治信息报道、传播的新政策新规则。要认识到理不辨不明，舆论不引则散的道理，积极开展网上舆论斗争，维护国家根本利益和良好形象。在涉及国家利益、国家形象、民族尊严等问题上，不仅要在互联网等媒体上及时发出政府的声音，也要积极引导民众的声音。一国的强国策略必须包括传媒策略，因为传媒策略可以影响他国，尤其是西方的公众意志和公众政策，有效打破国际间的隔阂，争取国家在国际政治中的最大利益。因此，一国必须适应新的时代要求，扩大网络媒体在国际上的知名度和影响力，使互联网更好地展示国家的良好形象，在更广阔的范围内传播本国的声音。要坚持统筹协调整合资源，加强对国家资源、地方资源、国内资源、国外资源、官方资源和民间资源的统筹规划和协调。

2、充分发挥国家对网络媒体议程设置的作用，加强对网络政治信息的把关能力。Joseph S. Nye，Jr. 及 Owens，William A 在其《美国的信息优势》中认为，争取民心民意的工作是缓慢见效逐步推进的过程，应该发挥市场作用，由非政府的新闻媒体发挥更大的作用。④ 这种观点有其道理，毕竟在市场机制作用下，客观独立的新闻媒体比纯粹官方的报道更加具有公信力。但是，市

---

① 张世福，曹云霞：《用互联网塑造中国国家形象》：http：//news. xinhuanet. com/zgjx/2007 - 02/27/content_ 5779804. htm（2008 年 6 月 10 日访问）

② 陆钢：《外交决策智能化探索》，载《华东师范大学学报》，1998 年第 5 期，第 32 - 37 页

③ 刘乃京：《媒体全球化对外交的挑战》，载《国际论坛》，2001 年第 3 期，第 32 - 33 页

④ Joseph S. Nye，Jr. and Owens，William A.（1996），" America's Information Edge，" Foreign Affairs，75（2），p. 34

场化的媒体本身就是势利的。① 尤其是在互联网条件下，传统舆论传播中"把关人"角色及相关法律法规的缺失，不同政治背景、不同党派集团、不同宗教信仰甚至别有用心的人都可以相对自由地在网络上发表言论，而完全市场化的网络媒体对点击率的过度追求，可能导致国家利益、国家安全和社会公德等被抛在脑后。它们不可能满足国家在政治、外交方面对信息的全部需求，有时甚至起到完全相反的作用。加之跨国传媒集团加快了对各国网络媒体的兼并。所以，国家必须要对市场化的网络媒体提供必要的支持、引导和监管，起到强有力的主导和设置议题的作用，并且还要设置专门部门和人员增强对网络政治信息的把关能力，这样才能在国际上树立国家正面的政治形象和良好信誉。这对于国家在互联网时代进行国际博弈无疑是有利的。在重复博弈过程中，行为体往往根据其他行为体以往的行为信誉等决定自己的行为。国家如果积极利用互联网等媒体，树立值得信任、讲信誉的政治形象，就能在无形中提高国家的国际政治博弈与合作的软硬实力。如果仅仅依靠市场的力量和配置，往往不能取得良好的政治效果。即使在崇尚新闻自由的美国，一些研究人员估计，美国媒体新闻的 25－50% 的内容受到公共关系部门的影响，一些人甚至认为这一比例高 80%。② 这就说明媒体在播发信息方面并不是随心所欲，总是要受到各种公共关系部门的约束。像前面提到的四川地震中，中国的各种官网，如新华网、央视网等不仅本身较好地贯彻了相关政策，在促进主流信息传播、维护稳定和凝聚力量方面起到了重要作用，也较为成功地团结了其他类型的网络媒体，将公民的情绪成功引导到团结一致抗震救灾的行动和爱国热情上，使国际舆论对于中国和中华民族面对灾难的应对作出了前所未有的正面评价，世人看到了一个更透明、更负责的国家形象。

　　3、适应互联网特点，增强当代国家政治领导能力和艺术。从理论上来说，通过隐性的政治控制，强化一国民众对政府当局的认同，维护政治秩序，是所有政治体系的本能反应和必然举措。这种隐性控制一般体现为三个方面，即垄断信息、控制传媒，塑造民族国家意识以及节制民众参与政热情。但是，随着互联网的急剧扩张，它以一种新的即时性、交互式、多元化的传播方式，有效打破了国家对信息和传媒的垄断权力，民族心理和国家意识趋于离散，虚拟社区和网络政治组织又使各个层次的政治参与变得难以把握。这些情况对于社会变迁加剧、现代化压力和民主压力都十分巨大的后发展国家的挑战

----

① 张巨岩：《权力的声音：美国的媒体和战争》，三联书店出版社，2004 年，第 239 页

② Cameron, T. G. and Curtin, P. A. (1996), "Tracing Sources of Information Pollution: a Survey and Experimental Test of Print Media's Labeling Policy for Feature Advertising," *Journalism and Mass Communication Quarterly*, 72, p. 178－186

尤为严峻。① 比如中国在 2008 年就发生了多起冲击国家政权机关，造成重大影响的群体性事件，其中互联网及手机等技术性因素在组织联络中起到的作用引人深思。面对由互联网带来的这样一种压力政治，是积极面对，对相关资源加以引导整合，还是不闻不问，对相关意见围堵封锁，考验着一国的执政理念、执政方式和执政能力。毕竟，"任何一种特定民主的稳定性，不仅取决于经济发展，而且取决于它的政治系统的有效性和合法性。"而如何提高当代一国政府的政治领导和政治控制能力和艺术则是一个复杂的系统工程。一是政府要充分适应这样一个各方面信息被充分披露和关注的政治环境，率先从政府部门做起，推进电子政务发展，用正确迅即的政治信息加强对公民情绪和社会热点问题的疏导和引导。二是要善于收集网络民意，采用各种形式与网民互动，与全民分享政治智慧，同时公民也可对一些政治事件信息有更加充分的理解，排除误解。三是互联网时代的政治领导要有宽广的时空概念，思考问题要有"地球村"的战略思维和世界眼光。四是作为职业政治家要有较强的网络表达、沟通的能力。要学会并善于与网络和电子信息打交道，利用网络宣传政府、政党的纲领、路线，争取更多的国内支持者和国际理解。此外，还应该充分利用博客这一工具。博客开启了媒体个人化的时代，不仅网民通过博客来表达自己的政治主张已经成为一种时尚，重要的是政治人物也纷纷运用开设博客的方式来表达政治主张和情怀，加强与网民的联系和互动。比如，德国总理默克尔开首脑博客之先河后，诸多国家政要都开设了自己的博客。这也有助于塑造一个更加开放、民主的国家政治形象。

---

① 李永刚：《网络扩张对后发展国家政治生活的潜在影响》，载《科学决策月刊》，2007 年第 5 期，第 13 页

第五章　互联网与当代国际经济博弈

经济是一个国家、民族生存和发展的基础，经济利益是国家利益中最基本、最重要的利益，是制约国家间关系的最重要的因素。冷战结束以来，伴随着互联网信息技术的普及和发展，经济全球化、信息化发展趋势越来越明显。国际经济博弈中也出现了新的情况：知识积累和技术创新不仅能使知识自身的收益递增，而且还能使物质资本、劳动等其他要素也具有递增收益，从而成为一国经济长期增长的决定因素①；互联网时代的信息和资讯在变革市场投资、商品生产和服务方式及引导全球性劳动分工过程中，加剧了国际经济竞争性发展的一面；同时，互联网信息技术也"充当了历史不自觉的工具"，成为推动经济全球化发展的关键力量，加深了全球经济的相互依赖，增加了国际经济博弈的合作基础；在新的时代，网络和信息也有助于发展中国家战胜贫困，更充分地参与到国际经济博弈中，实现技术和工业的跳跃式发展。②

第一节　互联网是经济全球化进一步
发展的关键推手

纵观历史，全球经济联系在时空范围上不断扩大，一般都以新技术及相关基础设施的出现和大规模采用为特征。根据学者路紫的研究，13 世纪以后，北意大利同欧洲的汉萨同盟通过海陆运输一体化联系到一起；16 世纪初以后，欧洲同其他大陆通过造船业和航海技术联系起来；19 世纪初以后，以新的火车运输和工业体系技术为基础，产生了新的世界市场；20 世纪 6、70 年代以后，通信网络的不断成熟使全球规模的知识和信息传输成了可能③，全球互联对经济部门和生产系统的全球性联合发挥着越来越重要的作用。

---

① Romer. P. M.（1986），"Increasing Returns and Long Run Growth," Journal of Political Economy, 94（5），p. 1002－1037
② ［美］博萨·埃博（Bosah Ebo）：《新瓶装旧酒——互联网与非洲的技术殖民化》，载曹荣湘：《解读数字鸿沟——技术殖民与社会分化》，上海三联出版社 2003 年版，第 180－181 页
③ 路紫：《信息经济地理论》，科学出版社，2006 年，第 40 页

一、互联网是经济全球化进一步发展的推手

（一）全球化与经济全球化

全球化（Globalization）是世纪之交最引人关注的现象，但全球化至今仍是一个边界难以界定的多元概念。但多数学者认为全球化应从资本主义形成和开始扩张，即 18 世纪末的第一次工业革命算起。还有学者认为全球化应形成于信息技术取得突破性进展的 20 世纪 80 年代中期以后。同时，对全球化内涵的理解方面差距也很大。一种看法认为，全球化指世界范围内社会关系不断密切，世界各国人民逐渐汇合成一个全球社会的过程。如美国学者托姆林森（Tomlinson）这样描述全球化："全球化是一个牵涉到时间与空间压缩的过程……，将那些主导我们日常生活的地方性脉络，移动到全球性的层次"。① 美国全球化理论学者丹尼尔·耶金（Daniel Yergin）所下定义为："24 小时互相联系的、极度活跃的、剥夺睡眠机会的、并受电子邮件推动的世界"。② 另有学者认为，全球化是资本主义生产方式在全球的扩张，所谓全球化就是西方化，甚至美国化。

全球化的内容涵盖广泛，例如，由多国学者组成的里斯本小组认为：全球化包括 7 方面内容，即金融与资本占有的全球化、市场与市场战略的全球化、技术和与其相联系的科研与发展以及知识的全球化、生活方式与消费模式以及文化生活的全球化、调控能力与政治控制的全球化、世界政治统一的全球化和观察与意识的全球化。③ 在全球化纷繁复杂的内容中，经济全球化趋势最为明显。"经济全球化"是指人类经济活动突破国界和地域限制而在全球范围内展开的一种发展趋势，即生产、贸易、投资、金融、消费等经济行为超越一国领土界限的大规模活动，是生产要素在市场机制下的全球配置与重组，是世界各国经济高度相互依存和融合的表现，使世界经济在全球融合中成为一个难以分割的整体。

（二）互联网信息技术是经济全球化发展的关键推手

1、互联网信息技术是当代科技革命发展的核心、龙头和关键技术

从第二次世界大战以来，几乎每过 10 年，新科技革命都要发生一次跃进：1945－1955 年，以原子能的释放与利用为标志，人类开始了掌握核能的新时代；1955－1965 年，以人造地球卫星的成功发射为标志，人类开始了摆脱地球引力向外层空间进军的时代；1965－1975 年，以重组 DNA 实验的成功

① ［台］魏玓：《全球化脉络下的阅听人研究》，载台湾《新闻学研究》1999 年第 60 期，第 97 页
② 水生：《丹尼尔·耶金解析"全球化"》，载《中华读书报》1999 年 3 月 10 日第 9 版
③ 鲁志强：《入世——经济全球化是历史发展的必然趋势》，载 http：//www. drcnet. com. cn/DRCNet. Channel. Web/expert/showdoc. asp？ doc_ id＝121570（2008 年 7 月 3 日访问）

为标志，人类进入了可以控制遗传和生命过程的新阶段；1975－1985 年，以微处理机的大量生产和广泛使用为标志，揭开了扩大人脑能力的新篇章；1985－1995 年，以软件开发和大规模的信息产业的建立为标志，人类进入了信息革命的新纪元；1995 年至今，以互联网成为核心技术并渗透到人类生产和生活的各个领域为标志，人类开始进入知识经济社会。但是，正如工业革命带来了成群的新技术，并且也真的在后续阶段里陆续形成与转化了工业化系统，但工业革命的核心部分仍是蒸汽机的发明，虽然在化学、钢铁、内燃机、电报和电话方面有许多惊人的发展，但电力仍是第二次工业革命的核心力量。同理，互联网信息技术是此次新技术革命的重要标志。以微电子技术为基础的计算机技术与光纤通信技术结合在一起，形成了新技术革命的核心，它目前是新技术革命的主导和龙头技术。这一点可以从网络系统原理的追溯中得到证明。

1940 年 9 月 10－13 日的在达特茅茨学院召开的一次美国数学协会的会议，贝尔实验室的乔治·斯蒂彼茨演示的后来被称为"贝尔实验室模型 1 号"的"复杂计算机"，就是在会场外的过道里安放的。这次实验甚至比 1946 年诞生第一台电子管计算机还早 6 年，这次实验向人们显示了远距离控制计算机的需要和可能。1951 年麻省理工学院成立著名的林肯实验室，其主要的研究项目就是"远距离预警"，这是一个由中央控制的网络结构，是第一个真正实时的人机交互作用的电脑网络系统。1962 年，保罗·巴兰发表《论分布式通信网络》，提出分布式通信网络的模型及包切换的原理。1965 年，梅里尔代表"美州电脑公司"提议在马萨诸塞州和加利福尼亚州之间进行一次联网实验，这是人类第一次远距离接通两种不同电脑，而且系统使用的是"分时"方式。这些都说明了网络技术的发展贯穿了二战以后至今的整个人类的历史[①]，是新科技革命的核心、龙头和关键技术。

信息技术中最重要的是传感技术、通信技术、智能技术和控制技术（又称信息技术四基元）。目前，还有人甚至提出广义信息技术的概念，把信息技术的基础技术（指新材料、新能量技术）、支撑技术（指机械技术、电子与微电子技术、激光技术和生物技术等）和信息技术的应用技术（即应用在经济、社会领域的各类具体技术）也包括进来。例如，曼纽尔·卡斯特就认为："我把遗传工程及其日益扩大的相关发展与应用，也包括在信息技术里。这不仅是因为遗传工程的焦点是对生物信息符码的解码、操纵，以及最后的重组，也是因为生物学、微电子学和信息科学无论在应用与材料上，甚至更基本的

---

① 吕兴焕：《信息技术革命的重新界定》，载《天中学刊》2002 年 12 月，第 17 卷，第 6 期，第 13 页

概念取向上，似乎已经彼此汇聚互动"。①

虽然，当代科技革命是由信息技术、生物技术、新材料技术、新能源技术、新制造加工技术、激光技术、海洋技术、空间技术等高技术组成的一个技术群。但各种高技术的性质和地位并不完全相同，信息技术具有特殊的作用和地位。回顾社会发展史，我们可以看到，人类对物质、能量、信息的认识和利用经历了不同的阶段：从最初主要是对物质的认识和利用，发展到主要是对能量的认识和利用，再到20世纪70年代以来，在社会对工作速度、效率和质量的要求不断提高的背景下，由于大规模集成电路及微型计算机的出现，信息技术才开始在当代科技革命中占有特殊的地位。作为一个时代的标志，是看这种技术是否对整个人类社会的生产和生活发生了革命性的影响。比如原子能技术和生物技术尽管对社会发展产生了巨大的影响，但仅仅局限于社会的某些领域和方面，并未对社会的生产和生活产生全面的、根本性的影响。信息技术则不同，它已应用和渗透到社会生产和生活的一切领域和方面，使社会面貌发生了根本性的变化，这也是我们所处时代和社会被称为"信息时代"和"信息社会"的原因。② 当然，也要看到，信息技术并不是孤立地发挥其这种特殊作用的，它离不开其他高技术和整个社会的支撑。如果没有其他高技术的支撑和社会对信息技术的迫切需求，就不可能有信息技术的迅猛发展和特殊地位。只有把信息技术放到支撑社会发展的高技术群中，才能正确认识互联网信息技术在当代新科技革命中的特殊作用。由此可见，互联网信息技术是此次新科技革命的真正核心，它与其他科技领域的发展紧密相关，是当代新科技体系的基础。

2、互联网信息技术极大地推动了当代经济全球化发展

经济全球化是各种因素综合作用的结果，但从根本上说，是社会生产力发展的必然产物。其中起关键作用的是科技革命和市场机制。第二次世界大战以来，尤其是以计算机技术、卫星通讯技术和网络技术为代表的新科学技术革命的兴起，提升了经济全球化发展的规模和深度，成为经济全球化进一步发展的关键推手和加速器。全球范围内互联网的普及和信息的快速流动，大大提升了交易的成本和效率，使时间和空间因素对经济活动的制约降到最低，各种生产要素在全球范围自由流通的空间大大扩展、速度空前提高，企业组织进一步走向国际化，世界各国的市场迅速融为一体；技术在经济增长中的作用越来越大，并逐渐独立出来形成了技术在国际间的转移和流动。信

①　曼纽尔·卡斯特. 网络社会的崛起［M］. 北京：社会科学文献出版社，2001年，第6页
②　殷登祥：《从STS视角看当代科技革命的本质和特点》，载《世界科学》2003年第4期，第52－53页

息产业的发展和新科技革命为经济的全球化提供了必要的物质技术支持，因此，在 20 世纪 90 年代以后，经济全球化的趋势越来越成为当今世界发展的潮流。表 5.1 – 1[1]，就从银行业之间相互渗透的角度说明了网络信息技术在经济全球化中的作用。

表 5.1 – 1　1960 – 1997 年各国商业银行中有价资产与债务中外国人持有所占比率表

	1960	1970	1980	1990	1997
法国					
有价资产	–	16.0	30.0	24.9	34.6
债务	–	17.0	22.0	28.6	32.7
德国					
有价资产	2.4	8.7	9.7	16.3	18.2
债务	4.7	9.0	12.2	13.1	20.6
英国					
有价资产	6.2	46.1	64.7	45.0	51.0
债务	13.9	49.7	67.5	49.3	51.6
美国					
有价资产	1.4	2.2	11.0	5.6	3.8
债务	3.7	5.4	9.0	6.9	8.5
日本					
有价资产	2.6	3.7	4.2	13.9	16.4
债务	3.6	3.1	7.3	19.4	11.8
瑞典					
有价资产	5.8	4.9	9.6	17.7	36.4
债务	2.8	3.8	15.0	45.0	41.9

近些年来，随着计算机网络、卫星及各类公共或私人电子通讯基础设施彼此联接，全球各大金融中心：伦敦、纽约、东京、法兰克福已经联为一体，实现了 24 小时的不间断交易，"国家、地区或特定金融工具或商品市场都成为全球资本市场的一部分"。[2] 不仅如此，当前各国在市场、生产以及消费等方面相互依存日益加深，形成你中有我、我中有你的局面，各国在经贸领域里合作意愿不断增强。实际上，在互联网这样的流动性环境中，"地点"这个词多少只是一个法律虚构，因为大部分的资产并没有实物商品支持，只是由 1

---

[1]　Held, David, McGrew, Anthony, Goldblatt, David and Perraton, Jonathan（1999），Global Transformations：Politics, Economics and Culture, Stanford, CA：Stanford University Press, table 4 – 17

[2]　David J. Rothkopf（1998），"Cyberpolitik：The Changing Nature of Power in the Information Age," Journal of International Affairs, 51（2），p. 334

和 0 组成的比特流，理论上不断从一个市场流向另一个市场。① 技术创新和网络带宽的增加，使信息处理速度急剧提升，经济信息收集、处理和传送的时间和成本大幅减少，最新的金融信息随时向全球发布，经济活动的效率大幅提升，交易可在瞬间完成，市场可在数秒内做出反应，当然错误和风险也可经由互联网进行放大和传递。全球经济技术资源得以更有效地配置和利用。加之自上世纪 90 年代以来，苏联地区、东欧各国以及非洲的一些发展中国家相继推进了以市场化为导向的经济体制改革，中国也在建设有中国特色的社会主义，进一步为经济全球化拆除了体制性障碍。

（三）受全球互联驱动的经济全球化对国际经济博弈的影响

1、全球互联推动下的经济全球化是国家提升经济博弈实力的新机遇。随着科学技术进步，全球工业化、信息化进程加快，国际分工体系和经济增长中心发生着深刻变动，制造业及相关技术、国际资本加快向新兴市场转移，全球和区域合作方兴未艾，世界经济从整体上进入较为繁荣的历史时期。经济全球化不仅为发达国家带来了巨大利益，也为发展中国家的发展和赶超提供了新的机遇。它们利用经济全球化带来的国际分工、产业转移和资本、技术等生产要素全球流动的契机，根据国内外市场的需要，不断调整和优化产业结构，提高劳动生产率，加快高新技术产业的发展，把发达国家技术先进的劳动密集型产业转移到本国，迅速实现产业演进、技术进步、制度创新，在更高的技术层次上加快工业化信息化进程，从长期看，知识和技术所能产生的"外溢效应"，可以使发展中国家更多地利用"后发优势"，取得更大的竞争力。② 尽管发达国家与发展中国家从经济全球化发展中获取的利益并不平衡，但各国普遍意识到：通过世界市场机制在全球范围内实现资源的优化配置，可以为本国带来可观的经济利益，实践中有些发展中国家还因此而实现了现代化，这些都成为各国参与经济全球化进程的动力；同时，全球市场竞争所形成的巨大外部压力，也促使各国，尤其一些中小国家加强区域与国际合作，形成优势互补，增强了自身参与国际经济博弈的实力。同时，互联网推动下的经济全球化使国际经济关系更加复杂，推动着处理这些关系的国际协调和合作机制的发展及一系列全球性经济规则的产生。从这个意义上说，全球互联时代的经济全球化是一个制度变迁的过程，是一个既相互竞争，又相互融合渗透，充满机遇的过程。

2、西方发达国家不断巩固的经济技术优势不断在国际经济博弈中向发展

---

① David J. Rothkopf (1998), "Cyberpolitik：The Changing Nature of Power in the Information Age," Journal of International Affairs, 51 (2), p. 335

② 樊纲、张晓晶：《全球视野下的中国信息经济：发展与趋势》，中国人民大学出版社，2003 年，第 18 页

中国家提出新挑战。这表现在：一是西方发达国家是经济全球化的主要推动者，也是其运行规则的主要制定者。这些规则不可避免地使世界经济中实力最强大、地位最优越的西方发达国家在世界经济运行中占据有利地位。二是发达国家掌握了当代经济全球化赖以发展的大部分信息技术。全球研究与开发的投资、科技力量和科技成果也主要集中在发达国家。它们垄断了高技术含量、高信息含量的高新技术产业，而将传统工业和一般技术成熟的产业向发展中国家转移。比如发达国家几乎掌握着所有网络信息技术的标准和规则制定，发展中国家进行网络基础建设所需关键设备、技术大多须从发达国家获得。三是发达国家的跨国公司掌握了全球经济网络，拥有网络、技术、服务、品牌等方面优势，是经济全球化的主要推动者和跨国投资的主要载体。美国《财富》杂志 2004 年世界 500 强企业中，属美、日、欧等发达经济体的占绝大多数，即使把韩国、新加坡等包括在内，发展中国家也只有 38 家。①2008 年世界 500 强由美、欧、日把持的态势基本没有改变，如图 5.1 - 1 所示。四是全球的金融网络和金融流动也主要掌握在发达国家手中。根据有关资料，目前世界上存在高达 1.5 万亿短期资本，并大多由西方金融炒家掌握。他们借助现代通讯技术到处投机造市，严重威胁着发展中国家的经济安全。2007 年以来，由美国次贷危机演变成的全球金融危机凸显了经济全球化无序性对发展中国家的伤害。

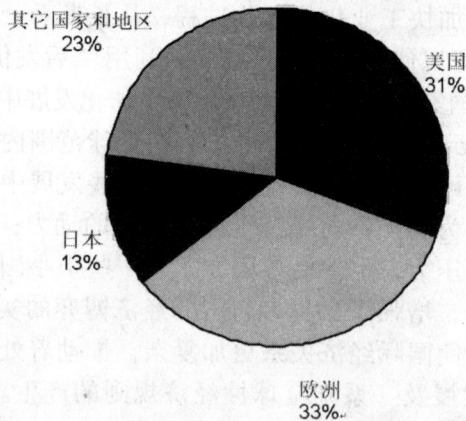

图 5.1 - 1 2008 年世界 500 强企业国家和地区分布图

二、以互联网为代表的现代科学技术改变了全球经济运行的内容和方式

（一）以互联网信息技术为先导的现代科学技术成为国家战略能力的先导

---

① 安民：《在经济全球化中实现共同发展》，2005 年 5 月 23 日在第二届中国企业"走出去"国际论坛上的演讲摘要，载 http://www.fmprc.gov.cn/chn/ziliao/wzzt/jjywj/t196795.htm（2008 年 7 月 4 日访问）

性因素

科学技术一直是推动社会发展和进步的重要力量，是人类宝贵的资源和生产要素。从 1858 年马克思在《政治经济学批判大纲》中明确指出的："生产力中也包括科学"①，以及科学是"历史的有力杠杆"，是"最高意义上的革命力量"②，到邓小平"科学技术是第一生产力"，科学技术发展呈加速发展之势，并日益渗透到经济发展和社会生活的各个领域，成为推动现代生产力发展最活跃的因素。已故国际政治经济学奠基人英国人苏珊·斯特兰奇就曾说过，"在过去的一百年里，人类历史上出现了比以往任何时期都更迅速的技术变革"，她论证这一假设的论据是：产生于 19 世纪 40 年代的电报，直到 20 世纪 20 年代的 80 年里都是欧洲最主要的通讯系统，而上世纪 20 年代以后的 80 年，则先后出现了电话、无线通讯、电视、电缆、卫星和光纤令人眼花瞭乱的通讯方式。③

在当今全球化时代，科学技术作为第一生产力，在国家经济建设、国防和社会发展方面起着至关重要的作用，是推动经济社会发展，保持国家政治、军事优势，确保国家战略能力的先导性因素。科学技术发展水平对国家利益的意义有两个方面：一是科技进步可以拓展国家利益的范围，如互联网信息技术及太空科技的进步，就可以使国家利益拓展到网络空间和太空空间；二是科学技术的发展增强了国家维护传统领域国家利益的能力和手段。④ 比如当今世界，互联网已经嵌入了政治、经济、军事、文化和社会生活的所有领域，并成为这些系统正常运行的基本条件之一，增强在网络信息技术方面的实力，不仅可以维护国家在网络空间的国家利益，还可以更好地维护传统领域的国家利益。⑤

早在 1986 年，美国商务部一份报告就认为，高技术的优势地位保证了美国在世界政治、经济中的领导地位，失去这种优势地位就有可能使美国的经济、政治和国家安全面临无法估量的危险，维护国家利益也面临重重困难。⑥ 再以苏联为例。第二次世界大战虽使苏联经济遭到巨大破坏，但是战后苏联主要经济指标增长速度比美国高出 1－2 倍，机车、石油、生铁、钢的产量先后超过美国。这背后是苏联在发展科学技术方面有强大的国家意志和制度保

---

① 《马克思恩格斯全集》（第 23 卷），人民出版社，1972 年，第 505 页
② 马克思恩格斯全集（第 19 卷），人民出版社，1963 年，第 372－373
③ ［英］苏珊·斯特兰奇：《权力流散：世界经济中的国家与非国家权威》，肖宏宇、耿协峰（译），北京大学出版社，2005 年，第 6－7 页
④ 阎学通：《中国国家利益分析》，天津人民出版社，1996 年，第 50－51 页
⑤ 金虎：《技术对国际政治的影响》，东北大学出版社，2005 年，第 107－108 页
⑥ 胡键、文军：《网络与国家安全》，贵州人民出版社，2002 年，第 248 页

证。苏联在如导弹、核武器、航空航天、人造卫星等不少高科技领域，都具有优势或者与美国旗鼓相当。人类第一颗人造地球卫星就是苏联制造并送上太空的。但是苏联瓦解后出现了大规模的财富及科技人才转移。据统计，1994—1998 年全部资本外流量超过 1360 亿美元，远远大于从国外投资者和国际金融组织的资金流入。大量高级专家，尤其是核心学科，比如数学、物理、化学、生物学等学科的高级专家，纷纷移民到美国和西欧。这种情况使俄罗斯的复兴之路困难重重。[①]

与以往年代相比，互联网时代的国际博弈互动中，虽然少了明火执仗的攻城略地和腥风血雨的刀光剑影，但国家与国家之间的利益博弈、互动与斗争从来就没有丝毫减弱。相反，在全球化、网络化条件下，随着土地、劳动力等传统生产要素重要性的下降，基于科技实力、创新能力的较量更加激烈。在科技发展上先人一步、高人一筹抢占世界科技的制高点，往往也就意味着掌握了利益博弈的主导权。在科技发展上无所作为、亦步亦趋，将很难摆脱受制于人的局面。在这场以信息技术革命为标志的新科技革命中，科学技术资源的保有量及进一步进行科技创新的实力和潜力成为一国经济社会发展和进行国际博弈与合作的重要的战略资源和先导因素。

（二）互联网对全球经济运行内容和方式的深刻影响

1、信息产业[②]：互联网时代的新的经济增长点

（1）信息产业的概念辨析

信息产业的概念非常复杂，从其"信息产业"、"信息技术产业"、"信息科学技术产业"、"信息技术与产业"等各种各样的概念表述中就可见一斑。给信息产业下一个完全准确的定义必须把握好几个原则：一是要坚持历史唯物主义，尊重信息产业的历史发展。比如最早的信息产业是在计算机设备制造业的基础上发展起来的，现在的信息产业定义也一定要涵盖信息设备制造业。二是要坚实全面的观点。要看到信息技术广泛渗透使传统信息产业，如出版、信息咨询、邮政、电信等已经与现代信息服务业融为一体。三是要坚持便于统计、分析及进行国际比较的原则。比如美国斯坦福大学的经济学博士马克？波拉特（M. U. Porat）认为，信息产业在内容上几乎涉及所有产业，只有将这些部门的信息业产值汇总才能得出信息产业的产出。但这样的测度

---

① 俄罗斯社会科学院院士弗·伊·多博列尼科夫：《俄罗斯改革的经验与教训》，（2003 年 10 月 27 日中国社会科学院的学术报告厅），载 http：//www. globalview. cn/ReadNews. asp？ NewsID = 457（2008 年 7 月 23 日）

② 只有当科学技术融入到信息传播活动中，使信息的传播、处理量成几何级数增长，并真正带动了社会经济的飞速发展时，信息活动才能形成一种全新的产业，即信息产业。参见方宽、杨小刚：《对信息产业统计界定的思考》，载《统计研究》2001 年第 11 期，第 5 页

方法较为复杂，对数据资料的要求高，可能会使相关的统计数据重复失真。因此，本着这样几条原则，本书赞同中国学者方宽、杨小刚的观点，即信息产业包括：信息产品设备的生产、销售和租赁，信息的传播、加工、处理和管理等服务业，以及软件设计、计算机服务信息技术服务业等，既突出了以高技术为基础的电子信息产品的制造和电子信息传播、处理、服务等活动，也兼顾了其他传统的信息活动。[1]

（2）信息产业对经济发展的促进作用

过去 30 年，信息产业始终以高于大多数产业的速度持续增长，占全球GDP 的份额不断提高，平均每 10 年上升 1 个百分点。按照前文所述信息产业较窄统计口径（类似于 NAICS 的统计口径），全球信息产业增加值[2]占 GDP的比重，2006 年已达到 4.3%。如果按照宽口径统计标准，信息产业占全球GDP 的比重则要高得多。20 世纪末，全球信息产业已超过石油工业而一跃成为世界第一大产业[3]，而目前美国信息产业产值占 GDP 的比重现已超过 70%。因此我们基本认为，信息产业是国民经济新的增长点。[4] 信息技术及产业是经济增长的"倍增器"、发展方式的"转换器"和产业升级的"助推器"，具体表现在：

一是信息产业对经济增长有重要作用。通过研究发达国家及一些新兴经济体的发展经验，可以发现，高科技推进、高强度资金投入及高效益产出是其经济增长的重要特征。以美国为例，美国的信息产业从 1993 年占国民经济的 6% 到 1999 年升到了 8%；而其用于 IT 业的资金，从 1420 亿美元猛增至2330 美元，占资金总量的 1/3，这种高科技风险投资促成信息产业的高速增长。[5] 有研究表明，信息产业与国内生产总值之间存在明显的对数线性关系，信息产业产出每增长 1%，可以带来约 0.544% 的国内生产总值增长。[6] 以中国为例，其信息产业增加值增加很快（如图 5.1－2[7]所示），对国民经济贡献度越来越大，2002 年中国信息产业对全国工业增长的贡献率居各行业之首。而且，按照内生经济增长理论，支撑经济增长最为重要的就是科学技术。目

① 方宽、杨小刚：《对信息产业统计界定的思考》，载《统计研究》2001 年第 11 期，第 6 页
② 增加值是各生产单位在生产过程中新增加的价值，是常住单位生产的物质产品和服务价值超过生产中所消耗的中间投入价值后的差额部分。国民经济中各生产单位的增加值总和即为国内生产总值
③ 黄红发：《创新：江泽民的社会主义发展动力观》，载《社会科学》2001 年第 10 期，第 6 页
④ 乌家培等：《信息经济学》，北京高等教育出版社，2002 年，第 108 页
⑤ 《信息产业对经济增长的贡献分析（上）》，网络地址：http://www.gjmy.com/html/jingjixuelunwen/2008/08/17760.html
⑥ 张敏：《信息产业对我国经济增长影响的实证分析》，载《特区经济》2008 年 8 月，第 269 页
⑦ 于春荣：《信息产业对经济增长的作用研究》，载《情报科学》，2008 年 7 月，第 26 卷，第 7期，第 1094 页

前科学技术对发达国家经济增长的作用已达72%，而信息产业的发展，正是可以提高劳动生产率，降低生产成本，提高经济的科技含量，对其他形式的物质、资本和劳动投入形成显著替代作用。

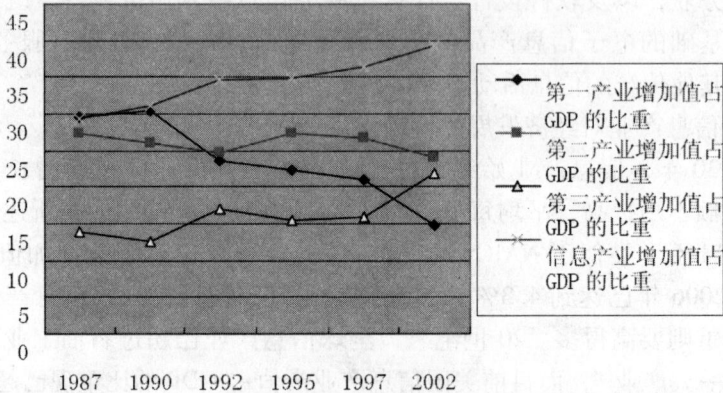

图 5.1 – 2　1987 – 2002 年信息产业等产业
增加值占 GDP 比重趋势图

二是信息产业对全球调整产业结构和转变经济增长方式具有重大推进作用。信息技术是当代经济社会发展的核心技术，其效用已经渗透到社会生产生活的各个方面，是当前全球产业结构调整、转变增长方式的关键基础。信息产业作为以信息技术为基础的新兴产业，具有产出高、效率好、资源消耗少、污染少等特点，用信息产业逐渐代替那些资源耗费大、环境污染严重、生产设备落后、生产成本高、产品缺乏竞争能力的夕阳产业，正是产业结构升级和转变经济增长方式的具体体现。而且信息产业具有带动性和关联性的特点，对产业结构的升级具有直接的推动作用。比如，信息技术在改造传统产业方面的投入产出一般都有 1:4 以上的"倍增"，有些领域甚至达到了 1:20 以上。①

（3）当前全球金融危机下大力发展信息产业对发展中国家的深层意义。

当前对全球是否已经完全走出国际金融危机影响尚存争议，信息产业增速出现放缓迹象。受主要发达国家经济衰退的影响，全球信息产品制造业增速下降。2008 年增速仅为 2.6%，不及上一年度的 1/3，低于近 10 年来的平均增速。但是从长远看，全球信息产业保持增长的基本态势不会改变，信息产业所具有的技术进步快、经济效益好、增长速度高、产业关联度强等基本特征都没有改变。因此，越是在当前这种形势下，各国越应该更加重视发挥

---

① 游五洋、陶青：《信息化与未来中国》，中国社会科学出版社，2003 年，第 492 页

信息技术的引领支撑作用，促进经济持续健康发展。[①]

在国际金融危机对世界经济社会政治格局的影响继续显现，国际国内环境正在发生重大变化的情况映衬下，包括中国、印度等在内的发展中国家的几十亿人口在现代化进程中，与自然资源供给能力和生态环境承载能力的矛盾更加凸显和尖锐，大量消耗不可再生自然资源和破坏生态环境的经济增长方式和发展模式难以为继。而从全球科技和产业发展历史来看，每一次经济发展低潮都是新技术和新生力量发展的重大机遇。当前，发展中国家尤其要注意充分利用金融危机给全球核心技术和专利等战略资源带来的机遇，采取有效措施，坚定进行产业结构调整，推动产业优化升级，加强技术创新，彻底走上内涵式可持续发展道路，增强抵御危机的能力，提高在新的全球经济环境中进行博弈的实力和能力。

2、电子商务[②]：网络条件下商业运行新模式

（1）电子商务的发展和特点

建立在网络信息技术基础上的电子商务正在改变着传统的经济运行方式和增长模式，不断推动全球经济的发展和繁荣。从微观层面讲，电子商务正在成为企业的一种生存方式，成为决定企业国际竞争力的重要因素；从宏观层面讲，电子商务的发展程度已经成为评价当代一国经济发展水平和可持续发展能力的重要指标。基于互联网的电子商务大大缩短了交易双方的距离，简化了程序和过程，降低了经营、管理和活动成本，促进了资金、技术、产品、服务和人员在全球范围的流动。全球网上交易额呈日益上升趋势，如图5.1-3所示。近些年，全球电子商务继续快速发展，成为经济全球化的助推器。以美国为首的发达国家，仍然是电子商务主力军，21世纪头几年，美国在互联网交易中占了85%，中国的电子商务虽然异军突起，2008年交易额达到近3万亿人民币，但在全球所占比重仍然较低。

---

① 娄勤俭：《充分发挥信息技术对经济发展引领支撑作用》，载《人民日报》2009-02-28，第7版

② 从广义的角度来理解，电子商务是电子工具在商务活动中的应用，不管这些电子工具是初级的还是高级的，均涵盖其中，如电报、电话、传真、电视、互联网等。狭义的电子商务是指基于互联网环境下的商品交易及相关商务活动。基于本书的研究目的，本文所指称的电子商务采用狭义定义

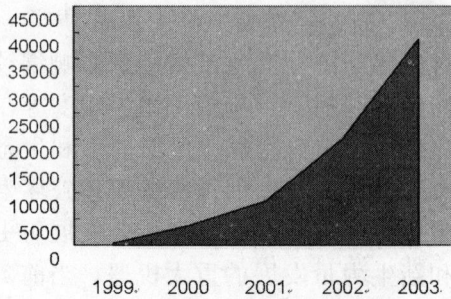

图 5.1 - 3　1999 - 2003 年全球电子商务
交易额（亿美元）增长情况

　　电子商务的任何一笔交易，都包括物流、资金流和信息流。其中物流是指商品和服务的配送及传输渠道①；资金流主要指资金的转移过程，包括付款、转账、兑换等过程；信息流包括既包括商品信息的提供、促销、营销、技术支持、售后服务等内容，也包括询价单、报价单、付款通知单、转账通知单等商业贸易单证，还包括交易方的支付能力、支付信誉、中介信誉等。电子商务的特点在于：一是商务门户网站使企业进入国际贸易的门槛降低，为企业建立领先于同行的竞争发展战略创造优势条件。二是网络多媒体的双向互动与传播功能，使企业宣传产品和服务更为便捷，有利于企业拓展全球市场，扩大知名度和提高竞争力。三是电子商务大幅提高了商务活动效率。四是电子商务为无纸化贸易创造了条件。五是可以进一步整合上下游企业间的价值链关系，更加适应市场竞争环境。六是电子商务不受时间、空间限制，能为客户提供全程及全天候的优质服务。②

　　（2）发展电子商务的重要意义

　　第一，电子商务是全球经济发展的绿色推动力。电子商务通过改变生产，流通和消费方式，可以降低交易成本、提高效率、减少人力物力消耗、减轻交通压力、减少环境污染，促进经济的可持续发展。同时，互联网拓展了企业发展的空间，为企业在更大范围内高效利用各种生产要素，实现企业、产业和整个经济的跨越式发展提供了很理想的方式。此外，电子商务服务业正在逐步成为国民经济新的增长点。技术创新加速社会专业化分工，为电子商务服务业提供了广阔的发展空间。基于网络的交易服务、业务外包服务、信息技术外包服务规模逐渐扩大，模式不断创新。网上消费服务模式日渐丰富，面向消费者的电子商务服务范围不断拓宽。电子商务服务业正成为新的经济

---

　　①　对于大多数商品和服务来说，物流可能仍然经由传统的经销渠道，而对有些商品和服务来说，可以直接以网络传输的方式进行本着，如各种电子出版物、信息咨询服务、有价信息等等

　　②　王硕：《电子商务概论》，合肥工业大学 2007 年博士后研究工作报告，第 2 - 4 页

增长点，推动经济社会活动向集约化、高效率、高效益、可持续方向发展。

第二，电子商务与产业发展深度融合，加速形成经济竞争新态势。电子商务广泛深入地渗透到生产、流通、消费等各个领域，改变着传统经营管理模式和生产组织形态，正在突破国家和地区局限，影响着世界范围内的产业结构调整和资源配置，加速经济全球化进程。发达国家和新兴工业化国家把电子商务作为强化竞争优势的战略举措，制定电子商务发展政策和行动计划，力求把握发展主动权。

第三，电子商务对社会信息化向纵深发展有重要推动作用。电子商务发展必须具有一定的社会信息化基础，如"信息高速公路"的建设就为电子商务的发展提供了技术基础，但电子商务的飞速发展中出现的网上支付、认证、标准、税收等问题反过来又进一步推动了全球信息基础设施的建设，提升了社会信息化水平。

第四，目前，大力发展电子商务还有助于企业和国家尽早走出全球金融危机。当前全球经济增长还不十分明朗，在此背景下，电子商务以其开放性和联系全球市场的特点，有助于帮助企业利用全球市场，尽快走出困境。据了解，目前中国已经有1000多万家企业成为或正在成为电子商务的用户，中小企业网络接入率已接近90%。而且，此次国际金融危机从另一个层面上对电子商务服务提出了挑战，简单地以信息发布、产品展示为核心的电子商务模式已经无法满足企业的需求，服务于企业供应链整合与协同的更深层次的电子商务服务才是未来电子商务发展的方向，化挑战为机遇，走向电子商务发展的另一个春天，或许是企业和国家走出金融危机的阴霾的有效途径之一。[①]

3、网络金融[②]：互联网时代的金融业运行模式

（1）网络金融的概念和运行基础

20世纪8、90年代的金融业已经开始采用先进的计算机技术，开始了金融电子化过程。20世纪末期，随着计算机和网络通信技术的发展，网络金融这一崭新的概念应运而生，它强调以互联网信息技术为支撑，对整个金融服务业进行基于互联网技术的重组和创新，为客户提供高质量、综合和个性化服务。网络金融是金融电子化在互联网时代发展的必然结果。1995年10月，美国诞生了全球第一家网络银行"安全第一网络银行"。这是一家没有物理地址，以其网站首页为营业厅，员工只有十几人的银行，虽然其规模微不足道，但它的诞生以及随后许多传统银行的效仿，足以说明随着互联网信息技术的

---

① 商务部：《发展电子商务助企业走出国际金融危机困境》，载 http://news.xinhuanet.com/newscenter/2008-11/03/content_10301077.htm（2009年2月18日访问）

② 金融服务采用的网络既包括金融专用网，也包括一般意义上的互联网，由于它们都属于全球信息系统，本文不再作区分

渗透，网络金融具有强大生命力。在网络金融环境下，包括网络金融机构、网络金融交易、网络金融市场和网络金融监管等在内的金融活动都能在互联网上实现其目的和功能。

网络金融运行的客观基础在于：一是国际互联网和其他辅助网络设施及高级信息技术是网络金融的运作平台和基础。互联网信息技术推动着金融业务处理的自动化、无人化和虚拟化，也推动着全球金融向网络化和一体化方向发展。第二，金融资本的集中为网络金融的发展提供了资本基础。金融资本的集中是指金融业资本（包括商业银行、投资银行、证券投资基金、保险业等）通过资本市场的资本运营形成大资本集团或联盟，它们必然要求以网络金融作为业务支撑，在全球范围内寻求资本的最优配置，实现超常规扩张。第三，国际金融法规和国际金融组织的建立和完善是网络金融的制度基础。环球银行电信协会（SWIFT）的成立和发展反映了这种制度基础的逐步完善。[①] 不过，金融网络化、全球化发展中产生的"全球化的经营主体、运作系统和一整套制度性安排"，[②] 客观讲，带有一定的乃至浓厚的发达国家和若干国际经济组织刻意塑造的色彩。

（2）网络金融发展对全球的意义和影响

第一，网络金融推动了金融全球化发展，促成了多元化和更有效率的资本流动，对于提高资源全球配置效率，促进国际贸易增长和各国经济的发展，产生了积极作用。以现代交通、通讯和信息技术为代表的现代科学技术大大压缩了空间，缩短了时间，克服了地域距离造成的障碍，全球范围内即时传播金融经济信息早已成为可能。在国际资本流动中，得益最大的首推跨国公司、跨国银行和各种机构投资者。而发展中国家通过网络金融，能较容易地在国际金融市场上筹集资金，为发展创造难得机遇。

第二，以互联网信息技术为内在支持的网络金融创新不断发展。有统计资料显示，60 年代以来，作为大类的金融新品种约有 200 余种，其亚类则难以计数。这些产品还在不断地排列组合，几乎每天都在创造新的金融品种。现在我们熟悉的全球金融市场中交易的主要产品。从欧洲美元、全球债券和国际股票，到各种货币衍生品、利率衍生品和股票衍生品，无不是金融创新

---

① 1973 年，美、加及欧洲 15 个国家的 239 家银行建立了 SWIFT 这一国际非盈利组织，以建立一个国际化的金融处理系统，安全、高效的传递标准的国际资金调拨信息。目前，由该组织设计的计算机网络系统 SWIFT 网络已遍布全球 206 个国家和地区的 8000 多家金融机构。SWIFT 网络自投入运行以来，以其高效、可靠、低廉和完善的服务，在促进世界贸易的发展，加速全球范围内的货币流通和国际金融结算，促进国际金融业务的现代化和规范化方面发挥了积极的作用。http://baike. baidu. com/view/61075. htm（2009 年 1 月 18 日访问）

② 蔡文之：《网络：21 世纪的权力与挑战》，上海人民出版社，2007 年版，第 152 页

的产物。伴随着网络金融和金融创新的发展，各个民族国家的国内金融活动逐渐卷入了全球金融的一体化之中。

第三，网络金融的急速扩张，而监管乏力，增加了国际金融体系的脆弱性。网络金融的形成和发展也是一个与风险发生机制联系日益紧密的一个过程。在这个过程中，不仅金融活动借助于信息网络技术越过了民族国家的藩篱，而且金融风险发生机制也相互联系甚至逐渐趋同。约瑟夫·奈就曾经说过："有谁会想到 1997 年在泰国这么一个小小的经济结构中银行的不谨慎操作，竟然会导致俄罗斯卢布的暴跌，巴西为避免发生危机而进行巨额贷款，为防止有限合伙投资基金的暴跌损害美国的经济，纽约联邦储备银行进行了干预？"① 2007 年下半年发端于美国的次贷危机，演变成了全球性金融危机。这些事例说明了互联网时代国际金融体系的脆弱性。同时，现代金融机构往往已成为全球化金融网络的重要节点，金融机构之间缺少严格的防火墙。这样一来，金融机构的失败对于市场的影响，不仅表现在存款者和股东利益的损失，还表现在投资者和市场参与者的利益损失（交易中断）以及金融市场网络的瘫痪等方面。这正是美联储不得不救助贝尔斯登、房地美和房利美的重要原因。②

第二节　互联网时代的国际经济博弈

全球经济通过互联网紧紧联系在了一起，很多学者认为，在这个新世界里，边境管理也更宽松，经济上相互依赖性加大，对政治力量的依赖性则减弱了。③ 比起历史上的任何时候，资本拥有的权利都更为广泛，资本运营依靠的是一个更为广泛和精密的全球网络。④ 总体来说，全球互联互通环境中的国际经济博弈，相互依存与合作共赢是主旋律和普遍共识，国际经济关系互动中合作因素的增加超过了以往任何一个时代。但是在经济全球化、网络化和信息化条件下，一国经济在更加开放的环境中，更易受到外部力量的威胁和伤害，尤其交通通讯等基础设施较为落后的发展中国家，在经济相互依赖与合作中的敏感性与脆弱性都大于发达国家，这决定了当前国际经济博弈与互动中，竞争因素也更趋复杂和多样。

---

① ［美］约瑟夫·奈：《美国霸权的困惑》，世界知识出版社，2002 年版，第 81 页
② 王敏：《次贷危机揭示现代金融业发展五大特征》，载中国证券网 http://stock315.cn/08pinlun/2008 –09/17/content_ 3744704. htm（2009 年 2 月 3 日访问）
③ ［美］兹比格纽·布热津斯基：《大抉择》，新华出版社，2005 年，第 149 页
④ ［美］约翰·雷尼·肖特：《多维全球化》，海峡文艺出版社，2003 年，第 5 页

一、互联网时代的全球经济：竞争性因素不断增多

（一）当代西方发达国家对高技术贸易领域的干预不断增多

1、当代西方发达国家的高技术贸易政策中的政治因素突出

技术贸易中的政治因素相对于其他领域的贸易更为明显。9·11以后，美国的新保守主义逐渐成型，其高技术贸易政策中的政治因素重新有所突出，并影响了西方其他国家该领域的思想和政策。它们在包括高技术产品在内的国际贸易和国际投资领域，更强调本国优势，倾向于把国内法置于多边贸易规则之上，作为判断公平贸易的标准。对政治制度和意识形态不同的国家，尤其是中国更是非常警惕，并倾向把与中国的关系定位在竞争对手层面。

在这种新保守主义思想支配下，欧美发达国家对高技术产品出口的管制更为严格。以美国为例，其出口管制的特点在于实行域外管辖，即不仅管制从美国本土直接出口的产品或技术，也管制从外国再出口原产于美国的技术或产品以及含有美国产品或技术的外国产品，这充分体现了美国的高技术贸易的霸权性质。[①] 比如，众所周知，密码技术是电子商务顺利运行的基础，但美国政府对加密技术出口有严格规定[②]，而且美国家安全局一直严密监控着美国各大公司所研制的加密软件，并以国家安全为由，禁止不能被其破译的密码技术出口。[③] "9·11"事件后，美国加强了高技术产品的出口管制，其2002年高技术贸易领域在上年44亿顺差基础上，出现了166亿美元的逆差，2003年这一数字更是扩大到274亿美元。[④] 可见，美国的技术贸易政策是造成中美两国贸易不平衡的主要原因。总体来看，当代西方发达国家的高技术贸易政策，不仅苛刻且与政治相挂钩，不仅使全球科技发展不平衡的情况更为严重，也人为压缩了技术转移的空间和效率，剥夺了广大发展中国家共享人类科技文明资源的权利，降低了全球经济、贸易和科技的发展速度。

2、西方发达国家对企业层面正常的科技投资、交流的干预在增加

互联网加速了经济、科技的全球化进程。当前，不仅西方发达国家的跨国公司在全球积极进行科技投资和积累，而且发展中国家一些有实力的科技企业越来越多地走出国门，在全球收购兼并优质科技资产。但是西方的科技强国，往往在这个问题采取双重标准，一方面它们鼓励本国企业走出去做大做强，并提供资金支持和政策优惠，而另一方面它们又对来本国寻求发展的

---

① 刘顺鸿：《中美高技术争端分析》，西南财经大学博士论文，2007年4月，第176页

② 用于信息加密的密码产品中，最高位为128位。密钥长度为64位以上的用于美国国内，64位的仅可用于出口盟国，而对中国仅允许出口40位的密码产品。其中出口中国计算机系统安全等级只有C2级，排名倒数第二

③ 黄德林：《网络环境下信息安全若干法律问题研究》，中国地质大学出版社，2005年，第27页

④ 苗迎春：《美国贸易逆差缘何激增》，载《国际金融报》2004年2月20日

其他国家高科技企业采取歧视政策，甚至不惜以国家安全为名采取直接干预政策。这也是当代全球经济科技全球化中的一个特色。美国目前实施的《1998 年综合贸易与竞争力法》授权外国投资委员会（CFIUS）在不经法院审判的情况下，可以禁止有损美国国家安全的投资对美国企业的并购，这使发展中国家力图通过直接投资方式绕过出口管制获得高技术的概率大大降低。

以中国华为公司收购美国 3COM 公司为例。3COM 公司成立于 1979 年，曾是美国一家重要的网络通信设备制造商，曾多年为美国国防部及其他政府部门提供电脑入侵监测设备。[1] 2007 年，美国顶尖私人股权投资基金贝恩私人资本公司与中国华为技术公司宣布将合组公司，斥资 22 亿美元全面收购 3COM 公司，其中贝恩资本将持股 83.5%，华为将持股 16.5%。但即使这种中国资本不占优势的持股结构，仍然遭到了美国政府和政客们的强烈反对。他们认为如果 3COM 被华为成功并购，就等于把美国国防科技大门的一把钥匙卖给了中国军方，会极大威胁美国的国家安全。因此，2008 年 2 月，美国外国投资委员会经过 45 天调查，宣布反对该并购案，中国的华为公司和美国投资公司贝恩资本只好撤回了购买美国 3COM 公司部分股份的申请。

3、西方发达国家及其跨国公司滥用知识产权保护的情况不断增多

知识产权保护在本质上是一个利益界定和调整问题，它在国内层面涉及知识产权所有人与公众之间的利益平衡以及公平与效率的协调，而在国际层面则涉及到不同国家间的利益调整。因此，知识产权保护必须有一个合理限度，既要促进知识的大量生产和创新，又要促进知识的快速传播与广泛应用。

但是，在经济全球化网络化背景下，各国关税壁垒的逐步拆除和世界统一市场的逐步形成，美国、日本等西方发达国家在一些传统制造领域的优势渐失，知识产权越来越成为它们进行市场竞争的有力工具。滥用知识产权保护成为西方国家及其跨国公司在全球争夺市场、谋求更大利润的重要手段；同时，这也成为跨国公司打压发展中国家企业的重要竞争手段。

美国在 GATT 乌拉圭回合谈判中，就促成了对知识产权实行强保护的《与贸易有关的知识产权协定》（TRIPS）。该协定把知识产权的国际保护标准提高到能充分实现发达国家的国家利益的程度，却无视发展中国家经济技术发展的实际及知识产权保护的初衷，对其提出了超越其经济科技发展水平的过高的保护要求。正如国际知识产权委员会的研究报告指出的："我们就知道知识产权的规则是政治经济的产物。发展中国家，特别是受知识产权保护产品的贫穷进口国，只能从相对较弱的水平进行谈判。在发达国家和发展中国家之间的关系中，存在着根本的不对称性，这种不对称性最终是由相对经济

---

① 苏丽、王莉：《华为收购 3COM 计划搁浅》，《环球时报》2008 年 2 月 22 日，第 1609 期，第 14 版

实力来决定的"。① 由于美国等西方发达国家都是高技术创新大国，近几年，它们不断把高技术成果纳入知识产权的保护范围。如 1994 年，美国版权法将半导体集成电路布图设计列为特殊保护，提高了对保护作品的要求，也提高了美国向发展中国家转让技术的门槛。②

西方发达国及其跨国公司不仅把知识产权当作一个法律手段运用，而且还当作一种市场策略在使用。其目的主要有三：一是从市场日益扩大的发展中国家企业手中截获一部分利润；二是通过收缴专利费提高发展中国家企业的产品成本，削弱其成本比较优势，保卫自己的原有市场；三是打压发展中国家的竞争对手，降低其产品的可信度。2003 年美国思科公司起诉中国华为公司侵犯其知识产权尤为引人关注，思科的这一举动究其实质是在阻击华为路由器在美国的销售。③ 发达国家与发展中国家在国际经济、科技领域的博弈与合作矛盾与冲突日加突出。

（二）电子商务领域中的竞争有所加剧

1、对电子商务市场的争夺日趋激烈

基于互联网的电子商务活动是全球性的，早在 2003 年 10 月，美国的克里夫兰市场咨询公司的调查报告中就指出，未来 5 年内，世界上可能出现的最大的产业是"电子商务和电子货币"。因此，一些西方发达国家正在不遗余力地通过电子商务在全球跑马圈地。美国是网络技术和网络应用最先进的国家，它从 1998 年开始，每年发布电子商务发展报告；美国政府还不断加强信息基础设施的建设和投入，以此来拉动电子商务的发展应用和国民经济的持续增长；为将其在信息技术产业上的优势转化为对外贸易优势，美国积极在世界范围内加快推行电子商务、抢占有利市场。当前，领先全球的电子商务公司亚马逊、EBAY 等都是美国公司。欧洲市场近些年的电子商务年增长率基本都在 20% 以上。总体而言，欧美的电子商务市场已相当成熟。

另一方面，由于后发优势等因素作用，亚洲的电子商务市场潜力巨大。2010 年美国的《福布斯》杂志预测中国 2010 年电子商务增长率有望实现90% 的增长。也正是对中国等发展中国家未来电子商务发展的高预期，美国的电子商务公司前赴后继地进军中国大陆市场。2003 年，全球最大的在线交易网站 eBay 宣布，向中国最大的商务拍卖网站——易趣网，在已购得其 30%

① 杨晖、马宁：《从思科诉华为谈起——对中国知识产权制度的重新审视》，载《电子知识产权》2003 年第 7 期，第 62 页
② 刘顺鸿：《中美高技术争端分析》，西南财经大学博士论文，2007 年 4 月，第 179 页
③ 2003 年初，美国思科公司（CISCO）向德州地方法院起诉中国华为公司侵犯了其知识产权。诉讼的核心问题涉及思科的增强内部网关路由选择协议（EIGRP）源代码。德州法院裁决华为公司的通用路由选择平台（VRP）软件不能使用这些代码

股份的基础上再追加投资；2004 年，美国的雅虎和中国新浪共同宣布签署一项建立合资公司的最终协议；同年，美国电子商务网站亚马逊公司宣布，以7500 万美元价格签署最终协议收购中国的卓越有限公司；2005 年 8 月，雅虎中国与中国的阿里巴巴与达成联盟，雅虎注资 10 亿美元给阿里巴巴。由于电子商务的应用、发展及市场占有已经成为决定企业，甚至是国家国际竞争力的重要因素，预计电子商务市场领域的竞争烈度还会更强。

2、电子商务征税问题上的斗争更加复杂

目前国际上对电子商务的定义并不十分统一，西方采用的狭义电子商务定义，即电子商务是指基于互联网环境下的商品交易及相关商务活动。这一定义包括三部分内容：首先电子商务是使用互联网来做广告和出售有形产品；其次是使用电子媒介提供服务；第三是把信息转化为数字模式，并对数字产品加以传送。[1] 以此分析：第一种形式的电子商务仅仅作为远程销售有形产品的方式，与传统的以电话、传真方式订货相比，只是手段形式上的差别，该种交易形式对税收的影响极其有限。第二种形式的电子商务作为远程提供服务的方式，互联网与其他媒介仅仅是信息传送技术的差别。从税收角度看，区别也并不重要。第三种形式的电子商务中，购买数字产品的顾客用他们自己的设备（计算机、MP3 播放器等）重建这些文件、图片、影像、文本或音乐，进而直接拥有这些数字信息，该过程中所有的交易流程（订货、付款、传递）都是在互联网上进行的，脱离了传统的物流配送系统，是一种真正的交易革新，对传统税收形成一定挑战。这样一来，传统税收对纳税主体、客体的认定以及关于纳税环节、地点等的基本概念均陷入困境。税收管辖权所遵循的属人原则和属地原则，商品、劳务、特许使用费的区别等基本问题，也都有很大的不确定性。[2] 因此，在这个问题上，国际斗争非常复杂。

在电子商务环境下，跨国纳税人更加自由跨越国界，从而产生大量跨国所得，由此出现税收管辖权[3] 行使交叉重叠问题。各国政府为了维护本国的主权和经济利益，必然重视使用税收手段来维护本国利益。由于对所得来源地的判定在网络环境下容易发生争议，加剧了国际社会在此领域的冲突和斗争。如电子商务十分发达的美国已经明确表示要求加强居民（公民）税收管

① P. Bourgeois and L. Blanchette（1997），"Income＿taxes. ca. com: The Internet Electronic Commerce and Taxes Some Reflections Part1," Canadian Tax Journal, 45（5），p. 1127

② 曲顺兰、程燕婷：《国际税收学》，山东人民出版社，2006 年，第 270 页

③ 从全球范围看，各国实行的税收管辖权有来源地管辖权和居民（公民）管辖权，或二者兼而有之。由于发达国家的对外投资和跨国经营规模大，因此其积极要求扩大居民（公民）税收管辖权，而发展中国则从维护本国经济利益出发，要求扩大来源地税收管辖权。整体上，多数国家都坚持来源地税收管辖权优先的原则

辖权，限制别国扩大来源地税收管辖权。美国克林顿政府时期发布《全球电子商务框架》(Framework for Global Electronic Commerce) 报告中，建议将互联网宣布为免税区，无论是跨国还是美境内跨州交易，均应一律免税。2000 年，美国众议院在 1998 年《因特网免税法案》的基础上，再次通过了《互联网免税法案》，将禁止征收网税的时间从 2001 年生延长至 2006 年，即使征税也不开征新税。① 由于美国的电子商务交易顾客遍布全球，如果全球对电子商务交易无限期免税，美国无疑成了最大赢家。因此，该国上述主张大都受到国内外有关各界的强烈反对和质疑。

美国政府不遗余力地向国际社会鼓吹其电子商务免税区主张，主要通过欧盟（EU）、经合组织（OECD）、世界贸易组织（WTO）和亚太经合组织（APEC）等国际组织，兜售其免税区方案，并力争达成多边协议。但其主张首先受到欧盟的抵制，普遍实行增值税的欧盟国家认为，美国本身不实行增值税，而叫别国免征此税，显然是伪善的利己主张。2000 年，欧盟不顾美国强烈反对，对向欧洲顾客提供数字产品的非欧洲供应商征收增值税，并且要求每年对欧盟顾客的销售额超过 100000 欧元的供应商必须在欧盟国家注册，向欧盟支付增值税。不过，同为电子商务出口大国，欧盟在是否对网上交易征收关税问题与美国态度一致，即主张暂不征收。

而发展中国家则普遍认为网络交易应当征税，更希望在网络交易中建立关税屏障，一定程度上保护本国的网络经济。如印度在 1999 年发布一项规定，率先否定了美国建立全球电子商务免税区的主张，成为首先对网络交易征税的国家之一。不管美国、欧盟，还是经合组织的电子商务税收政策，其势必站在发达国家——电子商务净出口国的立场上考虑问题，这对保护广大发展中国家——电子商务净进口国的利益非常不利，随着电子商务的深入发展，发达国家与发展中国家在这一问题上的博弈会更加激烈和复杂。

（三）网络金融领域的斗争与较量无处不在

金融全球化、网络化是经济全球化中最重要的方面之一。金融是现代经济的核心，随着现代经济金融化、网络化程度越来越高，这一领域的国际斗争与较量几乎无处不在。

1、网络金融领域国际博弈的政治因素突出

经济科技实力强大、金融体系健全的西方发达国家则是金融全球化和网络化的最大得利者，它们也是国际金融规则制定和国际金融体系运行的主导者。当全球经济体系内的金融风险累积到一定程度时，它们通常会借由业已形成的全球金融网络，成为将风险转移到日益开放的发展中国家的幕后推手，

---

① 王玲：《世界各国针对网络经济税法制定及修订》，载《财会通讯》2006 年第 6–7 期，第 159 页

达到控制或遏制其他国发展、巩固自身霸权地位的政治目的。从历史上看，美国曾利用各类金融手段牵制苏联、遏制日本以及应对欧洲一体化的挑战。当前，利用全球金融市场开放和网络金融发展之机，美国等西方发达国家的金融机构正在不断推进其全球扩张战略。他们利用新兴经济体国家金融市场的缺陷与监管漏洞，通过一系列金融操作制造金融动荡，攫取大量财富。金融危机后，这些发达国家往往以低廉的价格掀起兼并、合并浪潮，组建金融业航母，抢占竞争制高点，进一步强化了发展中国家在全球金融体系中的边缘和依附地位。

有西方学者概括，由于西方拥有和操纵着国际金融系统，控制着所有的硬通货并主宰着国际资本市场，因此世界正在并将继续被西方主要国家的目标、优先考虑和利益所塑造。[①] 这意味着，与西方社会制度、价值观不同或奉行独立自主发展道路国家的金融安全面临更大的政治风险。

2、网络金融领域围绕商业方法类金融产品的国际角力正酣[②]

由于各国经济、技术发展的不平衡，发达国家在金融知识产权的战略储备方面优势明显，有资料显示，银行信息化和网络银行发展的核心技术有90%以上都已被国外企业和外资金融机构申请了专利。近年来，商业方法类金融产品的可专利性问题成为该领域的一个新兴问题。金融领域的商业方法类专利保护的是在金融机构基础性业务方面应用 ICTs 产生的金融产品。由于这些金融产品在各金融机构间都是相同或相似的，那些技术力量强，先行开发并获得专利保护的金融机构，其优势是不言而喻的。因此商业方法类专利对金融业的影响带有较强的长期隐蔽性，大多数是为未来的发展"跑马圈地"，占领竞争制高点。1998 年，美国通过判例确立了商业方法可专利性的新标准，翌年美国商业方法专利激增，达到 200 多项。截至 2001 年，在花旗银行获得的 64 项美国专利中，与网上银行相关的商业方法就占了 2/3。不仅如此，这些实力雄厚的大型跨国金融机构还在全球各国寻求专利授权。如从1992 年到 2003 年年底，花旗银行就向中国知识产权局递交了 19 项金融产品的商业方法类发明专利申请。[③]

相比之下，发展中国家对金融知识产权，尤其是商业方法类专利保护问题缺乏足够认识，以中国为例，目前外资银行业在中国申请的专利主要集中创新性业务方面。而中资银行具有创新高度的发明专利则寥寥无几。这对互联网时

---

① ［美］塞缪尔·亨廷顿：《文明的冲突与世界秩序的重建》，周琪（译），新华出版社 2002 年版，第 75 页

② 该《信息网络环境下的金融安全》，载《中国金融》，2008 年第 10 期，第 73 页

③ 魏小毛：《知识产权成为金融竞争战略制高点》http://www.bjipo.gov.cn/include/wenzhang.jsp? id = 11986329590001 （2008 年 2 月 29 日访问）

代中国金融安全的影响不容小视。一方面中资金融机构正在进入国际市场，拓展国际业务，如遇外国银行拥有专利权的相关金融产品，要么不使用，要么必须支付庞大的专利使用费。这种成本和风险的增加无疑会削弱中国金融机构在国际市场上的竞争力。另一方面，国内很多网上银行的核心技术，往往是购买国外产品或者直接采用一些通用平台加以改造，难有独创。这表明，一旦市场发育成熟和放开授权相关专利，这些外国金融机构便可坐收专利许可费，或形成垄断竞争优势；关键问题还在于，西方发达国家的金融机构对发展中国家在网络金融方面所采用的技术系统、方法流程，甚至其中存在漏洞缺陷等都非常了解，这些都会成为国家金融控制和金融安全的隐忧。

（四）围绕信息产业技术标准问题的国际竞争日趋激烈

标准是一个历史悠久，涵义丰富、与人们生活密切的范畴，其本质是"协调和统一"。18 世纪工业革命后，为克服信息不对称、提高生产效率、降低交易成本，以促进社会化大生产的顺利进行，标准问题越来越重要，成为国民经济和社会发展的重要技术基础。随着 1946 年第一台计算机的诞生，信息革命拉开序幕；1971 年的集成电路芯片、1981 年的个人电脑、1993 年的商务互联网，成为世界进入互联网时代的标志性事件，ICTs 产业已经成为当代的主导产业[1]，全球互联互通的发展要求把标准化浪潮推向了一个新高度。虽然中国"在公元 1 世纪到 13 世纪之间达到了一个西方世界无法企及的科技水平"[2]，但欧洲最终凭借海上力量和武器技术优势在 19 世纪取得了对东方特别是对中国的胜利。从那时起到现在，西方一直掌握着全球标准的制定权和主导权。

在电子商务和网络金融不断发展的时代，产品或技术的经济价值随着使用人数的增多而倍增，网络中某一点上的部分标准都有可能成为整个网络的决定性标准。如微软的操作系统虽然只是微机中的一部分，但是对于整个计算机产业乃至相关的通信以及半导体产业都有举足轻重的影响。[3] 全球产业链中标准的巨大战略经济利益和作用日益凸显，成为一国取得产业领导权、"经济霸权"，进而在国际经济和政治活动中占据领导和支配地位的必要条件。[4]从微观企业层面讲，标准是现代企业的竞争优势关键来源之一，也是"一流企业做标准、二流企业做品牌、三流企业做产品"的根本原因。从中观产业层面讲，标准竞争就是产业领导权的竞争。现在中国政府提出建立创新型国

① ［美］哈里·S·登特：《下一个大泡泡》，阮一峰（译），中国社会科学出版社，2005 年，第 9 页
② 李约瑟(著)、柯林·罗南(改编)：《中华科技文明史》（第一卷），上海人民出版社，2001 年版，第 2 页
③ 毛丰付：《标准竞争与竞争政策：以 ICT 产业为例》，上海三联书店，2007 年版，第 154 页
④ ［美］金德尔伯格：《世界经济霸权 1500－1990》，高祖贵（译），商务印书馆，2003 年，第 15－17 页

家，很重要的就是通过标准竞争，逐步取得产业领先能力。从宏观国家层面讲，对时代主导产业的掌控能力是国家竞争力强弱的重要标志。信息产业是当代主导产业，其超强的先导性和渗透性正在全面改变整个经济社会生活。当前各国、相关国际组织的标准化战略之争正在愈演愈烈，其过程和结果直接关乎国家竞争优势及国际政治、经济结构的调整。标准之争其实隐含着对经济主导权和国家战略利益的维护和拓展。

随着互联网时代的到来，西方发达国家竞争的战略重心纷纷转移到标准战略和标准立国。因为在经济全球化、贸易自由化、信息网络化环境下，关税壁垒逐步消除，政府依靠行政干预直接参与市场竞争的模式已经不再适用，现在它们大都倾向于制定出各种有利于本国经贸活动的技术标准、产品标准、环保标准等，以之作为保护本国经济、市场和企业的一种合法而有效的手段。多年来，以美、英、法、德为主的西方国家，在国际和区域标准化活动中花费了大量精力，不遗余力地把本国标准变成国际或地区标准，力图达到独占核心技术、控制世界市场的目的。按承担 TC/SC 技术秘书处数量和资助额计算，德、英、美、法等国的标准化学会或组织在国际标准化组织 ISO 中的贡献度分别为 19%、17%、15% 和 12%，其他所有国家的贡献度之和还不到 50%，如图 5.2-1 所示。这种形势下，一些新兴工业国和正在崛起的发展中国家，如巴西、印度、越南等也开始制定本国的标准化战略，争取国际标准化活动中的话语权，提高本国技术、产品等标准对国际标准的影响力，以求建立更为公正合理的国际标准和规则。但总体而言，当前互联互通基础上的经济全球化加剧了标准竞争态势，发达国家正在成为提供技术标准和专利的主体国家，广大的发展中国家则沦为利用知识、技术标准的生产加工车间。而根据信息产业中利润分配的"微笑曲线"原理，在信息产业链中，处于两端的研发和销售的利润很高，而中间阶段的加工制造利润很低。这决定了在该问题上国际竞争的严酷性。

图 5.2-1　德、英、美、法与世界其他
国家对 ISO 的贡献度对比图

以中国的无线网络技术标准 WAPI 冲击国际标准折戟为例进行说明。2003年，中国四部委联合发布公告，要求自 2004 年 6 月 1 日起的相关产品必须获

得 WAPI 标准认证。这一举动遭到美国政府、相关企业的反对。美国政府认为 WAPI 标准是中国政府有意偏袒国内厂商，是改头换面的贸易保护主义，并准备根据 WTO 准则对中国政府提起诉讼。在美国的压力下，中国只好让步，同意不在规定的时间起强制实施 WAPI 标准，并无限期延长。① 此后，由于美英等国以拒绝签证等外交手段阻挠中国专家参加国际标准组织会议，WAPI 成为国际标准的希望更加渺茫。围绕 WAPI 标准问题的斗争，不仅使中国的政府信誉和形象受到损害，也使处于全球化漩涡中的中国在与外国及国际组织就标准问题的进行的初次重要交锋中败下阵来，加大了中国推出其他国际标准及实施的难度。更重要的是中国付出了极其沉重的研发及产业发展代价。标准制定问题，说到底就是一个瓜分市场、分配利益的过程。如果在标准设定问题上掌有主导权，会带来新兴的产业机会，也会为国际经济贸易谈判增加砝码；如果在标准问题上处处受制于人，小到企业、大到国家的现实及长远利益都岌岌可危。正因为如此，Shapiro 及 Varian 就认为标准战已经成为信息时代固有特征②，也有学者把互联网时代的技术标准战略形象地称为全球市场竞争中的"大规模杀伤性武器"。

二、互联网时代的全球经济：相互依存、影响与合作更加深入

（一）建立在网络平台上的当代全球经济加深了各国相互依存和合作

冷战结束后，有两股力量推动了经济全球化发展进入新阶段：一是互联网基础平台在全球基本建成，大大缩短了各国、各地区市场的时空距离，极大降低了经济交往、金融交易和信息传递处理的费用和成本，全球经济的联系性更加紧密。二是广大的发展中国家、社会主义国家和转轨国家陆续加入市场经济国家行列，终结了全球市场相互割裂的时代，经济全球化的空间更加广阔。全球范围内正在形成一个相互依存、共同发展的经济整体。不同发展水平的国家之间经济利益错综交织，相互依存、影响和合作也达到了空前程度。

1、互联网信息技术不断推动国际科技贸易和交流加速发展

上世纪 80 年代，随着日本、西欧和部分发展中国家科技力量的壮大，发展科技与经济成为各国的头等大事。同时，各国有关技术转让的封锁性限制不断减少，纷纷在互补互利的基础上加强国际科技贸易和合作，其形式、内容、深度和广度得到全面发展与提高。有研究认为，"信息技术的高度发达使

---

① 2004 年 4 月 22 日，中美双方商贸会谈中，中国以放弃自行制定的无线网络加密标准 WAPI 及采取更严厉的知识产权保护，来换取美国同意中国对国内芯片企业实施退税

② Shapiro, Varian (1999), "The Arts of *Standards Wars*", *California Management Review*, 41 (2), p. 8 – 32

技术封锁成为极为困难的事，从而引发技术的空前扩散"①，图 5.2 - 2②说明：不同发展水平国家高技术进口占 GDP 比重近几年增长势头强劲。

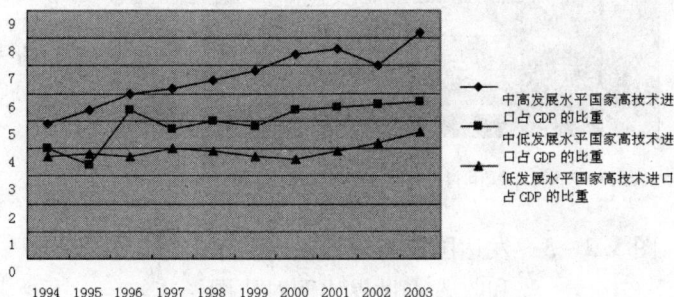

图例：
- 中高发展水平国家高技术进口占 GDP 的比重
- 中低发展水平国家高技术进口占 GDP 的比重
- 低发展水平国家高技术进口占 GDP 的比重

图 5.2 - 2　不同发展水平国家高技术进口
占 GDP 比重（百分比）

图 5.2 - 2 把中高发展水平国家合并统计，其数据也从一个侧面显示出，近些年来，高发展水平国家与中等发展水平国家高技术进口处于高增长时期。同时有数据显示二者在科技方面的差距有所缩小：以平均数来衡量，1985 - 1994 年间，二者之间的差距在 0.20 左右，1995 - 2004 年期间，差异大约缩小为 0.16。随着全球互联网的迅猛发展，新技术的高速扩散为发展中国家采用赶超战略提供了显著的机会窗口。③ 但从总体趋势看，虽然高中、中低和低发展水平国家的高技术进口都处于高增长期，但个别始终处于技术领先地位的发达国家，继续保持强劲增长势头，远远超过世界平均水平，而中高水平国家比低水平国家高技术进口的增长势头要快，二者在这方面的差距有拉大的趋势，这也说明国际技术贸易或者说是国际技术转让主要还是发生在发达国家之间。有资料显示，2004 年，发达国家技术转让支出占世界的 87%，技术转让收入占世界的 98%；而中等收入国家技术转让支出占世界的近 13%，技术转让收入占世界的不到 2%；其他低收入国家技术转让的支出和收入占世界的比例几乎可以忽略不计④，如图 5.2 - 3 所示。这说明，即使互联网加速了技术扩散，增强了国际技术合作，也主要是局限在发达国家范围内。

2、国际资本流动的全球化、金融自由化和金融协调监管的全球化是各国经济相互依存加深的重要体现。高效互联网信息技术的广泛应用，金融交易

---

① 金虎：《技术对国际政治的影响》，东北大学出版社，2005 年，第 142 页

② Kavita Watsa：Technology and Development. at http：//siteresources. worldbank. org/INTGEP2008/Resources/GEP08 - Brochure. pdf（accessed on 15/01/2009）

③ 范黎波：《国家间技术成就水平的差距及效应分析》，载《光明日报》2008 - 05 - 27，第 10 版

④ 中国现代化战略研究课题组、中国科学院中国现代化研究中心：《中国现代化报告 2008——国际现代化研究》，北京大学出版社，2008 年，第 31 页

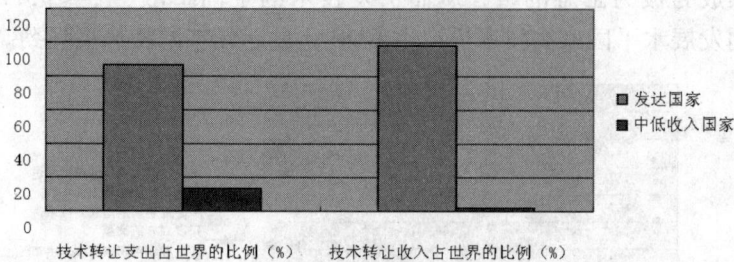

图例：
■ 发达国家
■ 中低收入国家

技术转让支出占世界的比例（%）　　技术转让收入占世界的比例（%）

图 5.2 - 3　发达国家与中低收入国家技术转让支出
和收入占世界比例对比图

的市场反应及金融信息传播的速度前所未有①，金融衍生工具不断增多，金融
交易手段日益发达，全球已经形成了 24 小时不间断的全球金融交易市场。然
而，由于各国普遍放松了金融管制，金融自由化导致虚拟金融资产急剧膨胀，
投机资金充斥国际金融市场。② 世界银行预计，今后 20 年金融资本的供给将
进一步扩大，且主要来自发达国家的养老金和共同基金。预计，全球此项资
产到 2025 年将高达 13.7 万亿美元。这些资金必将在全世界到处寻求高额回
报。③ 目前，国际金融交易规模巨大，但其中仅有 2% 同生产、贸易等实体经
济有关，金融虚拟化程度远远超过真实经济的承受力，成为金融动荡的根源。
网络交易又加剧了金融危机爆发的突然性和传染性。20 世纪 90 年代，涉及诸
多国家的区域性金融危机就发生了 3 次，1992 年爆发的欧洲货币危机使大多
数欧共体成员国先后受到影响；1994 年墨西哥金融危机不仅影响了拉美地区，
还冲击到其他很多国家；1997 年始于泰国的金融危机席卷亚洲，即使经济实
力强大的日本也未能幸免。④ 这种情况既反映了金融的全球化的现实，也表明
金融危机已经成为影响世界安全的重要威胁。⑤ 2007 年以来由美国次贷危机
引发的全球性金融危机的至今余威犹存，不仅使一些巨型金融集团轰然倒下，
还使一些国家顷刻间濒临破产。这说明面对全球化金融市场的波动和风险，
没有任何一个国家可以独善其身，而是一个全世界都要面对的重大课题。因
此，各国和相关国际组织在利用互联网等信息技术，加强在金融市场监管等
方面国际合作与交流方面的设想与行动正在增多。

---

① Jessica Mathews（1997），"Power Shift," Foreign Affairs, January/February, p. 57
② 子杉：《国家的选择与安全—全球化进程中国家安全观的演变与重构》，上海三联书店，2006
年，第 120 页
③ 王和兴：《全球化时代的南北关系》，载《世界经济与政治》2002 年第 12 期，第 56 页
④ 余根钱：《金融安全的若干问题》，载《中国统计》2003 年第 7 期，第 35 页
⑤ 秦凤鸣：《金融全球化的冲突与矛盾》，载《世界经济与政治》2001 年第 8 期，第 68 - 72 页

3、伴随着互联网的全球渗入，跨国公司的发展进入新阶段，全球经贸的联系性更加紧密，政策直接对抗的可能性降低。利益于全球即时通讯技术和先进运输技术的发展，跨国公司在全球取得迅速发展。现在，全世界4万多家跨国公司，对外投资总额超过1万亿美元，在世界各地的雇员达到7千万人，控制世界生产的40%、世界贸易的60%和国际技术贸易的60－70%。全世界100支最大的经济力量中，跨国公司占一半以上，远超许多中小国家。跨国公司正在超越许多民族国家成为国际经济活动的重要主体。①当代的跨国公司，也更倾向于将自身定位于"全球公民"，借此标明其利益已经与任何统治特定面积的政治实体的利益相脱离，以避免成为国家关系紧张的受害者。②它们均从全球性的目标出发，制定经营战略和组织经营活动，不是仅考虑本国的比较利益，而是在全球范围谋求经济利益。以中国为例，2005年中国出口总额的58%来自外商投资企业，外商投资企业的贸易顺差净值占中国贸易顺差总额的83%。同时，跨国公司加速在不同国家建立研发机构，以便最有效地利用当地科技资源，研制出最能适应市场要求的产品。跨国公司形成的全球网络成为当今世界经济体系的重要特征之一③，直接促进了各国合作，降低了各国经济贸易政策对抗的可能。不可否认，近几年，由于发展中国家尤其是新兴经济体的贸易顺差持续增长，发达国家的贸易保护主义有所抬头。西方国家，特别是美国和欧盟国家经常挥舞反倾销的大棒，对包括中国在内的发展中国家的商品设置更多壁垒。但是如果一国对从另一国进口的商品征收高额关税，也很可能打击到本国跨国公司在对方国家投资的企业。这使各国在出台相关政策措施时更为谨慎。

4、全球互联互通助力区域经济合作和区域经济一体化的发展。近年来，区域经济合作和一体化迅猛发展，开始形成欧盟、北美和东亚三个大的经济板块。北美和东亚经济板块中既包括发达国家，也包括发展中国家，而其他发展中国家也正在探索经济全球化背景下如何走联合自强道路的问题，并建立和加强了一些区域经济合作组织，如非洲联盟、东非共同体、萨赫勒－撒哈拉国家共同体、里约集团、南方共同市场、安第斯共同体、阿拉伯国家联盟、海湾合作委员会等。正如沃勒斯坦指出的那样："世界体系的生命力是由于压力的作用把世界体系结合在一起，而当每个集团不断

---

① 夏立平：《论世界经济体系向板块与网络状并存结构转型》，载《世界经济研究》2007年第4期，第28页

② David J. Rothkopf (1998)，"Cyberpolitik: The Changing Nature of Power in the Information Age," Journal of International Affairs, 51 (2), pp. 337

③ 夏立平：《论世界经济体系向板块与网络状并存结构转型》，载《世界经济研究》2007年第4期，第28页

地试图把它改造得有利于己时，又使这个世界体系分裂了"。① 当前的区域性经济合作和区域经济一体化与经济全球化并不矛盾，它是在经济全球化、网络化背景下发展的，成为经济全球化的有机组成部分，实际上是通向全球化的一个阶段，有利于加强区域合作，抓住机遇，抵御全球化信息经济带来的负面影响和挑战。

（二）互联网等信息基础设施的物理脆弱性和不稳定性与经济全球化运行要求的安全性和可靠性之间的矛盾，对加强国际合作提出了更高要求

当代，全球经济和社会发展日益建立在互联网的安全稳定运行基础之上。银行、保险、证券、税务、海关、铁路、电力、民航等关系国计民生的经济社会运行的各个方面，对互联网等关键基础设施的依赖性越来越强。② 2001年5月时任美国总统国家安全事务顾问的康多莉扎·赖斯（Condoleeza Rice）在美国商会发表演讲时称，"今天信息经济就是经济本身……切断了网络就能让国家陷入瘫痪"。③ 国际政治现实主义大师肯尼思·华尔兹对国家间非对称依赖关系的评价即"国家间紧密的相互依赖意味着这些国家要经受、或是易受由高度相互依赖导致的普遍的脆弱性的影响"④，也同样适用于描述当前各国对互联网的非对称依赖关系。当前，排除非法网络攻击外，网络系统在安全性和稳定性方面的确存在很多问题，如由于系统设计不规范、不合理，网络硬件配置不协调，或者缺乏对网络安全性的充分考虑等可能在一定范围内导致网络故障。如2007年8月，由于通讯故障，中国工商银行网银系统瘫痪90分钟，导致大量客户无法正常办理业务就是一例。除此之外，大自然的不可抗力等对互联网基础设施造成的现实或潜在威胁更加凸显了其本身的物理脆弱性。2006年底台湾海域强震造成海底光缆中断及2008年初地中海海底光缆受损均对相关国家和地区经济运行，如金融交易、软件外包、电视电话服务、航空运输和侨汇业务等造成了较大影响。

以上情况说明，即使在没有人为故意破坏和病毒攻击的情况下，互联网基础设施也非常脆弱；海底光缆、陆上光缆、空中卫星等如果受损，对经济金融运行和信息通讯的影响首当其冲，而且由于互联网的多向连接性，其影响面往往超出一国范围。这就要求国际社会加强沟通协调、共同应对。事实上，海底光缆修建本身就是国际合作的产物，其一般由各国大运营商

① ［美］伊曼纽尔·沃勒斯坦：《现代世界体系》（第1卷），尤来寅(译)，高等教育出版社，1998年，第347页
② 沈昌祥、左晓栋：《信息安全》，浙江大学出版社，2007年，第61页
③ Security in the information age: New Challenges, New Strategies. at http://www.house.gov/jec/security.pdf（assessed on 27/05/2008）
④ ［美］肯尼思·华尔兹：《国际政治理论》，信强(译)，上海人民出版社，第141页

联合国际海缆组织共同修建，进行分段维护，一般遵循就近原则。随着全球对互联网越来越倚重，互联网脆弱性的一面会有更多表现，国际社会合作空间还很大。相关国家和国际组织应加强在线路选址、铺设、安全和技术维护、应急预案制定等方面的经验交流和国际合作，各国也应该在互联网基础设施建设方面加强协调配合和情况交流，共同维护互联网和全球经济的稳定运行。

（三）网络上的不法经济活动对正常经济运行秩序的威胁，增加了各国合作打击网络经济犯罪的紧迫性

经济诈骗、洗钱和赌博等传统犯罪形式披上了互联网这一新型外衣后，对经济正常运行的危害明显加大。随着网络金融与电子商务的发展，财富信息化、数字化的趋势越来越明显。相关经济金融机构，如银行、证券等为了方便通讯联系及互享文档，也与互联网相连通。在相关安全防护措施不到位的情况下很容易遭到恶意攻击，信用卡信息、客户资料等数字信息很容易被网络黑客恶意窃取，不仅企业受损，国家的经济发展和金融秩序也会受到很大冲击。

1、网络洗钱、网络诈骗等发展很快

2007年，在荷兰、美国等国有关部门的联合打击下，破获了一起互联网金融诈骗活动，其犯罪手法如下：先使用垃圾邮件向收件人发送一定面值的支票。该支票上通常有某商店的标识，邮件声称，如果收件人到金融机构兑现该支票并把钱寄回来将会得到10%的回报。虽然这些支票都是假支票，但是它利用了美国快速信赖银行客户存入支票这一过程中的漏洞，当银行一段时间后发现这些是假支票时，损失已经无法挽回。① 以2008年初受到美国联邦大陪审团指控的"垃圾邮件之王"阿兰·罗斯基（AlanRalsky）涉嫌"操纵中国股价"案为例。他的具体做法就是，先低吸中国低价垃圾股，然后利用人们在股市上的投机心理，通过大量发送垃圾邮件炒作虚假题材，待足够买家跟进，股价上涨后，便抛盘套利，股价应声下跌。②

网络洗钱是指利用计算机系统、网络和计算机数据，隐瞒或掩饰犯罪收益所得，并使之成为表面来源合法的所有犯罪活动和过程的总称。相对于传统洗钱来说，网络洗钱更便捷，隐蔽好，成本更低。随着网络通信技术的不断发展，作为金融衍生工具之一的网络支付工具（电子钱包、预付卡等）开始逐渐成为网络洗钱的重要媒介。头号恐怖分子本·拉登，曾利用海湾国家的一些银行专门为犯罪集团洗钱，给世界的金融、经济和社会安全带来了严

① 《多国联合绞杀网络金融诈骗》：载赛迪网，2007年10月8日
② 陆尔：《美"垃圾邮件之王"哄抬中国低价股》，《环球时报》2008年1月7日15版

重的危害。

2、利用各种方式攻击网络、窃取资料、谋取经济利益的行动层出不穷

2000 年 11 月，美国的 FBI 成功的诱捕了两名俄罗斯的电脑黑客 Alexey Ivanov 和 Vasiliy Gorshkov。二人先后攻破了一些美国公司的网站，窃取机密信息，并利用这些信息要挟这些公司出钱以"顾问费"名义让他们修理这些网络缺陷。①

2005 年，瑞典最大银行——诺迪亚银行 250 名顾客的 800 万瑞典克朗黑客盗走。而瑞典警方却是在案发 15 个月后才得知这一事实。2007 年，一家国际黑客组织利用叫做"pharming"的新型病毒攻击了世界 65 家企业，英国的巴克莱银行、苏格兰银行，美国的捷运信用卡、世界最大网络拍卖企业 eBay 等很多著名企业都在攻击中相继受损。韩国花旗银行网上信用卡结算代办系统也遭到黑客攻击，造成巨额资金被自动划转。

3、网络赌博的巨大资金流量对国家现行经济秩序和社会政治稳定构成一定冲击

2009 年 2 月，"沪上最大网络赌博案"在历经半年的侦查、搜集证据后尘埃落定。在 2006 年初到 2008 年 6 月两年半的时间里，依托境外赌博网站，在犯罪嫌疑人构建的赌博网络上，能查证的下注资金达到了 66 个亿。而这 66 个亿，仅仅是警方能确切掌握证据的一个网站上的流动资金。另外两个网站上的账目，由于被销毁或者终端服务器在境外的原因，无从查证。而根据中国公益彩票研究中心 2008 年出台的报告，中国一年约有 3000 亿元赌金通过该嫌疑人代理的赌博网站，流向境外。虽然此案涉及数额巨大，对中国的经济秩序和社会运行在一定范围内造成了很大冲击，应该重判，但由于我国目前还没有专门针对网络赌博的法律规定，根据罪刑法定原则，他们现在只能依据现有《刑法》的相关规定，即"开设赌场罪是判 3 年以下和处罚金"对犯罪嫌疑人进行定罪量刑。②

以上这种种情况说明，互联网的不仅创造了电子商务、网络金融等经济运行新模式，也催生了各种新的经济犯罪形态。这些犯罪行动本身往往就具有跨国性质，再加上互联网的扩散和放大效应，不仅严重危害一国的经济安全和利益，还破坏了他国的经济秩序，侵害到人类共享的国际社会的共同利益。这种情况势必要求各国通力合作，通过切实有效的刑事司法协助，包括对犯罪证据的认定、调查取证、反洗钱情报的交流与共享、对犯罪嫌疑人的

---

① 《美国起诉两名俄罗斯黑客》，http：//www.yesky.com/250/171750.shtml（最近一次访问是 2008 年 2 月 27 日）

② 徐太岳：《上海网络赌球案调查：一年流向境外资金达 3 千亿》，载 2009 年 2 月 19 日《时代周报》http：//finance.sina.com.cn/g/20090219/17475877913.shtml（2009 年 2 月 19 日访问）

引渡等等，共同打击经济领域的网络犯罪，保护国家和国际社会的共同利益和安全。

第三节　互联网时代如何维护国家经济主权和安全

互联网深刻变革了当代经济运行的环境和模式，对国际经济博弈与互动产生了重要影响。任何发展水平的国家都要适应互联网这一经济发展的新型平台。尤其是发展中国家要紧紧抓住这一历史机遇，结合信息经济的时代特点，采取科学政策措施，既发挥自身比较优势，又要加强创新，增强经济的国际竞争力，维护好国家的经济安全和主权。

一、夯实信息经济发展的技术基础，维护国家经济安全与主权

（一）网络信息技术是当代经济发展的重要基础和推动力

信息网络是当代经济发展的重要基础平台，是全球信息的便捷通道，同时也是整合国家经济系统，治理经济行为的重要工具。如何促进信息网络技术发展和平台建设，已经成为各国提高国际经济竞争力的一个非常现实的问题。[①]

首先，信息网络技术已经成为现代经济发展的物质技术基础和主要推动力。当代科技革命使信息传输、处理和控制实现了现代化，信息资源的流通对物质资源与人力资源流通的控制更强。现在，无论是一国的国内经济、社会管理运作，还是作为经济全球化基本运作方式的国际专业化分工、国际贸易、世界市场、国际金融都已经越来越依赖于信息技术和网络技术，信息网络技术成为现代经济的物质技术基础。将来谁掌握了信息网络技术及其基础上的经济发展优势，谁就会在经济全球化中掌握主动权，谁就会从经济全球化的运作中获得最大收益，就会会在国际经济博弈与互动中占优。同时，互联网已经成为一种极其廉价的国际信息通道，它降低了交易成本，给经济活动参与方提供了开放式的交流环境，并使全球成为一个大市场，不断提高着企业、产业、国家乃至全球的经济效率。因此，以信息网络技术开发和利用为核心的高科技产业越来越成为社会经济发展的动力，成为国家增强经济实力的决定性因素之一。

其次，信息网络技术的开发利用事关未来国家的经济主权和安全。当代国家若没有自主、强大的信息网络技术作支撑就会在经济上受制于人，进而

---

① 何伟：《信息技术与网络经济》，载《涪陵师范学院学报》2003 年 9 月，第 19 卷第 5 期，第 88 页

在国防上、政治上受制于人。① 以中国为例，邓小平同志早就高瞻远瞩地指出，在"高科技领域，中国也要在世界占有一席之地"。② 然而中国目前在信息技术方面对国外有严重依赖。信息系统硬件和软件主要从境外特别是美国进口，自己有能力生产的只是一些附加配件。比如，目前金融期货交易所指定各期货公司使用的全部是复旦金仕达交易软件，而金仕达早被美国SUNGARD 公司完全控股，由于 SunGard 的股东有深厚的华尔街投行背景，而华尔街的投行在竞争中往往不惮于使用一些非常规的手段，已经有学者在担心外资全面监控下的中国金融衍生品的潜在风险。再比如，2000 年 5 月，中国大唐电信的 TD－CDMA 标准被国际电信联盟正式确立为 3G 标准之一，但就是这个被称为"百年来中国电信技术史上的重大突破"的技术标准，其顶层专利仍然掌握在美国高通公司手中，大唐只掌握其中约 7% 左右的专利。③这种情况下，国家的经济运行、经济主权和安全确实会存在隐患。

（二）积极推进信息网络技术研发与创新，夯实信息经济发展的技术基础

当代经济就是信息网络基础上的信息经济，要在当代国际经济与博弈与互动中增强经济实力和综合国力，国家要高度重视以信息网络技术为核心的高新技术的研发和创新。

1、发挥政府力量，构建国家创新体系。工业化时代的竞争是以资源和资本为基础的竞争，技术创新的重要性还没有被提到战略高度。当代经济竞争则是建立在一国整体科技发展水平之上、更为广泛、更为激烈的竞争，技术创新已经不再仅仅一种竞争工具，而是成为企业、国家发展要坚决奉行的一种根本战略。但是，自由竞争的市场经济环境中，技术创新战略的有效实施还必须发挥出政府在资金政策等方面的引导功能，完善各项制度、配套工程，并提供相关公共产品。"国家创新体系"就是由与科技创新密切相关的企业、科研机构、高等院校以及政府有关部门等组成的网络体系。④从美国以及其他西方发达国家高度重视国家创新体系、建设信息高速公路、促进产业调整、发展新兴产业的经验可以看出，即便在市场经济很发达的国家，政府的发展战略以及制度、政策、资金方面的支持，仍然是包括 ICTs 产业在内的新兴产业发展的重要推动力量，就像商学大师迈克尔·波特所认为的，国家是企业在国际间创造或保持竞争优势决定因素。⑤ 因此，国家"守夜

① 阎学通：《中国国家利益分析》，天津人民出版社，1996 年版，第 99 页

② 《邓小平文选》（第 3 卷），人民出版社，1993 年，第 378、380 页

③ 毛丰付：《标准竞争与竞争政策：以 ICT 产业为例》，上海三联书店，2007 年版，第 3 页

④ 樊刚、张晓晶：《全球视野下的中国信息经济：发展与挑战》，中国人民大学出版社，2003年，第 98 页

⑤ ［美］迈克尔·波特：《国家竞争优势》，李明轩、邱如美译，华夏出版社，2002 年版，第 2 页

人"的角色和担当也应该随着经济全球化、网络化发展环境的变化而不断调整。

2、加快社会信息化建设速度，迎接信息经济的挑战。当代经济是速度经济，在互联网日新月异的发展形势下，全球正处于经济版图和市场重新划分的关键时刻，一国政府和企业必须快速反应，大力加强国家信息化建设，抢占未来经济发展的制高点。一是根据本国国情，从国家层面制定信息化发展战略，提高社会、企业和政府的信息化水平。二是加大对以 ICTs 为核心的高新技术产业的政策支持与资金投入。从全球范围看，美国是世界上 R&D 经费投入大国，从 1989 年到 2000 年，R&D 经费在美国 GDP 的比重从 2.6% 提高到了 2.79%；而从 1995 年到 2001 年，中国的 R&D 经费占 GDP 比例从 0.6% 上升到 1.09%，[1] 考虑到两国 GDP 基数的差异，中国在研发投入上与美国相差巨大。三是既重视自主研发，又要抓住全球互联的机遇，学习和引进国外先进信息技术（包括硬件技术和软件），并加强消化、吸收和再创新，夯实国家信息经济发展的技术基础。比如，2007 年 9 月 20 日正式运行的新华08，就是中国国家通讯社新华社采用先进信息与通信技术，自主研发并将实时资讯、行情报价、历史数据、研究工具、分析模型和在线交易融为一体的金融信息综合服务系统。填补了中国乃至亚洲在这一领域的空白，一定程度上打破了西方少数通讯社（路透社、彭博社等）在这一服务领域的垄断，对增强中国的金融话语权，及时准确掌握世界金融市场信息，保障中国金融安全具有重要意义。同时，发展中国国家也要通过加强联合，共同谋求建立国际信息安全新机制，防范少数西方大国对信息技术和相关服务系统，以及建立于其上的全球经济的垄断和操纵。

二、完善政策，健全法制，主动参与电子商务的国际谈判和国际立法

电子商务的发展，加快了全球经济结构的调整和重组。与发达国家相比，广大发展中国家的电子商务起步晚，在技术、市场和信息等方面临的困难和阻力较大，"可能成为拉大发达和发展中国家的宏观经济差距的主要因素"，[2] 因此，要在当代国际经济博弈与互动中增强实力，就必须对电子商务问题进行综合研究，完善宏观政策，加强法制建设，积极参与到相关国际进程中，构建电子商务发展的良好内外部环境。

（一）政府要充分发挥在政策规划与支持引导方面的作用

作为一种新型的商务模式，电子商务要求拥有良好的社会环境、竞争环

---

① 樊刚、张晓晶：《全球视野下的中国信息经济：发展与挑战》，中国人民大学出版社，2003 年，第 104 页

② 杨冰之：《电子商务对全球经济影响日渐明显》，载《国际商报》，2003 年 2 月 17 日，第 8 版

境、管理和服务环境等，政府作用不可缺失。政府除了制定发展电子商务的优惠政策，还应加强与企业、行业的沟通和对话，增强政策的透明度和有效性。同时，针对目前在电子商务发展中普遍存在的信用危机，政府应积极引导形成有利于电子商务发展的支撑体系，不断加强信用体系建设，加强社会宣传和市场监管，建立企业与个人信誉认证制度，逐步建立起以诚信为基础的网络信用体系，为企业和消费者提供一个公平、公正、信用良好的市场环境。此外，政府还要积极推进安全认证体系建设，解决电子交易和结算中存在的安全问题（如对电子签名法律地位的认可等）。电子商务发展中，政府还需有国际视野，实施与国际标准衔接与兼容的标准化战略，实现网络间的无缝连接和互操作性。政府承担的这些基础性工作会对电子商务的发展起到重要推动作用。

（二）加强微观层面企业的电子商务基础建设

企业发展电子商务需要不断提升信息化应用水平，包括企业的整个运营系统的信息化及流程的重组和优化等。企业具备一定的信息化水平，才能从电子商务中获取最大收益。[①] 另一方面，企业要适应网络技术、市场经济和企业发展的需要，需要选择切实可行的电子商务实施模式。根据企业规模、行业性质等的不同，或者可以将重点放在供应链管理的电子化上，将上游供应商与下游销售商联为一体，加快市场反应速度、降低成本、提高效益；或者以建设专业网为切入点，从发布信息入手，进而着手网上营销，组织网上交易；或者把电子商务作为开拓国际市场的一种重要手段，向实现全球采购、全球分销及融入全球贸易体系的方向努力；或者从建立中介商务网起步，吸引企业上网开展广告和咨询服务，并向网上交易、结算服务等深层业务拓展。

（三）建立健全促进电子商务良性健康发展的法律法规

电子商务的突出特征是利用互联网，使商业活动过程和内容在以电脑及信道构成的网络中完成。这种交易环境和手段的变革，使传统交易形式下形成的规则难以适应新环境的发展；同时电子商务的发展是全球性的，对全球性技术标准及贸易规则的建立也有一定要求。因此国家在制定电子商务法时必须考虑到以下基本原则[②]：

电子商务主体的交易自由原则。电子商务法应属于私法，强调当事人的意愿，不应含有被强迫的成分和由国家强制执行。

---

① 王凯：《国际贸易进入电子商务时代政府宏观经济政策》，载《柴达木开发研究》2007年第6期，第53页

② 王硕：《电子商务概论》，合肥工业大学2007年博士后研究工作报告，第270－271页

电子交易证据的平等待遇原则。要用法律和技术手段确保在电子商务中形成的各类电子单据和文件享有与书面文档一样的法律地位。

中立性原则：全球互联条件下，割裂封闭的电子商务市场无法生存，中立性原则是平衡利益、解决矛盾的重要原则，主要包括：技术中立，即电子商务法必须使用技术来解决诸如电子签名之类的问题。媒介中立，即电子商务法则应以中立原则对待通信方式和媒体，允许它们根据技术和市场发展规律相互融合促进。实施中立原则，主要指在本国电子商务活动中与跨国性电子商务活动的法律待遇上，尽量一视同仁。同等保护原则，即对商家、消费者、国内外当事人，尽量同等保护。

安全性原则。各国电子商务立法中应重点针对计算机病毒、黑客攻击、自然灾害和系统故障等作出规定，保护商户和消费者利益。

（四）密切跟踪、积极参与电子商务国际谈判和国际立法，维护国家经济利益与安全

电子商务具有高速、无疆界的特点，它的开放性与全球发展趋势，必然要求建立完善相关支撑平，并形成与之相适应的商务规则。以往的国际经济贸易立法通常是先由各国制订国内法律，然后由一些国家或国际组织针对各国国内法的差异和冲突进行协调，从而形成统一的国际经贸法律。上世纪90年代以来，由于信息网络技术跨越式发展，电子商务在全球普及的趋势已经确立。但是，各国普遍对此准备不足，系统的电子商务国内立法滞后。同时，由于电子商务的全球性特点，即使国家单独制订了国内法规，也难以适用于跨国界的全球电子交易，因而电子商务的立法一开始便是通过制订国际法规而推广到各国的（如联合国贸法会1996年《电子商务示范法》）。[①]

在这个过程中，研究、整合和借鉴国际组织、各国和各地区成熟的立法经验，汲取国际立法资源，在立法上相互参考，推动各国和相关国际组织进行谈判磋商、对话沟通，加强协调、配合与合作应该成为常态。[②] 但是，由于发达国家的经济技术先行优势，他们必然有将电子商务作为一种积极扩张的国际贸易工具的冲动，也必然极力推进对其自身有利的政策、措施，以在新的时代机遇和经济模式中，获得最大的市场份额和更多的经济利益。美国的《全球电子商务框架》(A Framework For Global Electronic Commerce)，欧盟与美国有关电子商务的联合宣言，OECD、WTO等国际组织对电子商务关税豁免原则的接受，欧盟提出的旨在协调全球通讯，特别是电子商务国际宪章的动

① 沈根荣：《国际电子商务立法的发展进程及特点》，载《国际商务研究》2000年第2期，第31－35页

② 赵秋雁：《电子商务立法与国家经济安全》，载《中国经济时报》2004年2月5日

议，美日两国就电子商务问题发表的联合声明，以及依据美国确定的"框架"原则，美国分别与日本、法国、加拿大、荷兰、爱尔兰、澳大利亚、韩国、菲律宾、智利、埃及等国签署的"电子商务联合宣言"等等，说明目前电子商务国际谈判的主导权还主要掌握在少数发达国家手中，广大发展中国家没有及时的参与到对话中来，不仅如此，智利、菲律宾等一些发展中国家发展电子商务的框架也都遵循了美国确立的基本原则。① 这样的国际磋商机制、参与度和代表性与互联网开放民主的内在精神是不相符的，不利于形成一个公正合理的电子商务国际框架。从发展中国家的角度讲，面对这一世界经济和贸易发展过程中出现的新情况和新问题，不能一味采取消极观望的防守态度，而应认真研究本国发展电子商务的对策，提出于己有利的规则和原则，并积极参与到由各国政府、国际组织举行的双边、多边谈判和有关法规、标准的制定工作。同时广大发展中国家也要注意通力合作，努力打破有关电子商务问题的国际论坛被发达国家所垄断的局面，寻求更好地平台来发出自己的声音，在建立一个国际社会能够普遍接受的电子商务国际框架中发挥自身的影响和作用。

在这一过程中，发展中国家必须坚决维护国家主权和国家利益，利用本国电子商务发展的基础，努力创建一个既适合本国国情，又与国际接轨的市场环境与制度框架，提高本国在信息经济时代的竞争力。② 当前，国际电子商务立法主要包括以下内容：一是市场准入和电信市场开放；二是税收；三是电子商务合同的法律效力；四是安全与保密问题；五是知识产权保护问题；六是隐私权问题；七是电子支付问题等等。由于发展中国家的电子商务大多处于起步阶段甚至尚未开展，因上当前有关电子商务立法的各种构想都大多来自发达国家，尤其是美国处于主导地位。这种情况下，发展中国家要充分利用 WTO 中对发展中国家实施的例外和保护原则，加快本国的市场环境和制度建设及技术跨越，同时还要形成自己的原则与立场，推出适合本国国情的电子商务法和发展总体方案，加强对互联网及电子商务核心软件及相关数据库的研发建设，维护国家经济安全与信息安全，保护好本国的文化特色与独立性。③ 比如在电子商务税收问题上，相对于发达国家这些电子商务净出口国的"免税"主张，作为电子商务净进口国的发展中国家应对原有税法进行完善，要求对在本国进行网上销售的外国公司在本国进行注册，本国消费者购

---

① 王厚芹：《美国政府扶持电子商务发展的有关政策（下）》，载 http：//articles. e-works. net. cn/Articles/465/Article8515. htm（2009 年 2 月 2 日访问）

② 《网民激增，电子商务交易额突破 30 亿》 http：//cto. icxo. com/htmlnews/2008/04/16/1271143. htm（2008 年 7 月 15 日访问）

③ 赵秋雁：《电子商务立法与国家经济安全》，载《中国经济时报》2004 年 2 月 5 日

买其商品，应将款汇到该公司在中国设立的专门账户上，并以此作为征收增值税的依据；对直接通过国际互联网进行软件、音乐、电子书等销售的，政府应该根据消费地原则征收增值税、关税等，以增加政府收入，满足正常公共支出的需要。[①]

三、创新互联网时代国际金融监管合作的内容和形式，共同防范和化解全球性金融风险

在经济发展初期，金融的发展往往受制于经济发展，但当经济金融化或金融相关率达到一定水平时，金融对经济增长的"催化作用"就突出起来。[②] 一般来说，一个国家，为使自己从经济欠发达状态走向发达状态，首先要不断降低自己的金融势，使外国资本源源不断流入本国。[③] 随着金融服务网络化程度的提高及资本流动的国际化，金融安全问题必然成为国家经济安全中最重要的内容，亚洲金融危机就说明，发展中国家还不太熟悉现代金融运转方式和运作技巧，对网络条件下的金融自由化缺乏必要的警惕；同时也说明，金融领域是发达国家最具优势的领域，其在控制金融危机蔓延和转嫁金融危机方面具有强大实力和手腕。因此，发展中国家要高度重视互联网平台上金融业的发展，时刻绷紧金融安全这根弦，注重金融创新及人才培养，积极参与国际金融合作，探索当代国际金融协调与合作的内容和形式，推动国际社会形成共同防范全球性金融风险的共识。

（一）强化互联网时代国家金融安全意识

迅速膨胀的金融业对信息网络技术的需求增强，依赖加重。网络金融在推动混业经营、金融创新和全球金融一体化的发展，提高金融运行效率及金融行业融合程度的同时，也加大了金融体系的脆弱性，一旦出现危机，即使只是极小的问题都很容易通过网络迅速在整个金融体系中引发连锁反应，并迅速扩散。

与当代金融业运行的内在不稳定性形成对比的是：金融网络化、自由化与全球化发展在一定程度上冲淡了国家的金融安全意识。虽然一般情况下，学术界不把经济安全作为传统安全问题来看待，尤其是经济安全中金融安全的非传统安全色彩更浓些，"但并不是在全球化任何一个阶段，金融问题都可以有充分的理由归到非传统安全问题之列"，（它）"事关一国经济命脉，在经

---

①　博景源：《电子商务交易形式简谈》，载 http://www.86qb.com/Article/mianfei/jisuanjilunwen/3044.html

②　子杉：《国家的选择与安全——全球化进程中国家安全观的演变与重构》，上海三联书店，2006年，第120页

③　王潼：《金融势与经济势》，中国经济出版社2006年版，第63页

济安全中具有特殊和重要的地位"①，"正如历史学家们清楚地意识到的，金融膨胀——过度信用创造——易于引发国内或国际的战争行为"②；而且，借力于网络的金融业快速发展扩张，人们已经很难分清哪些属于大笔高风险的游资流动，哪些属于非法资产的转移。因此，面对"金融全球化符合最有权力的国家（特别是美国和英国）的利益"③，及互联网时代发展中国家与发达国家在金融交往中的差距将长期存在这一现实，发展中国家越是在互联网时代，越需要清醒地认识到：网络金融的兴起一定程度上使金融业变得更加脆弱。无视这些系统风险和脆弱性，疏于防范，会给国家经济带来灾难性后果。

（二）高度重视网络环境中金融创新与金融监管的协调发展

金融体系是国家综合竞争力的重要组成要素之一。根据瑞士洛桑国际管理开发学院（International for Management Development，IMD）2002 年和 2003年的年鉴数据计算，金融体系国际竞争力和综合国际竞争力之间的等级相关程度分别为 0.932 和 0.951，表明金融体系的竞争力在国际竞争力中发挥着越来越重要的作用。④ 因此，必须在高度重视安全的前提下，大力推动金融创新，健全金融体系，并努力使金融创新与金融监管协调发展。

推进网络环境下的金融创新，一方面要大力推动金融技术创新。技术手段对当代金融业的结算和运作效率，甚至国家经济安全意义重大。多年来英国路透社、美国彭博社的金融交易终端一直垄断着全球金融资讯交易市场。在中国金融交易业内，外汇交易平台基本以英国路透社的 Dealing3000 和德意志银行的 EBS 系统为主；债券交易平台基本为美国彭博社终端所垄断；市场报价资讯系统主要都使用路透 3000Xtra 系统；而风险管理系统，则也是路透Kondor + 、Murex 系统的天下。中国人民大学金融信息中心主任杨健就曾向《瞭望新闻周刊》表示，中国金融业使用国外公司软件，就不可避免地让对方了解自己的风险控制模式，万一国外公司在中方系统中留下漏洞，那这些漏洞就随时可能成为对方进行攻击的通道，"谁做风险控制，谁就知道你的漏洞和后门在哪里"。⑤ 另一方面在金融制度、金融组织和金融产品创新领域，国家要保持审慎，注意引导相关行业和企业在稳妥和风险可控的基础上逐步推

① 子杉：《国家的选择与安全—全球化进程中国家安全观的演变与重构》，上海三联书店，2006年，第 114 页

② ［英］苏珊·斯特兰奇（Susan Strange）：《权力流散：世界经济中的国家与非国家权威》，肖宏宇、耿协峰译，北京大学出版社，2005 年，第 10 页

③ ［英］苏珊·斯特兰奇（Susan Strange）：《权力流散：世界经济中的国家与非国家权威》，肖宏宇、耿协峰译，北京大学出版社，2005 年，译序第 5 页

④ 胡浩：《完全开放背景下的金融创新与金融安全》，载《金融时报》2006 年 11 月 29 日，第 8 版

⑤ 姜智鹏：《"新华08"：中国自主金融交易服务平台渐入佳境》，载 2008 年 10 月 27 日《瞭望东方周刊》，http：//www.lwdf.cn/oriental/business/20081027171326124.htm

进。比如，随着金融服务的信息化和多元化、金融产品的延伸以及各种金融创新工具和产品的出现，传统金融服务领域的界限逐渐趋于模糊，银行业、证券业、保险业开始向全能型经营方向发展。但此次全球金融危机使美国等意识到了混业经营的风险性，2010年初，奥巴马政府宣布了新的银行业改革法案，试图在商业银行和投资银行间建立防火墙，类似于中国的分业经营。而中国也应该反思在危机前就开始推进的混业经营政策。此外，互联网的数据信息迷雾往往让普通个人投资者不知所措，个别跨国公司和个人凭借即时信息和金融衍生品轻易挟持了全球经济，因此有必要研究改进互联网信息生成和发布功能，保障金融市场的稳定和安全。

不可否认的是，金融管制的放松为互联网平台上的金融创新提供了一个较为宽松的环境。但是，电子货币和网络银行业务的发展对国家金融监管的内容和方法提出了新的挑战。中国国务院总理温家宝曾深刻指出此次全球金融危机发生发展的重要原因之一就是金融监管没有跟上金融创新的步伐。比如，美国的金融创新产品规模曾以指数级方式快速扩张，而与之相对应的是美联储缺乏对风险进行全面调查监测的权力，因此，国家在放松行政式直接金融管制的同时，要不断加强以风险控制为主要内容的金融监管。

网络金融环境中，相关部门提高监管能力的基础就是充分利用强大的网络平台，开发高水平的信息监测预警系统和高科技含量的监管手段，准确摄取金融市场的运行和交易信息，对金融业务的合法性和风险性进行监管和控制，并出台科学的更有针对性的政策。另一方面，监管国际化已成为国际金融市场发展的又一趋势。这不仅有利于实现各国之间监管信息的共享，而且可以通过合作和交流提高整个国际金融市场的监管水平和效率，并以此有效地防范和制止金融风险引起的金融风暴。目前，开展金融监管的国际合作已经引起国际社会的高度重视，各国和国际组织要积极参与。

（三）加强国际性金融协调与合作中的互联网应用，共同防范和化解金融风险

一是加强汇率的国际协调。汇率波动除了对贸易与投资、国际收支平衡造成影响外，还关系到国内各项宏观经济目标的实现。在以网络为基础平台的金融交易手段的辅佐下，国际金融市场的巨量资本流动瞬间就可完成，可能会成为诱发全球性金融动荡和网络金融危机的重要因素。因此，各国和相关国际组织要加强对互联网金融应用及国际汇率协调的研究，提高协调的及时性和效率。

二是要通过网络监测，加强对国际短期资本流动的协调。由于当代技术手段先进，私人资本迅速膨胀，一旦私人资本大规模抽逃或者进行大规模的投机活动，一定范围的金融波动不可避免，单个国家很难控制局面发展。国

际社会要充分利用网络特点，建立和改善实时"预警系统"，即通过及时准确的统计信息，反映一国的经济与金融状况，以便及时采取措施。

三是加强各国和国际组织的金融政策和行动协调，控制金融危机蔓延的速度和范围。此次席卷全球的金融危机的一个重要教训，就是由于各国对危机的认识程度不同，政策和行动不够迅速和协调，尤其是相关的国际组织没有发挥出应有的作用。互联网时代的金融危机，关键的是在危机发生时能统一政策和行动，迅速沟通信息、调集资金、补充金融市场的流动性，并形成应急筹款机制。

四是加强对国际金融犯罪的国际协调。当代金融犯罪分子往往抓住网络中的薄弱环节进行跨国犯罪，国际合作是对付这类高科技犯罪的有效手段，包括利用现代通信技术和电子技术加强各国金融机构之间的信息情报沟通和线索交流；规范业务合作的程序，避免产生技术漏洞；通过国际协调创造改进金融活动的国际准则；完善网络金融犯罪的国际刑事立法，同时协调完善本国的国内法等等。

第六章　互联网与当代国际军事博弈

军事是国家间博弈的重要因素，而军事技术很大程度上可以说是高新技术的试验田。1945 年，核裂变技术应用于原子弹，而直到 1954 年，世界上第一座核电站才建成于苏联。当代遍布全球的互联网，最初就是发源于军事领域，是这场正在进行中的新军事变革的逻辑起点。海湾战争、伊拉克战争使世界各国深切感受到新军事变革所带来的军事优势和发展前景，纷纷加快了军事变革的推进步伐。虽然，当代各国在新军事变革速度和质量上的比赛不像冷战时期美苏军备竞赛那样公然而令世人侧目，但实际上仍相当激烈。美国在场比赛中一直遥遥领先，其指导思想就是要抢占先机，全面确保无论是潜在的竞争对手，还是自己的战略盟友，至少在 15 年内无法赶超。这种情况下，起步晚、基础差的国家在军事发展和军事安全方面的压力很大。但是，互联网形成的一荣俱荣、一损俱损的情况，对当代国际军事合作与交流也有一些积极作用。为了应对日益严重的网络恐怖主义及各种类型的网络犯罪，各国从各自战略利益出发，十分重视发展双边和多边军事交流与合作，尤其注重加强信息化条件下的国际军事远程联合保障，以应对这些非传统安全因素可能带来的现实威胁。新军事变革后发应辩证看待先进国家的信息优势，要认识到再先进的军事体系也会存在薄弱环节和可乘之隙。例如，伊拉克战争已经显示出，过量的信息流造成的网络阻塞，对要求时效的一线部队会造成灾难性后果。因此，后发国家必须结合本国实际，创新观念，处理好人与技术的关系，加强在战争和非战争军事行动中的国际合作，在这场新军事变革中走出自己的独特路径。

第一节　互联网与新军事变革

当今世界，以互联网信息技术为核心的高新技术，不仅极大地改变了人们的生产、生活方式和国际政治、经济关系，同时还极大促进了世界范围内新军事变革的发展。军队的体制和结构变化、武器装备的发展、战争理论及实践发展等与卫星、光缆和计算机等 ICTs 技术联系越来越紧密。当代，使用军事手段解决问题的方式和有效性虽然受到很大限制，但是军事要素在国际关系中仍然起着非常重要的作用。因此，研究以互联网信息技术为基础的新军事变革，对于增强国家的军事实力、把握当代国际军事博弈与合作的竞争与合作因素、实现军事战略转型、打赢互联网条件下的战争及保卫国家安全等具有重要意义。

一、新军事变革的定义和特征

新军事变革是高技术迅猛发展并在军事领域广泛运用的必然结果，其核心是利用信息优势，充分发挥现有技术潜力，使军事能力产生革命性跃升。随着新军事变革的不断推进和深入发展，已经引发了军事领域的大变局。[①]

（一）新军事变革的定义

早在 1878 年，恩格斯在《反杜林论》中就提出了作战方式变革的思想，他说："一旦技术上的进步可以用于军事目的并且已经用于军事目的的，它们便立刻几乎是强制的，而且往往是违反指挥官的意志而引起作战方式的改变甚至变革"。[②] 从实践上讲，一般认为，新军事变革最初萌芽于上个世纪越南战争后期，当时美军在越南战场上首次使用了两种信息化装备，一种是电子自动化指挥控制系统，另一种是精确制导武器，当时被称作"灵巧炸弹"。[③] 上世纪 70 年代末，苏联总参谋长奥加尔科夫明确提出了军事革命的概念，他在对未来战争的构想中提到："新一代精确制导武器与新的传感监测系统、信息设备相结合，可形成一种导致战争持续时间缩短的突击综合体。这将使战争的形态发生一次质的飞跃，即引起一场军事革命"。[④] 二十世纪九十年代初海湾战争结束以后，美国及世界战略学界开始大量出现关于军事革命（Revolution in Military Affairs，RMA）的论述。1994 年 1 月份，当时的美国国防部长佩里在国防部成立了一个"军事革命高级指导委员会"，这是美国官方最早承认和使用 RMA 这组词汇。RMA 在中国曾被翻译为"军事革命"。但是，随着该问题研究的深入，并结合世界军事的发展历史，以及恩格斯"作

① 王云宪：《军事领域的大变局》，载《学习时报》2007 年 9 月 17 日，第 7 版
② 《马克思恩格斯选集》（第 3 卷）：人民出版社，1972 年，第 211 页
③ 傅立群：《聚焦世界新军事变革》：载 http://www.cnr.cn/military/waijunliaowang/200605/t20060510_504204507.html（2009 年 2 月 3 日访问）
④ 顾伟：《军事科技与新军事变革》，复旦大学出版社，2004 年，第 221 页

战方式变革"思想的启示，越来越多的学者倾向于使用"军事变革"这一译法。这一译法更能体现出：当前在军事领域，既出现了质的重大变革，又处于一个历史的连续性发展过程中，比较务实和贴合实际，中国台湾将 RMA 翻译成"军事事务变革"也体现了类似的思考。①

对人类历史上究竟发生过多少次军事变革，世界各国的理解尚存在分歧。根据阿尔温·托夫勒的观点，他认为人类历史上与农业革命、工业革命和信息革命相伴随的有三次军事变革。中国科学家钱学森认为，人类经历了冷兵器战争、热兵器战争、机械化战争，现在处于核威慑下的信息化战争阶段。②虽然各国学者在该问题存在种种分歧，但他们基本上都认为自二十世纪八、九十年代以来，世界军事领域开始兴起一场新的深刻的变革，它的驱动力不是个别的传统领域的单一技术进步，而是以信息技术为核心的一批高技术群，使这场军事变革的深度和广度都大大超过了以往任何一次军事变革，被称之为新军事变革。包括微电子技术、新材料技术、航空航天技术、生物工程技术，微型制造技术等的迅猛发展为战场的信息获取能力、信息传递能力、信息处理能力提供了强有力的技术支撑，为新军事变革的产生和发展提供了基本的物质条件，成为新军事变革发展的直接动力，③影响了武器装备乃至军事思想、战争形态，军队建设编制等都发生了重大而深远的变化。如今在互联网上高速流动起来的信息已经不再是一个简单的消息传递问题，而是已经形成了一种巨大的战争能量，一言以蔽之，新军事变革的实质是信息革命在军事领域的反映。④

（二）新军事变革的战略特征

随着以互联网信息技术为核心的高新技术群在军事领域广泛运用，世界军事变革迅猛发展，这场新军事变革与以往军事变革相比较，其战略性特征在于：

1、知识和信息成为新军事变革中最重要的战略资源

"信息是对客观世界中各种事物的状态、特征及其变化的反映。信息同物

---

① 中国军事科学院世界军事研究部研究员刘志青也认为，从中国人的语言习惯和汉语特点来看，"革命"和"变革"的涵义完全相同。但是，中国人在论述人类社会的某种巨大变化时，习惯于使用"变革"一词。而西方人使用的英语、俄语等，则喜欢用"革命"一词。从历史习惯和语义规范，以及世界军事变革、世界军事革命的历史和现实情况考察，中国称军事变革更合适
② 顾伟：《军事科技与新军事变革》，复旦大学出版社，2004 年，第 223－224 页
③ 何友：《信息技术是新军事变革的原动力》，载《光明日报》2006 年 8 月 16 日，第 9 版
④ 熊光楷：《关于新军事变革》，载 http://www.cas.cn/html/Dir/2003/06/11/5106.htm（2008 年 6 月 13 日访问）

质、能源一样，是人类赖以生存和发展的宝贵资源，是现代社会的三大要素之一"。① 信息是知识产生的基础，信息的存在是客观的，但其能否被发现、捕捉和理解则是其转化为知识的重要一环。人类将信息转化为知识的能力随着社会生产力和科学技术的发展越来越强。人类在军事领域对信息的获取、处理和使用走过了一条"从最初的简单传递军情，到融为武器的一部分，及至成为战争的主体、敌我双方争夺的焦点"的漫长历程，军事领域中信息与知识的含量越来越高。②

在信息时代，信息的获取、传输、处理和运用能力成为军队战斗力的关键构成要素。但现在的问题是，信息的充分获取和传输并不一定能保证其能得到适当处理、理解和运用。现代军事侦察、监视等技术的广泛运用，必然会带来战场上信息量的骤增，如果军事指挥人员和军事指挥系统对此不能很好的处理、消化和运用，信息过载与信息不足的效果是一样的，都会造成战场的迷雾。因此，信息网络条件下的战争最终会落脚在交战双方在信息的获取、传输、信息上升为知识、知识物化及知识运用和控制上的较量。

美国将互联网信息技术应用于军事所产生的一个重大优势，就是美国的数据处理能力得到巨大提高，对全球广阔地域内发生的任何重大事件理解力更强，有利于采取更有针对性的措施，危机的管理能力也就更强。近几年来，美国在指挥控制系统和其他通讯技术方面的进步，极大提高了其向作战部队传送即时可用信息、图像和其他数据的能力。图 6.1-1 显示了在海湾战争、科索沃战争、阿富汗战争和伊拉克战争中，美军从探测到决策攻击的时间周期从几天骤缩为实时。③ 正是美国在 C^4KISR④ 及精确制导技术方面的巨大进展，加强了美国在高度复杂的情况下搜集、整理、处理、传送、展示信息的能力和决策优势。并且数种技术系统加速综合融入一种系统中，这是其军事能力质的突破的标志。⑤ 美军认为，"信息技术用于军事将大幅度提高美国部队的能力，未来军事行动的成功越来越取决于联合/联军部队获取作战空间的

---

① 李德毅、曾占平：《发展中的指挥自动化》，北京解放军出版社，2004 年，第 5 页
② ［美］晓宗：《信息安全与信息战》，清华大学出版社，2003 年，第 3 页
③ 数据来源：郗汴格：《信息技术是驱动力——从信息技术在伊拉克战争中的应用看世界新军事变革》，载《中国电子报》，2003 年 6 月 13 日
④ 下文对 C^4KISR 有详细论述
⑤ Joseph S. Nye, Jr. and Owens, William A. (1996), "America's Information Edge," Foreign Affairs, 75（2），p. 25-26

信息和比敌人更加有效地利用信息的能力"。① 因此可以这样说，在信息时代的战争中，敌我双方比拼的很大程度上已经不再是人力和物力，而是人的智力，是对信息和知识优势的掌握。信息和知识所具有的软杀伤力也开始超越军舰、大炮等物理武器的硬摧毁，成为新军事变革中最重要的战略资源。

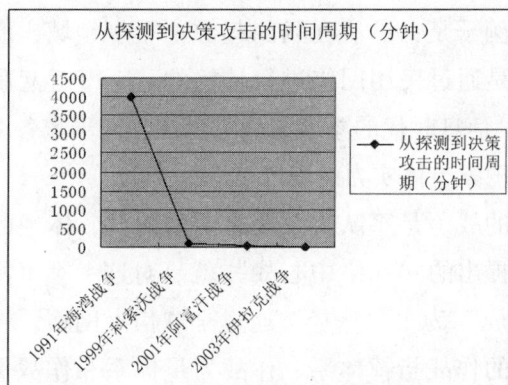

图 6.1 – 1　海湾战争、科索沃战争、阿富汗战争和伊拉克战争
中，美军从探测到决策攻击的时间周期趋势图

2、未来军事竞争与战争中全方位系统性对抗特征越来越明显

新军事变革是一场全球性的全面的军事变革。目前，世界五大洲的主要发达国家和许多发展中国家已经先后启动了新军事变革。已宣称进行军事变革的国家有 40 多个，如美国、英国、法国、日本、意大利、加拿大、澳大利亚、韩国、印度、越南等，其他很多国家也自觉不自觉地走上了新军事变革的道路。国家间军事对抗的全方位系统性特征主要表现在：

一是信息时代的战争是国家大系统之间的对抗。互联网信息技术的发展，使一国军事与政治、经济、科技、外交的联系越来越紧密。平时与战时、民用与军用的界限趋于模糊。每一个单独的领域越来越发现其无法独立应对现代社会所需要的不断增长的公共服务，这样公众和私营部门建立起伙伴关系就成为顺理成章的事，这种公共 – 私营合作关系在健康、教育、运输部门很常见，现已扩展到国家安全领域。② 比如，美国的网络空间关键基础设施保护

① 顾伟：《军事科技与新军事变革》，复旦大学出版社，2004 年，第 227 页

② Johan Eriksson and Giampiero Giacomello（2006），"The Information Revolution，Security，and International Relations：（IR）Relevant Theory?" International Political Science Review, 27（3），p. 231

委员会 2002 年 9 月发布的国家战略就承认"单靠政府自身无法保证网络空间安全"①，这既可被理解为军事平民化，也可被理解为全社会军事化。"9·11"后新成立的美国国土安全部（DHS）也一个很恰当的例子，2002 年 4 月 23 日，时任该部部长的 Tom Ridge 向美国电子工业联盟发表谈话指出：DHS 鼓励（其他公共、私营机构）在所有层面上与其开展工作协同和合作。另一个显而易见的例子是：虽然互联网起源于军事领域，但是今天绝大多数的军用通讯联系却是通过民用网络进行传输的，军事对互联网是名副其实的重度依赖。② 因此，信息时代的军事与战争更加强调国家各个系统的合作、配合与力量凝聚，是国家整体实力的表现。

二是信息时代的战争是军队大系统之间的对抗，体现的是整体联合作战能力。美军近几年提出的"网络中心战"就是对这一军事特征的回应。其实质就是以"系统集成"为主要途径，通过全球信息网格，将分散配置的作战要素集成为网络化的作战指挥体系、作战力量体系和作战保障体系，实现各作战要素间战场态势感知共享，最大限度地把信息优势转变为决策优势和行动优势，充分发挥整体作战效能。

三是信息时代的战争是武器系统之间的对抗。现代战争系统对抗性的特点对武器系统的整体能力提出了新的要求。武器战斗效能的发挥不仅取决于其打击能力，还取决于其配套系统的情报探测、指挥控制、信息处理、机动、防护等功能作用的发挥，客观上要求构成武器装备系统各分系统必须形成一个完整的体系。美国的导弹防御系统突出体现了这一系统性特点。③

3、新军事变革发展中的不平衡性进一步加剧

人类社会的进步是加速度，而不是匀速度。据估计，现在人类社会 3 年的变化，相当于 20 世纪 30 年、牛顿时代（1642～1727 年）300 年、石器时代 3000 年的变化。④ 这主要得益于科学技术和社会生产力的发展日益加快，各国的经济承受力越来越强，世界各地的联系越来越紧等因素。在这种情况

---

① PCCIP：President's Commission on Critical Infrastructure Protection，http：//www. info – sec. com/pccip/web/backgrd. html.（consulted on June 20, 2002）

② Johan Eriksson and Giampiero Giacomello（2006），"The Information Revolution, Security, and International Relations：（IR）Relevant Theory?" International Political Science Review, 27（3）， p. 232

③ 顾伟：《军事科技与新军事变革》，复旦大学出版社，2004 年，第 251 – 252 页

④ 《新军事变革的主要特点》：载 http：//www. gzgov. gov. cn/gzgfjy/view. asp? id = 1482（2008 年 6 月 15 访问）

下，新军事变革也就具有了快速性及持续时间短的特点，其发展中的不平衡性日益显现出来，主要表现在以下两个方面：

一是各项军事构成要素的变革速率和程度存在差别。其中武器装备的革命性变化最快。美国已经初步建成信息化武器装备体系，其他很多西方发达国家的主战装备也已基本实现信息化。军事理论的创新与发展次之。军事人员培养则再次之。虽然一些国家开始探索培养信息时代新型军事人才的途径，但军事人才生成机制的根本性改革尚未全面展开。军事组织体制革命的进展则最为滞后，但也提出了一些变革设想，组建了少量试验部队。① 据美国《防务新闻》报道，美军以专门负责实施网络进攻的航空队为基础组建空军的第一个临时网络战司令部，为将来成立正式的网络战司令部做准备。②

二是各国新军事变革的启动时间、力度和效率不同，表现在：有的国家在新军事变革道路上已积累了一定先发优势，军事实力增加很快；有的国家则刚刚起步，尚处于学习和引进的阶段；而仍有很多国家未启动这轮军事变革。新军事变革全面性、彻底性、快速性特点，决定了推进和完成这次变革，必须有强大的经济实力、工业基础和高科技能力，并且要具备较强的创新意识。根据新军事变革的全球进展和实力状况，可以把世界各国分为四大集团。第一集团只有美国。美国启动新军事变革最早，投入最大，进展最快，效果最好。2006 年其国防预算达 4500 多亿美元，几乎相当于联合国其他会员国军费总和。③ 美国的指导思想就是要抢占先机，甩远对手，它的一些核心作战软件，即使对英军等盟友也严格封锁。④ 第二集团则有英、法、德、日等发达国家。它们都是美国的盟国，由于军费投入少，再加上美方的种种限制，它们在新军事变革的进展上总体落后于美国。第三集团国家有俄罗斯。近年来，俄军在保持核打击力量的同时，将重点越来越多放在了发展太空系统、全军一体化远程信息系统和各军兵种的专业自动化指挥系统上。第四集团则有印度、巴西等发展中国家。⑤ 它们走上新军事变革的道路是从开始自行研制或从国外购买信息化武器装备开始的。当然世界上还有一些无法参与变革的贫穷落后国家。目前看来，新军事变革正在导致发达国家与发

---

① 姚有志：《世界新军事变革的基本特征》，载《光明日报》2005 年 6 月 29 日，第 9 版
② 《美网络战司令部初步成型》：载《环球时报》2007 年 12 月 18 日，第 8 版
③ 任荣珍：《军事专家谈世界新军事变革最新动向》，载《环球》2007 年第 1 期，第 56 页
④ 傅立群：《当前新军事变革中的国际竞争态势》，载《学习时报》2005 年 11 月 28 日，第 7 版
⑤ 姚有志：《世界新军事变革的基本特征》，载《光明日报》2005 年 6 月 29 日，第 9 版

展中国家之间、发达国家内部之间，以及发展中国家内部之间在军事领域的差距进一步扩大，特别是美国将拉大与其他国家特别是发展中国家的"时代差"。

二、互联网信息技术对新军事变革各构成要素的影响

新军事变革的发展是以互联网信息技术为核心的一批高技术群渗透和影响的综合结果。以互联网信息技术为核心，包括微电子技术、新材料技术、航空航天技术、生物工程技术，微型制造技术等的迅猛发展，为战场的信息获取能力、信息传递能力、信息处理能力提供了强有力的技术支撑，是武器装备智能化、国家安全和军事战略理论创新和军事组织体制改革等的内在驱动力。厘清这一点有助于国家更清晰把握互联网国际军事博弈的内容、领域与重点，并做出符合时代特点和技术要求的战略性调整。

（一）提升了武器装备信息化水平

武器装备是军事变革的物质基础和基本要素。武器装备是科学技术的物化形式，正是"随着科学技术的发展，武器装备才发生质的飞跃"。[①] 新技术革命浪潮中出现的一大批高新武器，虽各有特点，但其共同基本特征都是以互联网信息技术为支撑和依托的。信息化装备是指信息技术含量高，信息技术对装备性能的提高及对其使用、操纵、指挥起主导作用，具有信息探测、传输、处理、控制、制导、对抗等功能的作战装备和保障装备。武器装备智能化和信息化的重要标志是各类精确制导武器（Precision Guided Munitions, PGM）逐步成为战场的主角。在越南战争、海湾战争、科索沃战争和阿富汗战争中，美军使用的精确制导的弹药量占总弹药量的比重分别为 0.2%、8% 和 35% 和 60%，伊拉克战争中精确制导武器的比重更高，达到了 70% –80%[②]，如图 6.1 –2 所示。

武器装备信息化不仅表现在单件武器的信息化上，其重点在于建立综合集成、一体化的指挥作战平台[③]，使预警探测、情报侦察、精确制导、火力打击、指挥控制、通信联络、战场管理等领域的信息采集、融合、处理、传输、

---

① 梁必浸：《军事哲学》，北京：军事科学出版社，2004 年，第 139 页
② 熊光楷：《关于新军事变革》http://www.cas.cn/html/Dir/2003/06/11/5106.htm（2008 年 6 月 13 日访问）
③ 刘中路、李侠：《论信息技术对作战指挥的影响及对策》，载《科技信息》2007 年第 14 期，第 17 页

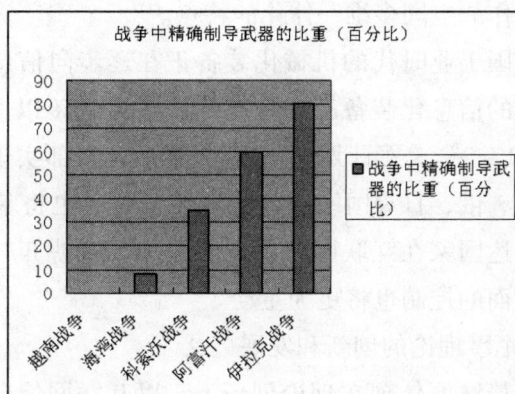

图 6.1 - 2　美军在五场战争中使用精确
制导武器的比重

显示实现联网化、自动化和实时化。上世纪 60 - 70 年代，为了提高指挥控制的效率，世界主要发达国家纷纷着手开发 C3I 系统，即 Command（指挥）、Control（控制）、Communication（通讯）和 Intelligence（情报），其概念就是把情报信息通过通信这条生命线用于指挥部队和控制武器装备；上世纪 80 年代以后，随着微型计算的广泛使用，C3I 变成了 C4I 增加了 Computer（计算机）；紧接着 90 年代以后，该系统又进一步地发展为 C^4ISR 系统，增加了 Surveillance 和 Reconnaissance，即监视和侦察，反映了在计算机成为网络的情况下，部队的指挥和武器装备控制得到了更多的信息支持。[1] 阿富汗战争以后，在 C^4ISR 指挥自动化体系的基础上，又发展为 C^4KISR，K 即 Kill，杀伤力之意。这表明 C^4KISR 系统不仅是一个获得信息，服务于指挥控制的平台，它同时具有实施反击的能力。[2] 这反映出，随着信息化武器装备和一体化指挥作战系统的迅速发展，现代战争出现了战场感知透明化、火力打击精确化、

---

[1] C^4ISR 中的 Intelligence、Surveillance 和 Reconnaissance 含义既相互区别又有一定的重叠。Intelligence 最初的意思主要是指人力情报，即谍报，但现在含义已较为宽泛；Surveillance 指的是战场监视，卫星通讯的发展使 Surveillance 的武器装备有了很大的进步；Reconnaissance 原本指部队侦察兵的侦察活动，现在则发展到无人侦察机的侦察，即机器人的侦察。这些概念的变化反映出：建立该系统的一方可以获得前所未有的大量信息，并通过计算机及通讯网络，服务于装备控制和部队指挥，是提高战斗力的有力保障

[2] 熊光楷：《关于新军事变革》，载 http：//www. cas. cn/html/Dir/2003/06/11/5106. htm（2008 年 6 月 13 日访问）

指挥控制实时化、作战空间多维一体化的特点。①

当前，世界各国工业时代的机械化装备正在逐步向信息时代的信息化装备过渡。美国陆军的信息化装备已占其装备总量的50%以上，美海、空军的信息化装备已达70%。② 美军计划到2020年前后，全部实现各兵种武器装备的信息化，英、法、俄、日等国军队的武器装备届时也将基本实现信息化。③ 这意味着美国等发达国家在互联网条件下的国际军事博弈与合作中的优势更加明显，对博弈局面的控制也将更为主动。

（二）促进了军事理论的创新和发展

任何军事变革最终要体现在理论创新上。以互联网信息技术运用为核心的新军事变革进一步丰富了世界军事实践，成为军事理论创新的丰厚土壤和直接动力。互联网信息技术推动下的军事理论创新主要表现在以下几个方面：

1、国家安全理论与军事战略理论创新

战略研究是以相对单一的军事、政治安全为研究内容，它更多关注国家所面临的军事威胁；而安全研究则拓宽了研究范围，不仅包括军事威胁，还包括非军事威胁；不仅包括国家的威胁，还包括非国家角色和次国家集团的威胁。④ 根据这一理解，国家安全理论含义更为广泛，它的创新与发展，深刻反映了由互联网信息技术带来的时代变化和观念转换。互联网加深了全球互联与相互依赖和依存。虽然国际政治理论的不同流派对信息时代国家安全问题的观点各不相同，但基本认同：信息时代国家安全问题的要素和议题不断增多，研究领域进一步拓展；国家安全不仅包括政治安全和军事安全，还包括经济安全、科技安全与文化安全，以及恐怖主义、种族冲突、粮食和能源危机、环境恶化、毒品走私、跨国犯罪、非法移民等新课题；国家安全不再完全是国内事务，⑤ 也不再仅仅局限在有形的物理空间，网络空间的安全问题正在日益突出；国家不再是国家安全问题上的唯一重要的角色，各种利益集团、跨国公司、国际组织的作用与合作潜力正在显现；犯罪集团、恐怖分子、黑客等对国家及国际安全的挑战越来越大。这些促使国家开始反思本国的安

---

① 王云宪：《军事领域的大变局》，载《学习时报》2007年9月17日，第7版
② 任荣珍：《军事专家谈世界新军事变革最新动向》，载《环球》2007年第1期，第56页
③ 顾伟：《军事科技与新军事变革》，复旦大学出版社，2004年，第229页
④ ［澳］克雷格·A·斯奈德等：《当代安全与战略》，吉林人民出版社，2001年，第95页
⑤ ［英］戴维·赫尔德：《全球大变革》，社会科学文献出版社，杨雪冬（译），2001年版，第206页

全理论，进行相应的战略和政策调整。中国学者沈伟光指出："信息时代的到来和冷战的结束，对传统的国家安全观念产生了强烈的冲击……信息安全成为渗透和影响其他安全要素的关键因素。必须把国家安全的视野，由关注国家主权、领土不受外敌入侵，防止外来的政治干预、颠覆、经济封锁与制裁，扩展到关注国家'总体安全'与'综合安全'的大战略层次，建立适应信息时代要求的国家安全体系"。[①] 军事战略理论含义则较为狭窄，主要研究如何利用军事、政治手段在战争中确立并保持优胜地位。军队信息化水平较高的西方发达国家在军事战略理论创新方面走在其他国家的前面。

2、关于战争形态的理论创新

海湾战争后，托夫勒夫妇断言："我们所了解的战争与反战争的知识，大多已十分危险的过时了"。[②] 当前，对当代基本战争形态的称谓有很多种，如"信息战"、"信息时代的战争"、"高技术战争"、"电子战"等等。如美国对信息时代的战争形态和战争理论的研究非常细致。美国的国防部认为当代的信息战（Information Warfare，IW）是信息行动（Information Operation，IO）的一种（北约也采取了相似的定义）。IO 是"采取的用以影响敌方信息和信息系统，同时保护己方信息和信息系统的行动"。因此，IO 是一个广义概念，既包括使用物理打击手法（如用精确爆炸等手法进行物理消灭），又包括使用数字打击手法（如用电脑病毒等进行破坏）来达到目的。数字打击方式被称为计算机网络行动（Computer Networks Operations，CNO）。CNO 下又分计算机网络非法或不当利用（Computer Networks Exploitation，CNE）、计算机网络攻击（Computer Networks Attacks，CNA）、计算机网络防御（Computer Networks Defense，CND）。如果以危害程度为标准，CNO 又可分为非致命危害 CNO 和危害极大 CNO：前者包括网络鼓动宣传、心理运作、拒绝服务攻击、黑掉网站、网络间谍以及网络犯罪，这样做的目的就是控制、破坏、改变或拒绝信息使用要求，而非导致人员的死伤；后者的目的在于毁灭或破坏信息基础设施，进而导致经济瘫痪甚至人员伤亡。[③]

虽然目前出现的关于当代战争的理论和称谓繁多，但笔者认为，考虑到

---

① 顾伟：《军事科技与新军事变革》，复旦大学出版社，2004 年，第 230 页

② ［美］阿尔文·托夫勒，海蒂·托夫勒：《未来的战争》，阿笛、马秀芳（译），新华出版社，1996 年版

③ Johan Eriksson and Giampiero Giacomello（2006），"The Information Revolution，Security，and International Relations：（IR）Relevant Theory？" International Political Science Review，27（3），p. 237

信息与知识已经成为新军事变革中的战略资源，以及与工业时代的"机械化战争"形态相对应，"信息化战争"更能准确反映当代战争的本质和特点。"信息战"的概括则太笼统，不能准确反映信息在现代战争中的作用。信息化战争基本形态下又包含：电子战（现在电子战更多的被称为电磁战）、网络战（也被称为数字战争）、心理战等。其中网络战是当代信息化战争的主战场及主要形式。[①] 这是因为全球互联使信息的价值得以充分体现，信息从战争的配角演变成主角。信息化战争必须以网络为中心，因为如果把一个国家比作人体，那么网络就好比是神经系统。网络战就是通过麻痹、瘫痪这个系统的作用，使得国家的战争机器无法运转。

从网络战的攻击模式来看，主要有三种：第一种是体系破坏模式，通过发送电脑病毒、逻辑炸弹等方法破坏敌方电脑与网络系统，造成敌国指挥控制系统瘫痪。第二种是信息误导模式，向敌方电脑与网络系统传输假情报，改变敌方网络系统功能，训导敌方决策与指挥控制。例如，在科索沃战争中，美军就曾通过截取的通信链路，把制造的假雷达图像插入南联盟防空电脑网络系统中。第三种是综合模式，综合利用体系破坏和信息误导，并与其他信息化战争模式结合，对敌方指挥控制系统造成多重杀伤功效。随着对网络战研究的深入，有人认为，网络战所发挥的作用能与核武器等同。美国国防部重要智库——兰德公司提出了"战略战"的概念，认为战略战是一种破坏性极大的"顶级"作战形式，它实施的成败关系国家安危与存亡。兰德公司指出，工业时代的战略战是核战争，信息时代的战略战主要是网络战。

3、作战理论创新

海湾战争后，与信息化战争相适应的作战理论层出不穷，美国在这方面最具代表性。

一是联合作战理论。其含义之一，指军民联合也包含跨国联合之义。1993年，美军在《联合作战纲要》中提出："为了产生决定性的联合战斗力，要把美国所有的军事能力合为一体，通常还要联合其他国家力量、美国其他政府机构、非政府组织以及联合国的部队和能力"。[②] 其含义之二，是指各军

---

① ［美］晓宗：《信息安全与信息战》，清华大学出版社，2003年，第12页。根据晓宗的研究，这里的网络指国际互联网。当前的有线网络已经逐渐向无线网络过渡，新一代的网络将如空气一样既无形又无处不在，网络战与电磁战的战域区分将会越来越模糊，因此有的学者提出了"网电一体战"的说法

② 许和震：《作战方式的革命性变化》，解放军出版社2004年版，第26页

兵种之间的联合。美英联军在伊拉克战争中突出体现了海天空地电（磁）五位一体的作战方式。

二是非接触作战理论。1993 年，美国的战略与国际问题研究中心提出"脱离接触、间接打击"的非接触作战理论，强调利用自身武器装备及信息情报优势，以远程间接火力击败敌人。该理论在波黑战争、"沙漠之狐"空袭行动、科索沃战争、阿富汗战争、伊拉克战争中频频运用，十分有效。①

三是非线式作战理论。传统战争是线性战争，"前线"、"后方"等概念在军事领域延续使用了多年。在信息化条件下，我方的前后方多数要点可能既在对方太空侦察探测范围之内，又在对方远程火力精确打击范围之内，传统的线式作战被冲击得支离破碎。实施非线式作战，必须加强对战场的判断，保持 C^4KISR 系统的畅通有效。②

四是非对称作战理论。现代战争中广泛存在非对称性。互联网信息技术加剧了这一非对称性。掌握信息优势的一方，能够通过所谓"武器智能化"、"战场网络化"、"指挥自动化"实现超视距作战、远程精确打击和作战过程全程监控，获得与以往相比更为巨大的战场优势。海湾战争、科索沃战争、阿富汗战争和伊拉克战争证明：信息不对称正成为现代战场上最大的不对称。缺乏信息搜集、捕捉、传输、整合能力的一方，越来越容易遭到对方依托信息优势发起的"先发制人"式的攻击。

五是网络中心战理论。网络中心战以全球信息栅格为基础，将各种分散的探测系统、指挥系统和武器系统三个系统集成为一个统一的高效的信息网络体系。该理论由美国海军作战部部长约翰逊在 1997 年首次提出。③ 美军在 2001 年阿富汗战争中就初步使用了网络中心战这种新战法。在阿战中，美军使用 LINK－16 数据链技术，把地面侦察兵、空中无人侦察机和空中指挥控制机以及空中待命的作战飞机连为一个整体。④

创新作战理论对赢得互联网国际军事博弈的最剧烈形式——战争有重要作用。因此，各国军事理论研究近些年一直很活跃。比如俄军提出了"从空天首先展开的作战行动将决定战争结局"的新作战理论；日本提出了"瘫痪战"理论；美军

① 顾伟：《军事科技与新军事变革》，复旦大学出版社，2004 年，第 235 页
② 顾伟：《军事科技与新军事变革》，复旦大学出版社，2004 年，第 236－237 页
③ 刘诚、陈婷：《聚焦美军——从越战到伊战的军事变革》，解放军出版社，2005 年，第 93 页
④ 薛国安：《世界新军事变革与信息化战争》，载《发现》2007 年第 11 期，第 43 页

近年还提出了"战略瘫痪"思想,"基于效果作战"等理论;[1] 英国、印度等国家也不甘落后,纷纷根据自身特点发展军事理论。如英国最新提出了"网络赋能"概念,印度陆军推出了"冷启动作战理论"等等。[2]

（三）推动军队组织体制进一步优化

马克思指出:"随着新作战工具即射击火器的发明,军队的整个内部组织就必然改变了,各个人借以组成军队并能作为军队行动的那些关系就改变了,各个军队相互间的关系也发生了变化"。[3] 同样,随着互联网信息技术为核心的高科技对军事各要素的渗透和变革,各国都在积极推进军队组织体制的进一步优化,以建立起规模适度、结构合理、机构精干、指挥灵便、适应现代战争特点的新型体制编制[4],使信息这一战斗力的主导要素能在军队内部和战场上快速、顺畅、有序地流动,以适应打未来信息化战争的要求。但是,这种调整总体进展缓慢。

1、压缩军队规模,减少数量,提高质量。当代,由于以信息化为主导的高新技术兵器的投入,单位空间内需要的兵力数量大幅度下降,见表6.1-1。[5] 用节约下来的兵力开支用于开发武器装备,整个部队的综合战斗力还会得到极大提升;同时军队人数减少还意味着,信息在军事系统中的流动和处理会更加高效,有利于提高作战效能。据伦敦战略研究所统计,1985年全球战略兵力总额为2794.66万人,1999年降到了2187.59万人,减少了607.07万人。其中美军规模已经从20世纪90年代初的200万减少到138万;俄军1992年有275万人,2003年8月只剩下116万,而到2005年,只保留有100万人。[6]

表6.1-1　单位空间内所需兵力数量表

	每平方公里人数	每人占据平方米数
古代	100000	10
拿破仑战争	4970	200

---

[1]　任荣珍:《军事专家谈世界新军事变革最新动向》,载《环球》2007年第1期,第56页
[2]　王云宪:《军事领域的大变局》,载《学习时报》2007年9月17日,第7版
[3]　《马克思恩格斯选集》(第1卷),人民出版社,1995年版,第344页
[4]　张治平、叶海源:《世界军事发展新趋势与加快中国特色军事变革》,载《人民日报》2008年4月9日第7版
[5]　顾伟:《军事科技与新军事变革》,复旦大学出版社,2004年,第239页
[6]　李德毅、曾占平:《发展中的指控自动化》,北京解放军出版社,2004年,第17页

美国南北战争	3883	257.5
第一次世界大战	403	2480
第二次世界大战	36	27500
1973 年十月战争	25	40000
海湾战争	2.43	426400

2、推进部队编制小型化、一体化和多功能化，调整军种建设，优化军队结构。体制编制变革，并不仅意味着军队数量、规模的一般扩大或缩小，而是军事结构方式的优化选择。为使军队能够综合运用各种作战力量和作战手段，提高应对不同强度战争以及非战争军事行动的能力，军队作战编成向内部结合更紧，编组方式更活，作战能力更强方向发展。如美军计划到 2031年，陆军的基本作战单位将由师变为旅，并计划组建由装甲兵、炮兵、机步兵、导弹兵、攻击与运输直升机分队组成的一体化地面部队，由多机种组成的空军远征部队，以及由陆军旅特遣队、空军战斗机中队、海军舰艇部队和陆战队远征分队编成的陆海空"联合特遣部队"。

在调整军种建设方面，一是加快创建适应未来信息化战争需要的新型部队。如一些国家正在不断创建和完善以数字化部队和信息战部队为主的新型部队。早在 2002 年，在冷战中以策划和统筹全球核打击为主的最高司令部——美国战略司令部就组建了美军网络黑客部队——网络战联合功能构成司令部（JFCCNW），该部门由世界顶级电脑专家和黑客组成，并在 2003年伊拉克战争中进行了试验性作战，取得了显著战绩；同时美国防部在2006 年底还组建了网络媒体战部队，全天候监控互联网，帮助美军对付"不准确信息"并积极引导利己报道的传播。[1] 二是调整现有军兵种，增加高技术兵种，同时普遍加大海、空军建设力度，突出天、电（磁）等技术部队的发展，军事航天力量、导弹部队及导弹防御部队、电子战和信息战部队等成为军队建设新的重点。现在世界上的军事强国已经开始发展天兵。如俄罗斯将原来的 4 个军种改为陆海空 3 个军种和战略火箭兵、航天兵、空降兵 3个兵种。[2]

① 张海龙：《黑客帝国——美国网络战部队揭秘》，载《国际展望》2007 年第 20 期，第 76 - 77 页
② 任荣珍：《军事专家谈世界新军事变革最新动向》，载《环球》2007 年第 1 期，第 57 页

3、调整军事领导指挥体制。互联网高效处理信息的功能主要源自其分权、平等的内在本质，互联网的这一特点和要求，必然反映到广泛应用互联网信息技术的军事行动中。近些年来的几场高科技局部战争已经充分说明，自上而下高度集中的指控体制已经过时。"信息技术将军事指挥官与战场人员通过声音、数据和视频通讯直接联系起来，传统的等级制的行政（军事）管理系统受到了冲击"①，目前，很多国家的军队正在精简高层指挥管理部门，撤并精简军事领导指挥机构，压缩指挥层次，变纵长形"树"状领导指挥体制为外形扁平、横向联通、纵横一体的"网"状领导指挥体制，从而使信息传输加快、抗摧毁能力增强，信息流程最大程度地优化。

第二节　互联网时代国际军事博弈现状分析

随着当代全球化深入发展，国与国之间被多重的政治、经济和社会关系联系着，军事实力相对以前的重要性有所减弱，但是军事实力在国际关系中仍然举足轻重，这也是各国竞相将互联网信息技术等高新科技应用于军事，开展新军事变革的重要原因。在互联网信息时代，军事实力仍然是国家对竞争对手和改造对象施加控制和影响力的最有效的手段之一。在国家利益存在差异的情况下，没有一个国家会把自己的安全建立在别国的善意上。同时也要看到，互联网时代出现的非对称军事威胁等，使一国独善其身的难度加大，进行国际军事合作是必然之选。

一、国际军事博弈和斗争在互联网时代有新的表现

（一）以获取信息优势为目的的制全维权斗争空前激烈

制权是科技、战术、战略的协同，体现了超出一般技术手段应用的占位优势。因此捕捉制权发展的基本规律对于保持军事优势，提高军事博弈与合作的能力有重大战略意义。回顾战争史会发现，人们对作战制权理论的研究是从制陆权开始的，随着科学技术的发展和人类活动空间的不断扩展，制权理论发展出制海权、制空权和制信息权，直至发展到今天的制天权（即制太

---

① David J. Rothkopf (1998), "Cyberpolitik: The Changing Nature of Power in the Information Age," *Journal of International Affairs*, 51 (2), p. 344

空权）和制网权。[①] 但是在信息时代，仅仅拥有某一领域的单维优势已不足以克敌制胜，真正的"制高点"在于集网络优势、太空优势、信息优势等于一身的制全维权。这是因为网络的普及已使信息从战争的配角上升为最重要的战略资源，信息获取、传递和处理的能力和手段也就成为国际军事博弈与较量的焦点。以光缆、太空卫星等为基础设施构成的有线和无线网络，以及各种天基系统是保持信息优势的最重要手段。

1、争夺制天权。现代理论认为，获得制天权的目的是为了夺取制信息权，太空是夺取信息优势的关键。以侦察卫星、预警卫星、军用通信卫星、定位导航卫星为代表的军用卫星系统是夺取信息优势的重要武器。[②] 虽然卫星的发射运行维护成本高，但作为太空平台在信息获取和传输方面有着无可比拟的优点，比如视点高、范围广、时间长、速度快，不易被击落，不受国界和地理条件的限制等。许多国家利用太空卫星收集并整合事关国家战略等方面的信息，为国家决策服务。制天权深刻地影响着战争的进程和结局。拥有制天权对于在和平时期遏制战争和战时打赢战争都具有重要的战略意义，是国家威慑力量的重要组成部分，是维护国家安全和利益的重要手段，这表现在：一是制天权成为信息化部队使用信息化武器打赢信息化战争的重要基础和前提。未来战争的打击重心将转向敌方的 C^4KISR 系统。而各种天基系统是该系统的重要支持系统，无论是监视侦察、情报传递、目标定位，还是兵器导航、战果评估都要靠卫星的支持。二是陆、海、空、天的联合作战行动将越来越依赖空间信息系统的支援和保障：通信卫星可以使相距遥远的诸军兵种互通信息，密切协同；侦察卫星可以为战场指挥员提供及时准确的战场情况；导航定位卫星可提供精确定位；预警卫星可及时发出预警信号，等等。在伊拉克战争中，美军动用了 49 颗各类侦察和预警卫星，构建了空前规模的空间信息化体系，实现了战场的单向信息透明。三是以卫星为主体的空间军事系统将是一体化全球感知、全球交战系统的核心，全球卫星导航定位系统将成为未来精确指挥控制、中远程精确打击和精确兵力投送的关键装备。美国国家安全管理与组织评估委员会曾在报告中说："从历史上看，陆、海、空都爆发过战争，现实情况表明，空

---

① 李大光、万水献：《从制陆权到制天权：作战制权理论的演变历程》，载《中国国防报》2003 年 09 月 02 日

② 王建华：《信息技术与现代战争》，国防工业出版社，2004 年，第 77 页

间也不会例外。"

目前，美国用于太空的军事开支是其用于太空民用开支的三倍，是全世界所有国家同类开支总和的95％。现在，美国建立了全球最大的卫星导航系统，在太空飞行的卫星达447颗，比其他国家所有卫星的总和还要多，其中绝大部分是军用卫星。美国正在太空抓紧部署反导系统和反卫星系统，企图建立起先发制人的太空武器库。① 从2001年到2007年，美国先后进行了四场太空战演习。2006年，小布什政府甚至表示不阻止太空的军事化，要将美军"先发制人"战略思想贯彻到太空作战领域。据国外媒体报道，2009年2月10日美俄两颗卫星相撞事件后，美军已经决定于2009年10月1日起跟踪所有800颗在轨运行的机动卫星。② 为避免在当代国际军事博弈中处于被动挨打的境地，世界上其他国家也加大了对太空领域的投入。如俄罗斯目前正致力于开发反卫星武器，并且已初步建成15个快速反低轨道卫星系统发射台；此外，俄太空部队还在重点研发天基反卫星导弹，可以对敌方的天基武器系统发起攻击。③ 欧盟作为世界主要的航天中心之一，在发展太空军备方面潜力很大，其正在发展的由30颗卫星组成的"伽利略"全球卫星导航系统的功能可能会超过美国的GPS。日本2007年成功发射四颗间谍卫星，构建全球监视网络，并研发"准天顶"卫星定位系统。在这种态势下，许多新兴国家和发展中国家也在抓紧研发和部署太空武器，以期在制天权方面有自己的发言权，如印度在2007年发射了首颗军事侦察卫星，并计划再发射11颗类似卫星，对有关国家进行定期太空侦察。④ 一场太空领域争夺制天权的军备竞赛已初露端倪。

2、争夺制网权。网络战是争夺制网权的重要方式和手段。简便易行、隐蔽莫测的特点使网络战的作战效果远超传统军事手段。广义的网络战是指敌对双方运用网络技术在政治、经济、军事、科技等领域，为争夺信息优势而进行的斗争；狭义的网络战又叫战场网络战，是敌对双方运用网络技术在作战指挥、情报侦察、武器控制、作战保障等方面，为夺取和保持战场制网权所进行的一系列作战行动。运用网络战，夺取制网权的作战手段包括：一

---

① 袁和平：《日趋激烈的新军事变革态势》，载《党政干部文摘》2009年第1期，第36页
② 《美军称将追踪全部800颗卫星》，载《环球时报》2009年4月1日，第8版
③ 于勇强：《反卫星：俄美加紧斗法》，载《中国国防报》2009年3月17日，第2版
④ 袁和平：《日趋激烈的新军事变革态势》，载《党政干部文摘》2009年第1期，第37页

是利用计算机病毒攻击对方计算机。二是"黑客"通过网络进入敌方计算机系统和网络进行破坏活动。2005 年 3 月，美国防部公布的《国防战略报告》明确将网络空间和陆、海、空、太空定义为同等重要的、需要美国维持决定性优势的 5 大空间。2006 年初，美国媒体正式披露了美国网络战的总体规划。至此，"制网权"——一个备受关注的作战新概念，伴随着一个旨在谋求对整个信息领域最高控制权的宏伟军事蓝图登上战争舞台。① 在科索沃战争中，围绕网络进行的争夺已经引起各方关注。1999 年 3、4 月间，南联盟和俄罗斯的计算机高手和"黑客"成功侵入美国白宫网站，并对北约部队的通信系统进行攻击，使其一度陷入瘫痪并导致指挥中断。2007 年，爱沙尼亚因搬迁苏军解放塔林纪念碑而与俄罗斯关系交恶。爱沙尼亚在近一个月的时间里，连续遭到大规模网络攻击，政府部门、主要政党、媒体、银行和各大公司的网站都陷入瘫痪。北约网络专家表示，虽然很难证明这次攻击与俄罗斯政府有关，但北约和欧盟官员仍然私下里认定，这是已知的第一例真正意义上的"国家间网络战争"。

以上情况表明，网络正在成为国家间军事博弈的新舞台，国家争夺制网权的博弈与较量越来越激烈。2007 年 5 月，美国空军组建的第一个网络战司令部已形成战斗力。该司令部最终将升格为一个由四星空军上将领导的一级司令部，成为与其他 9 个一级司令部平级的单位。按照计划，整个美军的网络战部队将于 2030 年左右全面组建完毕。届时，它将担负起网络攻防任务，确保美军在未来战争中拥有全面的信息优势。俄罗斯赋予网络战极高的地位，明确将其称之为"第六代战争"。据报道，俄军正在加紧研制网络战武器，并在"远距离病毒武器"、"微波武器"等方面取得了重大进展。目前，印度也组建了有自己特色的"网军"——陆海空三军联合计算机应急分队，并积极征召"黑客"入伍，目前印军已经是亚洲拥有电子对抗专用飞机数量最多、性能最好的军队。② 日本自卫队已经组建了一支由陆海空自卫队计算机专家构成的 5000 人左右的网络战部队，专门从事网络系统的攻防，其军方认为随着战争的信息化，战场也将日益趋向网络化，而令敌人的作战网络"瘫痪"，将起到事半功倍的效果。

当前，对空中和太空等作战空间的控制权已经融合升级为制空天权，制

---

① 濮端华：《"制网权"：一个作战新概念》，载《光明日报》2007 年 02 月 07 日，第 9 版
② 傅立群：《当前新军事变革中的国际竞争态势》，载《学习时报》2005 年 11 月 28 日第 7 版

网络权和制电磁权相融合升级为制网电权。空天、网电战场空间的融合进一步促使陆、海、空、天、电、网等无形和有形的全维战场空间逐渐融为一体。未来战争将成为系统对系统、体系对体系的全维对抗。制全维权是未来战争新的"制高点"。各维战场空间的控制权紧密联系、相互制约。任何一维战场空间特别是高维战场空间（如太空、电磁、网络）控制权的得失，将对其他战场空间控制权乃至制全维权产生重大影响。拥有制全维权就"能够进入天、海、地、空和信息等领域并自由活动"，从而"在所有军事行动中都能单独地或与多国及跨国机构伙伴协同击败任何对手并控制局势"，并在"需要时具有不让他人应用空间的能力"。①

（二）新军事变革发展的不平衡性可能进一步刺激军事装备竞争升级

1、新军事变革时代国家的不安全感上升，有可能刺激新一轮军备竞赛

在冷战期间，苏联之所以能够与以美国为首的北约集团对抗40多年，根本原因就在于，苏联拥有先进的军事技术和以先进技术为支撑的大规模杀伤性武器，两大军事集团在军备竞赛中基本上处于实力均衡状态。当代，由于新军事变革发展不平衡性，国际军事力量对比进一步失衡，新军事变革后进国家和那些未及卷入这场变革国家的不安全感急剧上升。

在2003年的伊拉克战争中，美英联军大量使用了新装备、新技术和新手段，动用了多颗卫星参战；使用了全球鹰等无人侦察飞机；投掷了大量联合直接攻击炸弹、精确制导炸弹等特种炸弹；为部队配备了夜视仪、热红外探测系统、战场机器人等新装备；为特种部队安装了单兵漫游系统等；美国的天基雷达和光学系统也发挥了重要作用。这些情况说明，新军事变革可能使全球军事实力和国际战略力量对比发生明显的倾斜，造成一种强者愈强的不平衡态势。北约军事委员会主席瑙曼曾说："由于装备差距不断扩大，欧洲人和美国人无法肩并肩地在同一战场作战的日子已经临近了"。俄罗斯预测，到2020年，世界发达国家的军事实力与发展中国家将拉开数十年的距离。这种情况导致各国尤其是发展中国家的不安全感急剧增加。为了保卫自身安全和避免落后挨打的局面，世界上很多国家都在追赶世界新军事变革大潮，努力发展本国的信息化武器装备和军事系统，这很可能会诱发新一轮军备竞赛。本世纪，研制和装备一代新武器系统的周期，已经由20至30年加快到10年

---

① 王海涛：《浅谈21世纪的制天权》，载《现代军事》2000年第1期，第27页

左右乃至更短的时间，先进武器层出不穷，以至某些国家几乎成了先进武器的收藏家，这直接导致产生了先进武器威慑下的"恐怖均势"①，从而对世界和平、发展和安全构成新的威胁。

2、新干涉主义进一步抬头

随着武器装备高科技含量增加，其生产成本也越来越高，价格也越来越昂贵，大大增加了现代战争的成本。一艘688核潜艇价格为3.46亿美元、一枚战斧巡航导弹造价达50万美元，打一场高技术条件下的战争双方都难以承受。特别是在现代军事高科技基础上研制的环境武器、定向能武器、动能武器、人工智能武器、信息武器、生物武器和基因武器等"新概念武器"，一旦投入战场，其高破坏性和难控制性，使军事对抗双方特别是拥有高科技武器装备的双方都不敢轻易发动战争。② 这意味着如果其战争成本超过战争获胜的预期利益时，战争就有可能得到控制。因此，以互联网信息技术为核心的高科技武器装备与军事系统在当代国际军事博弈中的威慑属性更加明显。各国都在小心翼翼地避免直接运用大批量高科技武器装备进行直接武力交锋。

但是，战争的基本动因是利益矛盾和权力争夺，所以高技术不可能彻底消除战争的根源，只能起到抑制战争规模、避免战争升级为世界大战的作用。尤其是新军事变革的进一步发展，使在局部冲突中使用战争等军事手段的可能性和可控性增强，这刺激了新军事干涉主义进一步抬头，给世界和平与地区安全带来新的威胁。从某些方面讲，新军事变革为国家运用军事手段达成政治目的，提供了低风险、高效能、多样化的可能选择。同时，那些在新军事变革中处于绝对优势地位的国家，增强了其控制战争过程的能力。美军认为："信息所产生的影响正向日益大于炸弹所产生的影响转变"，"信息不再是参谋的功能，而是一个作战的功能。"现代战争是"发现者的胜利"，谁先发现目标，谁就可先发制人。③ 在伊拉克战争中，伊军的信息能力与美英联军的信息优势相比，极不对称。美英联军通过在伊拉克上方的锁眼等侦察卫星，能辨识伊拉克地面15CM的物品，可将伊拉克军队的布防、调动、配属状况一览无余，再通过GPS全球定位系统精确探明位置，进行精确轰炸。而伊军只能骑自行车传递信息，不仅无法掌握美英联军的动向，甚至连己方的军队

① 沈伟光：《信息战对军事领域的十大影响》，载《战略与管理》1995年6月总第13期，第46页
② 冯奋强：《高科技确保国家安全》：载《人民日报》2005年10月14日，第7版
③ 苏恩泽：《新世纪：装备新观念凸现》，载《解放军报》2001年2月21日第11版

状况都不能确切了解，出现了向已经被击溃、建制已不存在的部队下达作战命令的状况。① 信息优势使美国完全可以达到战场单向透明②，一定程度上刺激了其对军事手段运用的冲动。据统计，自1990年以来，美国对外出兵达60余次，占二战后其对外出兵总数的一半以上。

3、非战争形态的军事博弈无时无处不在

传统战争中，进攻者要发动战争，或者防御侵略，都要进行周密准备，在时域和地域上也往往由若干次间断的战役和战斗组成，战时与平时、前线与后方等也有明显界限。但是在信息互联网时代，攻防双方却无时无刻不在反复进行战斗，而且战争准备、实施的界限日趋模糊，战时与平时也几乎没有区别。为了保障本国信息系统不受攻击，各国几乎每天都在进行着战争准备，非战争状态的军事博弈或冲突日益增加。比如有些网络霸权国家可能利用其在信息技术方面的优势，以保障本国安全名义或收买贿赂等手段，将计算机病毒芯片植入其他国家购买的系统软件、数码产品或武器系统内，一旦需要，只需激活那些隐藏的病毒就可发挥重大作用。比如海湾战争爆发前，美国情报部门获悉，伊拉克从法国购买了一种用于防空系统的新型电脑打印机，并准备通过约旦首都安曼偷运到巴格达。美国在安曼的特工人员偷偷把一种带有病毒的同类芯片换装到这种电脑打印机里，并通过打印机使病毒侵入到了伊拉克军事指挥中心的主机。当美国领导的多国部队发动"沙漠风暴"行动时，美军用无线遥控装置激活了隐藏的病毒，致使伊拉克的防空系统陷入了瘫痪，处于被动挨打的境地。此外，那些信息技术发达且别有用心的国家，还可以把"自毁芯片"设伏于出口的飞机、火箭发射器、坦克或导弹里面。这样，今后如果与购买国发生战争，通过隐秘的指令就可以使飞机自爆、武器误射、导航系统发生故障等，等等这些就是信息时代的"木马计"。

在信息时代，军事威胁不仅意味着大兵压境、陈兵百万，而且更多的时候是来自信息网络上的突然袭击，是国家和军队的"中枢神经""面对面"的遭遇战，甚至一时无法知道对手是谁，威胁来自何方，战争是从什么时间开始的。此外，在信息网络条件下，像舆论宣传、情报对抗、网络侦察等实

---

① ［美］晓宗：《信息安全与信息战》，清华大学出版社，2003年，第31页

② David J. Rothkopf (1998)，"Cyberpolitik: The Changing Nature of Power in the Information Age," Journal of International Affairs, 51 (2)，p. 343

际上都是非战争形态的军事行为的具体表现，实际上也是战争实施的一部分。广义的信息战，并不只出现在交战的敌对状态中，即使在和平时期，在战略盟友之间，相互刺探对方的政治、经济、军事等信息也是常见的事。① 战争的社会化以及国家之间战争的非军事性成为新趋势，并具有高频率、突发性和不确定的特点。从这个意义上讲，局部冲突更易于爆发，也更难以把握。同时，信息网络技术的普及等，使战争的发动者不仅限于国家之间，企业、宗教团体、恐怖组织、贩毒集团和犯罪团伙均可能拥有发动各种形式信息化战争的手段和能力，使当代战争更加具突发性和不可测性。

（三）网络环境下的军事信息安全保密形势更趋严峻②

以"谷歌地球"为例来说明这一问题。"谷歌地球"是一款由美国谷歌公司开发的虚拟地球仪软件，2005 年向全球推出，它把卫星照片、航空照相和地理信息系统（GIS）布置在一个地球的三维模型上。用户们可以通过一个下载到自己电脑上的客户端软件，免费浏览全球各地的高清晰度卫星图片。"谷歌地球"功能强大，拥有遍布全球、定期更新的卫星和航拍图及数量惊人的存储和检索量，这对于一个中等国家的军事侦察机构来说都很难做到。据报道，谷歌的类似业务与其 2004 年 10 月 27 日对 Keyhole 公司（有美国中央情报局背景）的收购有关。此外，谷歌地球还与美国五角大楼关系密切，在现有"谷歌地球"技术团队中，许多人员都有复杂的特种部队和情报部门工作背景。为"谷歌地球"提供部分原始图像的 DigitalGlobe 公司也与美国五角大楼也有着千丝万缕的联系。③ 而且仅凭"谷歌地球"向其用户收取的有限升级收费显然不足以支付卫星图像定期更新的费用，资金缺口由谁来填补，非常令人怀疑。

英国《简氏防务评论》、美国科学家联盟、《汉和防务评论》等机构为代表的民间情报分析组织，往往大量使用"谷歌地球"进行研究分析，频频披露关于一些国家的所谓"军情内幕"。且不管其依据的信息真实与否，这些言论都有可能引起相关国家的误判，为国际和地区和平和安全投下阴影。比如 2008 年 5 月 2 日，英国《简氏情报评论》报道称，通过"谷歌地球"照片，

---

① ［美］晓宗：《信息安全与信息战》，清华大学出版社，2003 年，第 54 页

② 《国际先驱导报》中的《中国严查谷歌地球泄密，涉嫌曝光我军事机密》2008 年 5 月 29 日

③ 这家在世界商业影像卫星领域名列前茅的公司是五角大楼的长期合作伙伴。每年五角大楼都会向它提供数十亿美元的资助作为回报，Digital Globe 的卫星数据会在第一时间交给五角大楼，有些极有价值的图像数据甚至与专业情报机构搜集的数据一起，被当作高度机密留存不宣

可以确认中国正在海南三亚地区建设一个巨大的潜艇基地。同时，谷歌地球的这些功能也使网络环境下军事信息安全保密形势异常严峻。据2007年6月《解放军报》报道，济南军区某红军团在战备活动中曾发现"谷歌地球"不仅把部队的各种设施反映得一览无余，甚至可以从中看出部队的演训方法。特别要注意的是"谷歌地球"具有网友自动标注功能。通过与网友的互动，大量信息被丰富到"谷歌地球"上去，从元首住处，到军用机场里的飞机型号，都有网友在'谷歌地球'上标注过。这实际上能帮助有些国家的情报机构完成模糊情报的判断和确认工作。

由此可见，"谷歌地球"对各国，尤其是弱小国家的军事设施信息等地表机密有很大威胁。在这种情形下，当事国如果有所回应，不论肯定还是否定，都有助于敌方情报机关进一步判断该地区军事设施的真相。而不加辩白就会多多少少被认为情况有属实成分。这对大多数国家来说是一个公开的陷阱。笔者认为，信息网络环境下，经济技术相对落后的发展中国家的军事安全与保密面临巨大挑战。这种威胁不仅表现在盘旋在这些国家上空的各种军事卫星，还表现在军事技术强国对互联网这一工具运用自如，善于在互联网上发动广大缺乏军事信息安全保密意识的普通网民，利用他们对军事的爱好和兴趣，诱导他们将相关的军事信息在网络上进行标注和更正，这一情况值得深思。

二、缓和与合作：互联网时代国际军事博弈的重要特征

（一）加强国际军事合作的内在动力：共同应对网络环境下的非对称威胁

当前，各种国际国内冲突主要是由国家及其军队解决，军事强国的绝对优势决定了冲突解决的基本结果。但是，在信息网络条件下，国家独享的绝对优势定律正在遭遇到非对称优势的挑战。[①] 互联网信息技术的迅速发展及扩散，使形形色色的个人和组织等非国家行为体能够将这种低成本技术作为自身力量的增大器，并将其作为新的攻击手段。这种攻击可以分为两种类型：一类是来自于黑客等个人的无组织性或随机性攻击，主要是为了显示个人存在、谋取经济利益或展示其攻击技术；另一类是针对公共或私有系统的大型的、有组织的战略性攻击，这类攻击有明确的政治或社会目的。[②] 后者实质上就是网络恐怖主义的一种。

以色列、俄罗斯、韩国以及中东等国家和地区的黑客组织、甚至美国本

---

① David J. Rothkopf (1998), "Cyberpolitik: The Changing Nature of Power in the Information Age," Journal of International Affairs, 51 (2), p. 342

② 蔡文之：《网络：21 世纪的权力与挑战》，上海人民出版社，2007 年版，184 页

国的黑客都将攻破美军方系统作为展现其技术的最好机会。2001 年 10 月, 中东黑客组织 "GFORCE" 利用台湾地区部分网站的安全漏洞, 侵入多家公司电脑主机, 然后假借这些公司的 IP 地址, 大肆攻击美国国防部与军事网站并获取机密文件。英国《独立报》曾披露, 一个年仅 16 岁的伦敦男孩借助网络, 成功地窃取了数百个和五角大楼有往来的电脑用户名称、账号, 还把窃取的美国战略核武器的情报以及五角大楼人事档案在网上公布, 一度引起美国国防部的恐慌。① 这些攻击意味着, 网络同样能使力量弱小的国家和非国家行为体, 甚至个人得到原来专属强国或一般国家的技术和力量。美国的国防科学委员会信息战工作组在报告指出: "进攻型信息战受到很多人的青睐, 原因在于与研发、维护和使用先进军事力量相比, 这无疑是廉价的。在互联网上教唆、创建虚假信息、操纵信息或向与全球共享的信息基础设施相连的信息系统发送逻辑炸弹几乎不需要花费什么成本"。②

真正对国家有重大危害的非对称攻击是第二种形式。在新的国际环境下, 病毒传播的随机性以及黑客攻击原有的技术反制和个人炫耀色彩正在发生变化, 黑客对网络的入侵行为开始带有某种政治与社会目的。这种攻击方式以及造成的后果明显具有恐怖主义的特征。目前国际上关于网络恐怖主义有不同定义。一般而言, 网络恐怖主义是一种主要由非国家力量 (也不排除有国家力量介入) 主使, 针对信息及信息基础设施、带有明确政治目的的攻击行动。一些国际信息安全专家认为, 功能强大的 "尼姆达" 病毒, 就是中东伊斯兰极端组织为攻击美国信息网络系统制造的。在现实生活中, 无论多么强大的对手, 只要其高度依赖网络, 恐怖分子都可以找到袭击方法。他们可以从世界上多个地点同时向某一个军事目标或民用目标发动攻击。在恐怖分子眼中, 每个芯片都是一种武器, 每台计算机都有可能成为一个作战单元, 每一位平民百姓都可能编制并实施网络战计划。一旦对立双方展开全面信息战, 就连恐怖分子自己可能都无法确定会发生怎样的灾难。同时, 笔者认为, 传统形式的恐怖主义如果与网络提供的组织、通讯、信息获取等便利相结合, 威力可能更加巨大。据英国《太阳报》2009 年报道, 谷歌地球新近公布的卫星图片显示, 在位于苏格兰的法斯莱恩海军基地仅 10 公里之地方, 就是英国核弹头的存储地点。有军事专家认

---

① 胡键、文军:《网络与国家安全》, 贵州人民出版社, 2002 年, 第 53 页
② David J. Rothkopf (1998), "Cyberpolitik: The Changing Nature of Power in the Information Age," Journal of International Affairs, 51 (2), p. 347

为，这些网络信息使恐怖分子更容易向该基地进行精确打击，从而造成不可估量的巨大损失；但他们也表示很难控制或阻止网络提供卫星图片。① 这势必要求国际社会加强合作，共同约束、规范这类网站的行为。

美国学者曾提出"战略信息战"的新概念，就是专指通过破坏和操纵计算机网络上的信息流的办法，对国家国防和基础设施实施破坏，以达到其战略目的的一种作战手段。他们把这种"不费一枪一弹的战争"列为对国家军事安全最具威胁的三大挑战之一来考虑（其他两大挑战是核战和生化武器战）。美国国防部专门组织了"信息战执行委员会"研究国家信息战的战略，并对所属的网络和互联网站点进行大量的攻击演练，以防止"电子珍珠港事件"的发生。② 但是，随着信息网络技术的不断发展和普及，未来网络恐怖攻击的可能性和频率会大大增加。网络本身的特性及网络安全的脆弱性为恐怖主义提供了更大的活动空间和更隐蔽有效的攻击手段，因而防范难度会越来越大。而且由于互联网的国际属性，针对某信息系统发达国家的网络恐怖袭击，还会直接或间接地给其他国家的信息系统带来程度不一的危害，也有可能在全球范围造成灾难性后果。因此，网络恐怖主义是一个非传统安全领域的新的全球性问题，而且当前已经很难区分恐怖主义、普通犯罪以及其他非国家行为体和有国家支持背景的行动：他们赖以生存的资金、武器和技术来源互有关联；其行为都在造成巨大经济损失的同时伴随着严重的政治和社会后果。因此单靠一国的军事力量恐难有效防范和处理，需要加强全球军事合作及军事、司法、外交和情报等部门的配合，以及综合治理。各国应抛弃以相互猜忌和自我保护为特征的冷战思维，在国家、国际机构和关键非国家行为体之间确立国际合作的新精神，否则将来即使是现在最强大的国家也很难阻止这类非对称威胁对人类的伤害。③

（二）互联网有利于提升国际军事透明度及增强各国的军事互信、交流与合作

第一次世界大战结束后，军事透明度问题逐渐引起各国关注。第二次世界大战结束以后，美苏之间为了保持战略平衡，重启军事透明度问题的探讨。军

---

① 《谷歌地球曝光英军核基地》：载《环球时报》2009－03－03，第8版
② 明安香：《信息高速公路与大众传播》，华夏出版社，1999 年版，第 164 页
③ David J. Rothkopf (1998)，"Cyberpolitik：The Changing Nature of Power in the Information Age，" Journal of International Affairs, 51 (2)，p. 350

事透明作为一种相互监督和相互施压的措施正式出现在裁军和军控领域。到了上世纪 70 年代，在美苏缓和的带动下，欧安会开始在全欧范围内倡导"建立信任措施"（CBM）的概念和实践，军事透明度是其基本原则之一，在此后欧安会的相关条约和文件中还规定了军事透明度的措施，包括提前通报重大军事行动、交换军事信息、增加军事交流、公布军费预算等。由此可见，军事透明度问题是伴随着国际军事斗争的发展演变而来的，是国际军事战略博弈的产物。

军事透明度问题并非纯粹的军事问题，在很多时候这是一个敏感的政治问题。冷战结束后的近二十年来，相关国际和地区组织也在提高军事透明度和建立信任措施等方面作出过多种安排。由此看来，提高军事透明度已成为一种潮流和趋势，是增进国家战略互信和军事合作的一种手段，其积极作用正在得到越来越多国家的认可。在提高军事透明度过程中，必须注意该问题永远是一个相对性问题，不可能有绝对统一的标准，发展中国家和发达国家在这个问题上不可能在同一条起跑线上。军事透明对于富国、强国来说，是炫耀武力、实施威慑的利器；军事不透明对于小国、弱国来说，则是安邦保国、避实就虚的工具。因此，要特别注意把握军事透明的程度和范围不能伤及国家安全和利益，需要根据国家间关系的性质（盟友、敌人或非敌非友）及特定时期的国际形势来进行相应的调整。

如前所述，互联网的出现逐渐模糊了国际国内的界限。通过互联网向国内发布的信息，同时也面对世界各国和整个国际社会。同时互联网的一些功能和特性，也使国家主动或被动地提高了国家对内、对外的军事透明度，这在客观上促进了国际军事交流与合作，增加了各国了解与战略互信，主要表现在：

1、在世界多极化趋势不断发展，各国战略利益拓展和竞争日趋激烈的情况下，互联网成为各国特别是军队之间建立互信机制和稳定沟通渠道及增强军事透明度的平台和基础。由于互联网的使用在一定程度上密切了各国之间的联系，各国之间的政治、经济、军事状况也因此而变得相对透明，使得有关各方有条件在局势严重恶化之前进行充分的沟通和协调，从而增加了和平解决危机的可能性[1]，有利于促进各国在军事领域的互信，促进国际军事博弈与合作向良性健康的方向发展。如传统军事透明做法之一的话语透明，在互联网条件下实现更为容易，效果也更好。完全有可能把互联网建设成官方或

---

① 任晶晶：《互联网在现代国家和国际关系中的作用探析》，载《当代世界》2006 年第 5 期，第 42 页

民间军事交流互动和政策释疑的平台，增强国际社会的战略互信。

2、在互联网成为全球信息资源库的情况下，有关一国军事战略、核战略、军费投入、军队体制编制、规模数量、结构组成、武装力量使命任务、主要常规武器装备性能、数量等方面的信息基本都可以在互联网上找到，全球军事透明度从总体上得到很大提升。但是，这些信息有些较为客观的反映了真实情况，有的则只是主观臆断，如2007年1月31日出版的《简氏防务周刊》的一则报道，依据互联网上流传的一张模糊照片，就臆断中国研制了一种新型巡航导弹"东海－10（DH－10）"，这种猜测可能会在一定程度上影响和误导其他国家对中国军事实力和意图的正确判断。这种情况造成的压力使国家不得不利用互联网等媒介做出主动或被动的回应。有的国家通过建立权威军事网站的方式，向社会及全球发布权威信息。如中国的中国军网等，经过几年的运作，已经初步树立了"消息灵通"和"权威发布"的媒体形象，并在2003年开通了英文版，成为社会各界和国际社会了解中国国防建设情况的第一窗口，具有很强的公信力与权威性[①]，有利于减少其他国家对中国的误解、猜疑与战略误判并增加战略互信。

3、新军事变革中建立的各种天基系统及全球信息系统的发展将世界各国紧紧联系在了一起，客观上有利于提高军事透明度及各国军事交流合作。目前，世界上的主要国家均有一定能力对他国的军事动向进行太空监控，有的国家通过陆、海、空、天、电和网络一体的情报侦察体系，不仅能够在地球任何角落追踪重大军事或恐怖行动，还能对别国展开全方位、全天候的情报侦察，再加上无孔不入的间谍手段，许多国家无密可保。如2008年6月27日炸毁的朝鲜宁边核冷却塔，之前一直处于美国军事卫星24小时监控范围内，侦察卫星对冷却塔温度变化的红外感应灵敏度达到了0.5摄取氏度。[②] 这从一个侧面促使国家对现行的军事透明与保密政策进行调整：即一方面大力加强军事保密工作，如对军费具体流向，战略武器装备的战术性能、发展数量、作战部署，对新型武器的研制开发、试验进程等必须严守机密；另一方面也要注重利用包括互联网在内的管道，积极主动提高军事透明及拓展军事交流与合作的范围，从而赢得较为有利的国际舆论环境。英国的《金融时报》就

---

① 王惟红：《中国军网：打造军事类网站的"航空母舰"》，载《军事记者》2008年第1期，第48页

② 《朝鲜称今日炸毁冷却塔》：载《环球时报》2008年6月27日第1版

认为，"建立一个合作的、基于空间的信息系统以实现全球军事透明化"，在此基础上加强包括全球情报信息合作在内的军事合作将使各国"减少国防开支，共同投资教育、健康和环境保护领域"。①

（三）新军事变革对国家经济科技发展的反推作用制约了国际军事博弈恶性发展的可能

以互联网信息技术为核心的新军事变革由于需要投入大量的人力、物力、财力，要以国家的经济技术实力为坚强后盾。但新军事变革并非只有投入没有产出的黑洞，也不是仅仅具有军事价值，它具有一定的独立性，在吸收社会投入的同时又带动、刺激并反作用于国家的科技发展和经济建设，这种对经济目标实现的巨大作用，降低了爆发战争等恶性军事博弈的可能性。同时，从技术的角度讲，以互联网信息技术为核心的新军事变革具有长期性、复杂性特点，决定了一国的军事发展不仅需要国内各部门的支持和配合，也需要世界上其他国家的参与和合作。

1. 军事需求不仅是推动技术革命的火车头，也不断推动军用科技向民用、产业化方向发展，对国家经济社会发展有重大作用。历史经验证明，各国为了本国安全和利益，避免被动挨打局面，历来积极推动军用高技术的发展。同时，国防科技蕴涵着巨大的民用潜力和促进经济增长和国家发展的巨大力量，许多国防科技常常是民用技术突破和推广的重要基础。这些科技运用到经济社会的发展中，会优化国家经济结构，提升综合国力，增强国家在世界经济和国际政治中的比重和分量；同时这些军用转民用的科学技术在全球范围内的应用，加深了世界各国在经济、科技、政治、军事、文化等各个维度相互联系和相互依存的程度。互联网从最初的军用转向民用，直至全面商用，并成为在全球各个领域发挥重要作用的关键基础设施和技术就是明证。此外，美国的全球定位系统 GPS，最初是为了解决军事问题而立项，但是目前的 GPS 早已突破了军用局限并为世界各国所采用，2003 年，与一般大众日常生活有关的四项应用占其总应用量的比例高达到 89.1%。多年来美国在出售 GPS 信号接收设备方面赚取了巨额利润。以 GPS 为代表的卫星导航定位应用产业，已成为八大无线产业之一。据美国国家公共管理研究院进行的调查评估表明，GPS 的全球销售额以每年 38% 的速度增长，2005 年全球 GPS 市场已达到 310 亿美元。② 此外，据美专家估计，2000 年，美国空间技术行业的利

---

① 《英媒：为避免冷战，中美应从五方面开展合作》：载 http://china. huanqiu. com/eyes_ on_ china/2008 – 02/62363. html（2008 年 6 月 23 日访问）

② 《中国北斗卫星导航系统打破西方太空垄断》：载 2007 年 2 月 7 日《国际先驱导报》

润，已经达到 1250 亿美元，到 2010 年，美空间投资累计额将达到 5000 至 6000 亿美元。巨大的经济技术利益前景及全球互联互通的现实，对各国国家安全与军事战略产生了重大影响：各国普遍意识到，由于战争对经济技术发展的消耗和破坏巨大，即使在矛盾尖锐的情况下，战争也不是唯一的解决办法。也就是说，军事科技与民用科技、军事发展与经济社会发展在信息时代形成了一种错综复杂的联系，无形中降低了国家间冲突向恶性博弈方向转化的可能。

2、新军事变革中以网络信息技术为核心的高科技的高投入、复杂性及变革进程的长期性，增加了当前国际军事博弈中的合作成分。这表现在：一是当代投入巨大的军事科学技术发展过程中出现了各国共同开发的趋势。在全球化的今天，武器装备及相关技术的研发生产也具备了全球化的特征。许多大型武器装备及技术的研发，往往需要多个国家进行合作。如 2002 年，欧盟启动了"伽利略计划"，计划投入 34 亿欧元，2003 年，中国就与欧盟签署了有关伽利略计划的合作协定，成为该卫星导航项目最重要的非欧洲合作伙伴，目前双方合作项目已有 14 个。①二是考虑到比较优势的经济价值，各国军事技术转让与合作的势头不减。例如，据相关媒体报道，俄印两国将在 2010 年前完成超过 200 多个不同的技术合作项目，涉及的总金额约为 200 亿美元。许多俄制新型装备也将吸收印度科研人员来共同展开研发。这说明，目前俄罗斯针对印度的军售战略已由以前的单纯武器出口转向提供技术、共同研发和资源共享，这也成为俄印两国军事合作的新特点②，也代表了全球军事技术合作的新趋势。此外，随着大国关系的变化，军事装备与技术合作也呈现出阶段性的地区特点。如伊拉克战后一段时间，由于美英与老欧洲裂痕加大，欧洲范围内的军事装备与技术合作进一步发展，特别是法、德等国加大了与俄罗斯的合作力度，在军事装备与技术合作领域形成新的协作关系，以抗衡和制约美英。三是国家之间爆发全面信息战对经济社会造成的灾难性后果，制约着国际军事博弈中爆发全面信息战的可能。正如核战争可能给全球生命、生态等带来毁灭性后果制约着国家在军事冲突中全面使用核武器的可能一样，在军事冲突中全面使用信息武器可能带来的灾难性后果也起到了类似的作用。国家间如果爆发全面的信息攻击，攻击的首要目标是联结国家政治、经济、军事设施和整个社会的计算机网络系统。一旦这些与生产、生活及武器装备等相关的系统等遭到攻击，停电、断水、交通瘫

---

① 《中国北斗卫星导航系统打破西方太空垄断》：载 2007 年 2 月 7 日《国际先驱导报》
② 《印度掌握造核潜艇技术 想做军事研发大国》：载 2006 年 9 月 7 日《国际先驱导报》

痪、战略武器包括核武器失控，那将会是什么样的情景呢？鉴于这一后果的不可测性，国家对国家间冲突的处理将更趋谨慎。

第三节　提高互联网时代国家军事博弈能力

世界新军事变革迅猛发展，各国在军事博弈中力量对比出现新的失衡，以美国为首的西方发达国家凭借其在互联网信息技术方面的优势，对军事战略、装备发展战略等进行了前瞻性重大调整，在军队现代化建设方面与多数发展中国家拉开了更大的距离。发展中国家与它们的差距已经不再简单是以往机械化战争中作战双方在武器装备方面的"代差"，而是在现代军事技术研发应用、军事战略思维方面形成的工业时代与信息时代的"时代差"。这种情况下，发展中国家战略选择的难度进一步增大：一方面，如果不顺应世界潮流，积极推进本国新军事变革，与发达国家军队存在的差距就会越来越大，国家安全就没有保障；但是，如果把大量精力用在军事发展上，就会影响国家经济建设，从根本上削弱国家的综合竞争力。面对世界新军事变革的挑战，发展中国家何去何从、怎样决断，是一个关系重大、非常复杂的战略难题。为解决这一战略难题，发展中国家必须学习借鉴先进国家经验，正视新军事变革存在的客观性，结合本国实际，创新观念，跳出"机械化军事思维"定式，把培养和造就高素质的新型军事人才置于军队建设的核心地位，不断完善军事人才生成机制，保障和加速军队的信息化建设；积极参与国际军事合作与交流，实现跨越式发展，在激烈的国际军事博弈与日益增多的国际军事合作中增强自身实力，更好地维护国家主权、国家安全和世界和平。

一、适应信息化战争要求，转变军事思维方式

军队转型，思想先行。在未来的战场较量中，比技不如人更可怕的是思不如人。伴随着以信息化为标志的新军事变革，军事思维方式必然呈现出不同以往的新特征和新时态。军事思维方式的变革和创新已经成为军队的一种重要战略能力。面对世界新军事变革不断向纵深发展的强劲趋势，一国必须冲破以往战争经验和理论的束缚，加速实现对传统军事思维方式的突破和超越，[①] 以在这场与时间赛跑的军事博弈中增强实力，占据主动。

（一）变要素型军事思维为体系化军事思维。要素型军事思维是农业时代

---

① 邓一非：《实现军事思维方式的历史超越》，载《光明日报》2008 年 1 月 17 日，第 9 版

和工业时代的产物，侧重于进行要素分解和个体要素分析，在这种思想指导下，陆、海、空等各军兵种单独发展，横向联系少；武器装备之间的横向互联互动注重不够；在军事组织体制改革中，对整体功能提高重视不够；在战争中也主要采用"要素打击式"战法，谋求用量的优势削弱对方的整体实力。体系化军事思维实质是用"大系统"的观点来处理军事问题，进行军队建设和军事活动。这种思维方式注重建设信息化武器装备体系；强调压缩领导指挥层次，使领导指挥系统扁平化、网络化，以便于信息快速流动和使用。军队向信息化转型，是一个十分复杂的系统工程，不仅要搞好顶层设计、系统筹划，而且要摒弃各自为政、分散建设的落后做法，实现整体推进、协调发展，[①] 当代信息力已经成为核心军事能力主导性要素，要把信息化建设纳入核心军事能力建设的总体布局中来谋发展，着眼长远、立足现实，有所作为，以促进核心军事能力全面发展。[②]

（二）变现实应急型军事思维为未来前瞻型军事思维。急剧变革的军事领域出现的新动向、新发展、新趋势、新特点，势必要求人们进行前瞻性的、动态的超前预测，并做出正确判断、指导和处置。这就要求在思维方式上由侧重现实应急型的分析疏理应对，转变为更加注重动态发展的前瞻展望，要站在信息时代的制高点，跟上新军事变革的发展步伐，以战略家的思维，超越时空局限，进行前瞻研究、预测研究和趋势研究，使军事思维更具灵活性、变通性和建构性。近年来美军出台的《2020联合构想》、《全球到达，全球力量》空军建设构想、《21世纪保卫美国》航空航天部队建设构想等，都是前瞻战略研究的重要成果，[③] 增加了工作的预见性及掌握部队建设发展的主动权。

（三）变封闭型军事思维为开放型军事思维。思维的开放程度与全球化发展及一国生产力发展水平、文化传统和社会制度有密切关系。封闭型思维方式表现为不去或很少去了解、考虑外界（外国）事物的发展变化的思维方法。开放型思维方式，就是敞开思想，放眼世界，使思维活动经常处于全方位"扫描"之中，善于借鉴别人之长补己之短，兼收并蓄，发展自己。一国国防是保卫国家安全和利益的中坚力量，因此，各国对军事领域的开放普遍持谨

---

① 解正轩：《积极推进中国特色军事变革——三论深入学习贯彻江泽民国防和军队建设思想》，载《解放军报》2005年4月26日
② 《解放军专家：信息力成核心军事能力主导要素》，载《解放军报》2009年3月19日
③ 邓一非：《实现军事思维方式的历史超越》，载《光明日报》2008年1月17日，第9版

慎态度。但是这种谨慎并不代表在军事发展上自我局限。随着经济全球化、社会信息化和全球新军事变革的蓬勃发展，关起门来进行国防和军队建设越来越行不通。必须树立开放型军事思维观念。要把本国军事放到世界军事发展的大势中去比较、分析与考量，分析本国军队发展方向、思路与方法是否符合世界军事发展的潮流并找出差距的症结，并通过积极开展国际军事交流与合作，补齐"短板"，实现跨越式发展。[1]

（四）变保守型军事思维为开创型军事思维。保守型军事思维的特征是以旧习惯、旧传统、旧思路为思考问题的准则，习惯于从旧有"传统"和"经验"中找答案。在信息时代快步走来和新军事变革蓬勃发展的今天，必须变保守型军事思维为开创型军事思维。军事人员要跳出"从众"、"附和"的思维怪圈，培养敢于质疑、独立探寻的思维品格，不断追求新发现，善于提出新见解，勇于开辟新领域，敢于独辟蹊径，不断创立新理论、发明新技术、创造新战法。在充满挑战性和盖然性的军事领域，这种思维品质更能适应信息占有方面的非对称性和不确定性的特点。

二、高度重视当代国际军事博弈中人的因素

以互联网信息技术为核心的新军事变革使军事构成要素发生了质的飞跃。武器装备进一步信息化、智能化，战争形态正向信息化战争的方向转变，军队的体制编制也更加适应信息化战争的需要。这些都对军事人员的素质提出了更高的要求，缺乏信息意识与素质的军事人员不能胜任信息化战争的要求。可以说，当代国际军事博弈与较量的核心是人与人之间的较量，军事人员的素质必须由"体能结构"向"智能结构"转变。[2] 先进科学技术、武器装备、指挥管理方式、训练方法、体制编制，以及军事理论、战略战术思想等，只有被具有现代精神、创新意识和信息素质的人掌握和运用，才能真正提升国家的军事博弈实力与能力。当前，在幕后发挥作用的专业技术人员在军队人员构成中占的比例越来越大就说明了这个问题，比如美军专业技术人员的比例已经占到军队的半数以上。[3] 他们必须有能力利用现代军事信息技术，有效掌握、处置和运用信息，使信息在战争和军事行动中发挥最大效能和威力。

---

① 王保存．《当前世界发生的最重大军事事件——世界新军事变革扫描》，载《黄埔》2004 年第 1 期，第 27–28 页

② 沈伟光：《信息战对军事领域的十大影响》，载《战略与管理》1995 年 6 月总第 13 期，第 46 页

③ 刘燕：《新军事变革中的人才培养思考》，载《国防科技》2007 年第 11 期，第 58 页

为提高军事人员驾驭日新月异的军事信息技术，掌握千变万化战场情况的能力，以在当代国际军事博弈中占据竞争优势，国家应该从以下几个方面着手：

（一）提高全社会公民的综合信息素质。军事人员来源于社会，社会的信息化水平及公民的信息素质提高了，军人的素质和能力也就有了更好的基础和保障。中国著名军事专家金一南就曾说过，从广义的角度来讲，增强信息化战争的能力实际上是一个社会总体素质提高的问题。他举了这样一个例子，1997 年他在美国学习时，美军的第一个数字化旅的旅长科因斯少将在美国国会就组建信息化部队作证时曾受到议员们的质疑，议员们疑问主要集中在信息化部队的士兵要多长时间才能掌握这些高科技武器装备，再培训教育的成本是否会超出战争的收益等。科因斯将军后来找了两个普通士兵在国会回答了国会议员的质询。这两名士兵表示只用几周时间就能够掌握部队的数字化装备，因为他们各自的家庭都能上网，学校也开设计算机课程，这些武器装备的原理与他们平时玩的网络游戏也有相通之处，所以学习掌握这些数字化装备的时间等成本非常低。国外学者也认同这一观点，"从同样使用键盘和鼠标来看，数字战争实际类似于计算机游戏，虚拟性模糊了真实和想象世界的界限，因此一国包括电影和计算机游戏产业等在内的娱乐产业，其效果、战术工具和软件等也是军事方面越来越重要的灵感之源，甚至也是专业技术方面的启示"。[①] 相比之下，发展中国家的情况则不是很乐观。以中国为例，由于中国整个社会的信息化水平较低，尤其是农村家庭上网普及率偏低，对战士的培训教育要从什么是电、交流电、无线电、集成电路、大规模集成电路等一步一步开始，全部学完要一到两年，很快又到了复员时间。因此，发展中国家军队信息化建设的负担和成本比发达国家要重。随着发展中国家社会信息化程度的提升，这一现象可能会逐步得到改观。

（二）改革军事人才选拔培养机制，将最优秀的"精英"人才充实到军队中。西方发达国家为了造就信息时代的新型军人，采取的重要措施之一就是贯彻两个"精英"的思想，即把社会上的"精英"招入军队，使军队的"精英"晋升到将军，这一点值得其他国家借鉴。通常情况下，那些有成员入选相关军事院校的家庭，都会受到美国媒体各种形式的宣传褒扬，全社会对国家武装力量的认识较高，也很有参与热情。美国占全世界 6% 的人口，但是它却拥有全世界 41% 的博士，现在美军军官 100% 都接受了系统的本科教育，

---

① Der Derian, J. (2000), "Virtuous War/Virtual Theory," International Affairs 76 (4), p. 771 – 788

其中美国空军军官中拥有硕士、博士学位的占到51.4%，日本军官100%拥有大学本科以上学历，俄罗斯的军官则98%以上接受高等教育①，即使像波兰、印度这样的发展中国家军队，其军官90%以上具有学士学位，目前中国军官中80%以上也受过高等教育，如图6.3-1所示。

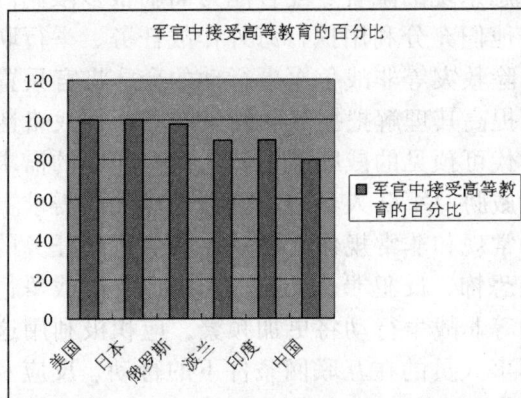

图6.3-1 不同国家军官中接受高等教育的百分比

相比之下，还有许多发展中国家，由于文化传统、体制机制、公众舆论等原因导致整个社会对武装力量认识存在误区，认为从军入伍是最后的出路。比如目前中国接受高等教育的军官虽然不低，但拥有硕士、博士的比例不足2%，而且还主要是军事学理论方面的，军队函需的专业信息技术人才非常缺乏。因此，改革军事人才选拔培养机制，将社会中最优秀的人才充实到军队中显得非常急迫。一方面，要在全社会和军队中树立人才是兴军之本的战略价值观。另一方面，既要充分发挥军队院校人才培养基地的作用，又要重视利用市场培养军队人才。比如，美军经常会聘用一些高科技企业的高技术人才为军事顾问，帮助指导武器装备研发，并利用市场为军队培育和造就大量人才。② 此外，还要加大依托国民教育体系培养军事人才的力度，加大政策倾斜及舆论宣传工作，把最优秀的人力资源和技术资源配置到部队中。同时，还要改革院校培养模式，培养复合型人才③，提高军事人员的信息素养、高科技知识水平和实施信息化作战的能力。④ 只有用一流人才组成的武装力量才能在当代国际军事博弈与较量中，实现国家意志、保障国家利益和安全。

---

① 薛国安：《世界新军事变革与信息化战争》，载《发现》2007年第11期，第45页
② 刘燕：《新军事变革中的人才培养思考》，载《国防科技》2007年第11期，第59页
③ 吴玉金：《正确处理我军装备建设的四大关系》，载《瞭望新闻周刊》2003年7月14日，第28期，第23页
④ 王保存：《各国军队信息化建设的不平衡性》，载《学习时报》2006年9月18日第7版

（三）利用和平时期的非战争军事行动和各类战争实验室，将锻炼队伍放在重要位置。"小行动、大背景，小战斗、大战略"，是信息时代战争的突出特点。在这种情况下，为适应当代日益复杂的战场环境，必须通过各种方式增强军事人员的战略意识、思维能力和实战能力。在和平时期，通过实战来检验人、武器和信息系统的融合、配合能力面临很多限制。这里，我们可以借鉴美军的做法，他们充分利用执行海外作战任务、举行联军演习、参加国际维和、反恐、抢险救灾等非战争军事行动的会，将官兵置于现实的战略环境中开阔视野，以提高其理解把握互联网条件下执行战略性行动和事务的能力。而且，工业时代可预见的威胁对军队人员专业性的需求，正在让位于信息时代的不确定性威胁对军队人员适应性和多能性的需求上，各级军事人员必须具备执行各种常规和非常规作战以及非战争行动任务的素质，由军队承担的维护和平、反恐怖、反犯罪、反走私和缉毒等准战争行动，以及抢险救灾、人道主义援助等非战争行动将更加频繁，应积极利用这些非战争的军事行动，锻炼各级军事人员的在互联网条件下的行动、反应及配合能力。比如目前中国就已经把信息战攻防能力作为军队实战演习首要科目。① 此外，利用计算机和网络带来的便利建造各类战争实验室和网络推演现场也是锻炼队伍的重要途径之一。例如，美军自第一次海湾战争后就建立了若干个战争实验室，让官兵通过处理各种复杂程序和危险情况提高战斗能力。中国也正积极通过建立各类网络推演现场，把网络练兵作为日常军事训练的一项重要内容，努力造就能力多样的军队信息化人才。②

三、强化军队的信息化建设，实现跨越式发展

加强军队信息建设的最终意义"并不在于其拥有多少挫败敌手的军事资源，而在于其是否能够迅速降低危机的不确定性、做出弹性反应及在必要的情况下进行精确打击"。③ 对于广大的发展中国家来说，加速实施军队信息化建设，意味着要把工业时代的机械化军队建设成信息时代的信息化军队，使军队建设实现从工业时代到信息时代的"跨越"，最终缩小并最终弥合发展中国家与西方发达国家在军事领域的差距。以中国为例，目前，中国虽然在导弹技术上取得了一定成就，但尚不能在其领土周围建立绝对空中优势，也不能在其海域内完全掌握制海权，中国的政府、国防部门的计算机也是全球受到黑客攻击最多的国家之一。国际形势的变化、科技原始创新能力的局限及体制机制的制约等，使

① 《信息战攻防能力已经成我军实战首要科目》，载《解放军报》，2009 年 4 月 5 日
② 朱云松：《顺应新军事变革大潮　扎实推进信息化建设》，载《人民武警》2008 年 11 月 15 日，第 2 版
③ Joseph S. Nye, Jr. and Owens, William A. (1996), "America's Information Edge," Foreign Affairs, 75 (2), p. 26

中国军队的信息化建设面临不少困难，短时间内赶上西方的武器系统水平及军事实力有一定难度。① 因此，充分估计跨越式发展过程中的困难与问题，认真吸取美国等西方发达国家推行新军事变革的经验教训，采取有力措施，发展中国家军队的信息化建设才能在跨越式发展中提速。

（一）加强国家信息产业发展，打好军队信息化建设的基础。军队信息化建设的技术构成主要有获得信息的雷达、声纳、遥感、红外、激光等；传输信息的电报、电话、电视、数据传输、传真、卫星、光缆、地面通信、移动信息、自动化传递系统等；处理信息的以计算机为主体的各类数据库和大、小屏幕等外围设备。② 这些都是以国家信息产业的大发展为保证的。近几年，中、印等发展中国家的信息产业发展迅速，如中国的信息产业产值每年以高于国内生产总值 2～6 倍的速度增长，电话网总规模和无线手机拥有量已跃居世界第一。在超级计算机研制和自主知识产权芯片的研究中已经有了突破性进步，国家信息产业的发展和信息化水平的提高为军队尽快实现信息化奠定了基础。③ 此外，发展中国家还可以根据本国特点，积极探索将先进的信息技术广泛应用于军事电子，研制一批"杀手锏"装备，达到以弱胜强的目的。

（二）实施跨越式发展，是推进发展中国家军队信息化建设的必由之路。目前，西方军事强国占据了新军事变革的先发优势，军队信息化建设已经达到了相当的水平，并在海湾战争、科索沃战争、阿富汗战争、伊拉克战争等得到了一定的检验。虽然大部分发展中国家的军队信息化建设则起步较晚，但如果较好地发挥后发优势，以外军的变革过程做参照，则不必从头做起，从而避开探路者所走过的弯路，以美军为例，它虽是军事变革的"领头羊"和最大受益者，但近年来，仅在武器装备的研发上，就先后出现过"十字军"火炮、"科曼奇"直升机半途而废的败笔。因此，后发国家在借鉴他国经验教训的基础上，可以直接从较高的起点上起步，紧紧抓住信息化这个军事变革的核心，直接瞄准高新技术前沿，坚持自主创新，在关键领域求突破，发展独创性技术，从而形成局部领先优势。中国这几年在某些国防科技领域的前沿技术中已取得重大突破，在纳米技术、激光技术、电磁脉冲技术、航空航天技术等方面，与少数几个军事强国基本处于同一水平线上，这也是中国军队实行跨越式发展的强势所在。

（三）以需求为牵引，将整体推进与重点建设结合起来进行军队信息化建

---

① 《外媒：中国成为超级大国三个关键"硬伤"》http://user.qzone.qq.com/541504241/blog/1210228761（2008 年 6 月 25 日访问）

② 沈伟光：《信息战对军事领域的十大影响》，载《战略与管理》1995 年 6 月总第 13 期，第 50 页

③ 王保存：《抓住我军"跨越式"发展机遇》，载《瞭望新闻周刊》2003 年 7 月 14 日，第 28 期，第 21 页

设。发展中国家一般不具备雄厚的经济技术基础，军队和国防建设基础也往往比较薄弱，需要发展和建设的东西很多，样样都搞、全面出击往往不现实。即使是实力雄厚的美国，在整体推进军队信息化建设的同时，也是在某些方面重点建设和投入。[1] 这就要求发展中国家：一是针对急需，整合现有资源。根据未来可能的作战样式和作战手段，充分估计困难和不足，最急需什么就发展什么。二是针对敌我双方弱点。按照"木桶理论"，把"短板"补齐，同时有针对性地发展反制武器与战法，做到"有所为有所不为，有所争有所不争"，避免耗费大量资源。三是集中力量夺取某一高维空间的制权，力争"一点突破，带动全局"。如后发国家军队通过集中攻关电磁和网络技术，无需太多资金就可能掌握一些制敌的"高招"。

（四）突出不对称发展，是发展中国家保持强大军事威慑能力的重要保障。邓小平同志曾深刻指出，"如果60年代以来中国没有原子弹、氢弹，没有发射卫星，中国就不能叫有重要影响的大国之一，就没有现在的国际地位"。在新的国际形势下推进军事变革，进行军队信息化建设，发展中国家仍然要把不对称发展作为一条重要途径，始终坚持"你发展你的、我发展我的"的方针，把发展拳头力量、威慑武器，研究信息时代的人民战争作为不对称发展的主要内容。军事大国也都十分重视发展威慑武器。美国及其盟国正在部署的TMD、NMD系统就是有很强针对性的威慑力量。再如，印度等20多个国家正在研制激光反卫星武器，以增强自身制天权。[2] 中国则根据未来战争将摒弃人海战术，无人驾驶智能化系统将成为主角的预测，提出了发展武装机器人等新概念兵器。

四、积极参与国际军事交流与合作，增强自身实力与国际战略互信

"抗兵相加"历来被视为军事的基本特征，但军事领域并不排斥合作，也离不开合作。现代国际关系证明，军事领域的合作往往比对抗更经济有效。网络的普及又增加了许多有利于加强国际军事交流与合作的因素。广大发展中国家应注重把握这一积极因素，在交流与合作中学习西方发达国家先进的军事理论与实战经验，把军事创新与引进消化吸收结合起来，缩短发展周期，有原则地增强军事透明，增加国际战略互信。

（一）加强国家之间的军事技术交流，加速技术引进和装备信息化建设。世界新军事变革的直接动力，是信息技术的飞速发展。与以往核技术等战略技术的高垄断性不同，信息技术有广泛的扩散性，渗透性，很难保密，更无

---

① 张浩：《应对世界新军事变革发展应把握的几个关系》，载《国防科技》2007年第3期，第27页

② 武桂馥：《21世纪初的航天科技与新军事变革》，载《太平洋学报》2006年第3期，第6页

法垄断，其原因有两点：其一，信息技术的本质决定了它不渗透、不传播、不扩散，就无法实现自身的价值与作用；其二，信息技术是军民两用技术，大部分信息技术产品在国际市场都可买到。这就使得科技水平较低的国家能够通过商贸途径、技术引进、国际合作等方式，获得推动本国军事发展的信息技术。后发国家在军事技术和武器装备发展中，应该充分认识和利用信息技术高度渗透性和扩散性的特点，采取各种方式与手段，引进和利用国外先进技术成果，加速消化、吸收，提高本国军事技术发展的水平，越过某些技术发展阶段，加速装备信息化建设，尽早实现本国武器装备由工业时代向信息时代的跨时代跃升。[①]

（二）积极参加国际军事活动与交流，增加了解，建立互信。冷战期间，由于意识形态分野，互联网信息技术等尚处于萌发阶段，不同社会制度和意识形态国家的政治军事信任度极低，相互间的交流与合作比较少。而在信息网络环境下，随着国家政治军事透明度的提高，在相互信任的基础上，国际军事活动与交流不断增多，表现在：高层互访、专业技术交流、人员培训、互派军事观察员、联合军事演习和训练等属于传统军事交流模式；此外，在抢险救灾、打击恐怖主义、极端主义、分裂主义、跨国犯罪、毒品走私等非传统安全领域的国际军事合作也不断增多。近些年来，伴随着全球信息网络化的深入发展，各国国防和军队建设的透明度不断增加，在此基础上，军事领域扩大开放交流及合作的力度也空前加大，发展中国家要抓住机遇，扩大与外军的交流合作，建立战略互信，为本国军队和国家建设赢得一个友善的外部环境。

（三）积极培育本国国防工业的国际竞争力。国防工业的跨国化，是经济全球化发展到一定程度之后，国防生产和采购开始企业化的必然结果。国家国防工业的重构也随着全球国防生产的重构而展开，从而使得"国际"与"国内"的界限被打破，大量背景复杂的跨国公司和生产网络都涉及了"从传统的、单个国家武器生产模式向武器的跨国发展和制造转变"。[②] 这可能意味着没有竞争力的"民族工业"和"国防工业"的衰退甚至破产。传统上，国防采购是国家国防工业的特权，而国防工业部门的区域化和全球化直接损害

---

① 王保存：《抓住我军"跨越式"发展机遇》，载《瞭望新闻周刊》2003 年 7 月 14 日，第 28 期，第 21 页

② See Bitzinger, Richard A. （1993），the Globalization of Arms Production：Defense Markets in Transition，Washington DC：Defense Budget Project，p. 3

了这种自主性和特权，使武器装备的获得潜在地受到其他国家的影响和支配。① 比如，美国目前已经基本完成了国防工业集团的改组重组，其大型国防公司在武器制造商的基础上变成了"系统集成商"，生产用于战场的高技术武器装备系统网络②，对其他国家国防工业独立性和军事安全构成挑战。面对这种发展趋势，发展中国家必须极早做出估计和判断，下大力气培育本国国防工业的国际竞争力，将国防工业的国际化作为其长期生存的一项战略，在积极参与国际军工生产分工和合作的情况下，保证本国的军事安全与实力增长。

（四）积极参与全球或地区军事合作交流平台和机制的建立和完善。随着信息技术和大规模杀伤性武器的扩散及可能的后果，越来越多的国家意识到全球信息化条件下的环境、经济、恐怖主义、跨国犯罪等方面的威胁不是单个国家（包括军事强国）的军事行动就能有效解决的，这些问题的解决需要形成新的全球或地区安全合作机制。发展中国家要积极参与到这一机制创建进程中去，并且利用互联网带来的便利，搭建军事交流、对话和合作的国际平台和机制，与其他国家进行直接军事对话，增加信息和情报交流，共同监测网络的不稳定因素并协同相关行动；此外，国家还要利用这一平台和机制，充分阐明本国国防和军事政策，回应各种质疑，增强国际社会对本国军事透明的信任度，促进国际和地区军事安全。毕竟，"虽然大国行为仍是世界军事领域的决定性因素，影响和左右着其他国家的军事态势及其行为，但成熟的国际机制、稳定的国际体系，日渐加强的沟通互信将使大国的军事行动愈发谨慎起来"。③

---

① 子杉：《国家的选择与安全——全球化进程中国家安全演变与重构》，上海三联书店，2006 年，第 141 页。在某些情况下，这种区域化和全球化对国防工业技术比较薄弱、体系不够健全的国家是有好处的。例如瑞典通过参与美国和欧洲国防航空工业承包商的合作，保持了较先进的国防工业能力。日本也通过利用美国的军事技术转让和发放许可证市场增强了国防工业的能力。但笔者认为，这仅限于西方的传统盟友关系国家之间。发展中国家在国防工业全球化过程中受到的挑战是显而易见的

② 杨新防：《世界新军事变革下的中国国防工业思考》，载《新远见》2008 年第 3 期，第 102 页

③ 子杉：《国家的选择与安全——全球化进程中国家安全演变与重构》，上海三联书店，2006 年，第 140 页

第七章　互联网与当代国际文化博弈

马克思在《共产党宣言》中曾经指出："资产阶级，由于开拓了世界市场，使一切国家的生产和消费都已成为世界性的了。……过去那种地方的和民族的自给自足和闭关自守状态，被各民族的各方面的互相往来和各方面的彼此依赖所代替了。物质生产如此，精神生产也是如此。各民族的精神产品成为了公共的财富，民族的片面性和局限性日益成为不可能，于是由多民族的和地方的文学形成了一种世界文学"。① 当代全球信息网络化裹挟着全球化，以前所未有的速度、广度和深度将全球紧紧联系在了一起。当代全球化从内容和形式上，相对于马克思所处时代的"世界市场"又有了重大发展，但马克思对全球化逼近的强烈感知和对全球化的全面概括，即在物质生产领域、精神生产领域和社会文化领域都面临全球化等等，这些重要论述仍是当代正在发展着的重要事实。而且，我们应该认识到一点，即"全球化对经济、政治和社会都产生了巨大的影响，这些影响最终要反映在文化上"。② 这也是探讨当代互联网与当代国际文化博弈问题的目的和意义所在。

第一节　网络传播生态与国家文化安全和发展

美国政治学家塞缪尔·亨廷顿曾指出："19 世纪期间，西方的实力使得非西方社会越来越难以坚持，而且最终不可能坚持纯粹的排斥主义战略。20 世纪交通和通讯的改善以及全球范围内的相互依赖，极大地提高了排斥的代价。除了一些想要维持基本生计的小而孤立的农村社区之外，在一个现代性开始占压倒优势和高度相互依赖的世界里，完全拒绝现代化和西方化几乎是

---

① 《马克思恩格斯选集》（第一卷），人民出版社，1972 年，第 254 – 255 页。"文学"（Literature）一词是指科学、艺术、哲学等等方面的书面著作

② 杨伯溆：《关于全球化与互联网的若干理论问题初探》，载《新闻与传播研究》，2001 年第 4 期，第 43 – 51 页

不可能的"。① 虽然亨氏在这里把西方化与现代化等同有失偏颇，但当代网络全球化传播生态已经形成，文化在全球范围内加速流动已是客观事实。国家在发展本国文化时，外来文化的冲击和影响不断加深，因此维护国家文化安全和发展，事关国家核心利益，是主权国家必须面对的一个迫切的、重要的现实问题。②

一、文化安全和发展事关国家核心利益

（一）文化与文化安全和发展

1、文化的含义

文化是一个内涵极其宽泛和复杂的概念，在不同语境下往往获得不同的阐释。但不可否认的是，人们都浸身于某种文化之中，并且受到其他多种文化的影响。文化决定了人们所思、所想、所感觉、所做乃至所梦的一切。正如中国国际问题专家王缉思先生所指出的："想使文明的定义规范化，得到一致的认同是不可能的，几乎有多少种论述文明的著述，就有多少种文明的定义。在这个意义上说，定义没有绝对正误之分"。③ 这当然也适用于文化概念的复杂性。本书倾向于广义的文化定义，即文化是人类在社会实践过程中创造的物质财富和精神财富的总和④，也就是说，文化有物质形态和精神形态两种形态。文化的物质形态从本质上说是人类精神的物化，文化的精神形态则包括意识形态经验知识、价值观念、道德标准等。从某种程度上讲，文化也是一种信仰体系，每个人都是渗透于其所在社会的信仰体系的囚徒，而意识形态则是文化中更为系统的信仰体系。⑤ 每种意识形态实质都是一种价值体系，它决定了社会行为、组织、目标和政策的主导模式。正如文化是后天习得一样，个人也是经过社会化才具有某种意识形态。从这个意义上说，认同

---

① 塞缪尔·亨廷顿：《文明的冲突和世界秩序的重建》，周琪（译），北京：新华出版社，1998年，第64页

② 张骥、刘中民等著：《文化与当代国际政治》，人民出版社，2003年，第77页

③ 王缉思：《文明与国际政治》，上海人民出版社，1995年，第20页

④ 覃光广：《文化学辞典》，北京：中央民族学院出版社，1988年，第113页。从这个最广泛的意义上说，文明和文化没有绝对区别。马克思和恩格斯就认为文明有三个构成要素，即物质生产力是"文明的果实"，文学艺术是"文明的精致品"，哲学是"文明的活的灵魂"（参见《马克思恩格斯全集》第1、46卷，人民出版社，1956和1979年，第580页和第21页）。但在特定情况下，文明与人类社会全体或局部的发展阶段和地域性相关性更强，也可能包含一种褒贬优劣的价值判断

⑤ 有的学者认为，狭义上的文化就是指社会的意识形态，以及与此相适应的制度和组织机构。参见子杉：《国家的选择与安全：全球化进程中国家安全观的演变与重构》，上海三联书店，2006年，第129页

与文化是密不可分的具有本质联系的两个概念，二者常常结合起来，"文化认同"成为个人或集体界定自我、区分他者，加强彼此的同一感以凝聚成拥有共同文化内涵的群体的标志。英国文化理论家雷蒙·威廉斯认为，"人们的社会地位和认同是由其所处的文化环境所决定的，也就是说文化具有传递认同信息的功能"。① 因此在一定范围内传播、扩展和强化包括意识形态在内的文化内涵，对文化传承和社会凝聚具有重大意义。

2、文化安全和发展概念的界定

学术界目前探讨较多的是文化安全的概念。有的学者针对在当前国际关系中，文化霸权的损害事实，提出文化安全概念，其目的在于对文化主权的保护。② 有的学者认为文化安全就是保护本国人民的价值观、行为方式和社会制度的完整性、独立性和延续性。③ 有的学者认为文化安全问题的实质是国家安全，其核心是要解决在全球化背景下民族文化的命运、地位和境遇问题。④ 有的学者强调文化安全的核心是意识形态与价值观的安全。⑤ 还有的学者从维护国家政治合法性高度，认为国家文化安全特指作为一种政治实体的主权国家的国家意识形态、价值观念、基本政治制度、人民群众的政治认同以及国家形象等主要文化要素免于内、外部敌对力量的侵蚀、破坏和扭曲。⑥

上述对文化安全概念的探讨和界定非常深入和全面。但是本书倾向于把文化安全与文化发展作为一个问题，从整体上加以剖析，以适应网络全球传播生态中国际文化激烈博弈与较量的现实情况。单独探讨什么是文化安全更多的是在描述一种理想状况，而没有指出实现这一理想状况的切实途径。而且，文化安全更多意味着文化控制而非自身发展，忽视文化的充分发展繁荣在互联网时代的特殊重要意义。文化发展是实现文化安全的重要途径，也是文化安全的重要保障；片面强调重视文化安全是文化不自信的表现，易导致在处理与其他文化的关系时，警惕性过高，过于保守，疏于主动的学习、借鉴和交流，因为"文化不是孤立存在的。每种文化都彼此借鉴；总体上越有

---

① M. Shelly (1995), Aspects of European Cultural Diversity, London: Routledge, p. 194
② 逯维娜：《文化安全及其问题》，载《世界经济与政治》，2004 年第 5 期，第 60 页
③ 王公龙：《文化主权与文化安全》，载《探索与争鸣》，2001 年第 9 期，第 38 页
④ 刘宽亮，岳澎：《关于文化安全问题的学理探索》，载《山西师大学报（社会科学版）》，2004 年第 4 期，第 41 页
⑤ 姜秀敏：《全球化背景下我国的文化安全问题解析》，载《大连海事大学学报（社会科学版）》，2004 年第 4 期，第 43 - 47 页
⑥ 石中英：《论国家文化安全》，载《北京师范大学学报（社会科学版）》，2004 年第 3 期，第 5 页

活力越成功的文化，越善于同其他文化相互借鉴"。① 没有文化的发展繁荣，文化安全就成为无源之水，无本之木。因此文化安全与发展概念，强调文化主体通过主动发展，而非被动控制，实现真正有质量的文化安全，有鲜明的时代特色。当然文化安全和发展概念也强调，除了进行文化间的彼此借鉴，文化为了继续存在还必须保持其基本价值大体不变，即保持一定的文化独立性。

（二）国家的文化安全和发展事关国家核心利益

文化本身的特质之一就是非垄断性和扩散性，这一特质在全球互联互通的当代表现更为明显；而且，人类的文化版图上也确实有"西欧文化"、"远东文化"等超国家文化，即不同的民族拥有共同的基础价值、伦理、制度和历史。但是，从另一方面讲，由于文化的创造者、传承者、享用者是民族，尤其是在近代民族国家形成以后，文化的民族性和国家性关联更为密切，出现了一种新的文化形态——"国民文化"，成为民族国家文化的根本象征。因此，从这个意义上说，文化仍然是区分不同民族、不同国家的最主要的手段，文化心理、民族精神、价值观念、意识形态等层面的文化有着鲜明的民族、国家和制度烙印，与民族国家的认同和核心利益有着直接关系。一国文化的安全与发展是一个民族、一个国家生存的前提和条件。

随着全球化发展和人类交往的急剧增加，文化越来越成为一国综合国力的重要组成部分；而且，以文化、意识形态和政治制度为代表的软实力，可以在一定程度上增强硬实力的感召力、吸引力和合法性，比如"如果一国能使它的权力在国人眼中是合法的，它的愿望就较少遇到抵抗；如果一个国家的文化和意识形态是有吸引力的，他人就会自动追随；如果一个国家能够支持一个国际制度，其他国家均愿意通过这个体制来协调他们的活动，它就没有必要使用代价高昂的硬权力"。② 正因为文化对软、硬实力均有着重要作用，文化领域的国际博弈一直没有停止过，"开始是受无线电，继则是电视，最后是传真通讯和电子通讯的侵袭……"③ 在全球互联互通的条件下，国家很难隔绝与外部的信息文化交流，文化侵略与反侵略的斗争因科学技术的发展而更

① ［美］威廉·内斯特：《国际关系——21世纪的政治与经济》，姚远、汪恒（译），北京大学出版社，2005年，第61页
② 王缉思：《文明与国际政治》，上海人民出版社，1995年，第356页
③ 张骥、刘中民：《文化与当代国际政治》，人民出版社，2003年，第85页

加隐秘和激烈，实现文化的安全与发展成为与国家的核心利益息息相关的重大问题。具体来说：

第一，一切竞争都是人的竞争，而人是受到政治和文化因素影响的社会主体，时时刻刻受到文化的塑造与浸润。从这个意义上说，文化并不是虚无缥缈的纯精神力量，它渗透在经济组织和社会结构中，发挥动员、调动、组织、凝聚国力或者离心离德、涣散国力的作用。正如摩根索所讲过的，要把制服和控制人的头脑，作为改变两国权力关系的工具。美国著名参议员富布赖特指出："一代人之后，我们与其他人进行社会价值观念交流（情况）的好坏要比我们军事、外交优势对世界格局的影响更大"。① 这就是说，通过文化渗透，潜移默化地销蚀民族国家发展的精神和意志，使其公民对本民族的文化淡漠、迷失和疏离，相比于兴师动众的军事侵略和贸易战，往往是成本小而收效显著。

第二，文化实力是国家"软权力"的重要来源。美国学者约瑟夫·奈意味深长地将文化、意识形态、制度等作为无形的"软权力"资源。② 软性的同化权力正变得与代价高昂的硬性指挥权力同样重要，因此利用文化产品和现代传播工具，从而有效地对他国施以观念上、感情上和心理上的影响，是一种重要的软权力体现。在全球化浪潮下，国际的政治、经济、外交、科技、传媒都成为强势文化扩展的手段。理查德·克罗斯曼为英国作家桑德斯所著《谁承担后果——中央情报局与文化冷战》一书写的序言中认为，美国间谍情报机构在文化冷战中使用的武器就是刊物、图书、会议、研讨会、美术展览、音乐会、授奖等。苏联的解体，固然有其重要的内部根源，但美国等西方国家运用传媒策略进行广泛的文化渗透，不断推动苏联官僚集团和知识分子的价值观念转化也是重要原因之一。俄罗斯专家在总结伊拉克战争教训时指出，当一个国家的经济、军事和精神潜力被最大限度的削弱，失去了国际信誉，而国内人民也不准备奋起保卫祖国时，对这个国家的军事侵略就会成为可能。因此，增厚软权力产生的文化根基，对国家的软、硬实力增长均有重要意义。

第三，文化的扩展与传播能力成为当代国际博弈的重要内容。在农业社会，土地是立国之本，国际博弈首先表现为对土地资源的争夺；在工业社会，

---

① Philip H. Coombs (1964), the Fourth Dimension of Foreign Policy: Educational and Cultural Affairs, New York: Harper&Row, p. 11

② ［美］约瑟夫·S. 奈：《硬权力与软权力》，门洪华(译)，北京大学出版社，2005年，第107页

对石油、矿产等工业资源的开发与控制，特别是市场的占有与拓展在国家利益中居于中心地位，国际博弈最终体现在商品生产和市场占有方面的较量。而全球化、信息化深入发展的当代，知识成为最重要的资源，国际博弈的核心是对知识与信息的占有和控制，而知识和信息都在某种程度上体现着文化精神，这意味着，文化的扩展与传播能力在当代国际博弈中分量越来越重。国际文化博弈中有两个基本维度，即意识形态和民族文化维度。意识形态靠国家政权来维护与传播，同时也为国家政权提供合法性文化基础。本国国民的意识形态认同直接关系到一国政权的巩固和稳定，意识形态的危机必然导致政权危机。而由共同的文化、意识形态、语言、传统和历史，共同标志的民族，由于其"拥有共同历史的集体命运感和共同未来的集体预见感"，他们共同的文化认同成为国家认同的基础以及维系民族和国家的重要纽带，也是民族国家的合法性来源和国民凝聚力之所在。

二、网络媒介推动全球文化发展的积极作用

与传统传播形式相比，网络媒介具有信息综合性强、内容丰富、互动性强、开放性好及更新快等特点，尤其在跨国界、跨文化、跨语言的传播交流中，与传统文化传播形式相比有不可比拟的优势。在互联网这个新的媒介平台上，各种不同的文化直接接触，相互碰撞，相互吸纳、相互改变，并加深了相互了解、认同和依赖的程度，不同文化背景、不同价值观的民族之间包容性更强，人类文明进步的步伐明显加快。可以说，网络媒介冲破了传统国家文化疆域，正发挥着把各国、各民族文化推向全球舞台的关键作用。这种积极作用主要表现在：

第一，网络是不同文化之间对话、交流和合作的新媒介。互联网以其成本低廉、触角广泛、传播快捷及互动性强等特点，客观上为不同文化的汇聚、展示和传播提供了一个很好的舞台，同时也是它们进行对话、交流和合作的新的媒介平台。在现代互联网高速发展的情况下，人类交往的时空障碍日渐消失，不同文化有了更多的交流和沟通的机会，而且国际社会的政治、军事、经济、科技、文化体育交流和互动等都由于互联网的使用而更加便利，这些都扩大了人类文化交流的范围和深度。不同文化因碰撞而发生冲突的同时，它们的依赖程度也在日益加深，相互认同的范围也在不断扩大。可以说，网络媒介的迅猛发展使人类社会的文化的发展和融合正处于空前的活跃期，并在内容和形式、广度和深度上不断有新的发展。

第二，网络媒介促进了世界文化多样性的进一步发展。互联网的迅猛发展使人们普遍认识到这样一个事实：不同文化在相互尊重、平等互动基础上的互相学习和借鉴已经成为常态，东西方文化的互动是人类文明进步的阶梯。广大发展中国家更加注重文明对话与文化主权，正在改变文化单边接受方的状态，努力成为文化向外辐射的一方，争取在世界文化之林中占有一席之地；同时，西方文化也注意到了自己的局限性，某种程度上有了向非西方文化学习和借鉴的意识和举动，这种努力在一定程度上激发了西方文化的活力，推动了西方文化的发展。在全球化日益发展的今天，互联网为世界多样性文化的展示、传播与发展提供了一个良好的平台和渠道。因此，有学者乐观地认为，在数字空间里，每一种文化都将形成它自己的发展方式。

第三，网络媒介激发了文化信息内在的传播扩散潜能。文化本身的特质是非垄断性和扩散性，理想状况下，文化影响力不会受到边界制约，故文化的原始价值是世界性的，是人类的共同财富，不同文化有沟通和共享的内在冲动。但是，在人类相当长的历史时期内，地理、经济技术条件及政治因素等方面的制约，抑制了不同国家、不同地区、不同民族的文化交流、互动的力度和幅度，并从整体上限制了当时社会发展进步的速度。但是当代互联网直接面向全球受众进行跨国、跨语言、跨文化传播的特质，使信息及其所负载的文化内涵发布的广度和深度得到最大程度地拓展，也为各种文化的冲突、交流、理解和融合创造了无限机会，充分释放了各种文化自我传播扩散的潜能。从理论上说，网络媒介对世界各国传播本国信息文化，传递本国声音，树立良好国家形象，了解其他文化，增进文化沟通是一个良好高效的平台。而且，网络媒介投入少、技术门槛低，降低了文化参与和信息获取的成本；同时，从技术上讲，网络媒介也可以更容易突破传统媒体跨国发展可能遭遇的各种政治、法律及经济条件的局限。这些因素给弱势文化提供了理想的发展空间，即使是经济技术较为落后的国家和地区，也可以充分利用这一全球性媒介平台，传播本国的文化信息，增强其文化传播力、文化话语权和文化创造力，推动全球文化的共同发展和共同繁荣。

第四，网络媒介的各种功能和特质对国际文化传播有重要促进作用。它的超级链接功能，使各种文化信息在同一平台上纵横交错、彼此补充、相互参照、立体丰富起来，网络受众可以从多种角度进行鉴赏和理解。互联网这种无限延伸的特点，使其可以把硬性的文化类新闻信息与常规的介绍性文化栏目很好地结合在一起，在文化传播中做到"润物细无声"。它的多媒体性质使文化传播的形式更加多样。文化在网络媒介上可以文字、图片、图表、音频、视频、动画、音乐等多种形式表现出来，千变万化，信息的文化内容表达和体现进一步优化。而且，对同一文化内容，互联网还可以快速创建多语种版本，不同国家、民族的文化交流可以轻松跨越语言障碍。它还具有交互性的特点，人类个体同时作为文化主体和客体，既是文化的参与者，又是文化的制作者。同时互联网的匿名制，模糊了人们的身份差别和等级障碍，消解了权力中心，人们可以在网络世界里自由平等地交流探讨，增进对彼此文化的理解和尊重。

三、网络媒介对全球文化发展带来的挑战

从理论上讲，网络媒介确实可以实现不同文化的大汇聚、大发展和大繁荣，人类可以共享更多的文化产品和文化成果，各种文化也能在更高层次上达到彼此尊重。但是，当代文化的发展融合并不是在政治真空中进行的，网络媒介对文化的多样性发展而言也并不完全是机遇，还有种种挑战，主要是：

第一，网络媒介使西方文化霸权更加隐蔽，发展中国家防止文化入侵的任务进一步加重。虽然，互联网有汇集人类古今中外的所有文化精粹，并促进文化交流融合的巨大潜力。但是，发源于美国的互联网扩展至全球，这本身就是一个各国，尤其是发展中国家主权不断让渡妥协的过程和结果。当今美国不仅拥有主导世界媒体市场的跨国媒体集团，还掌握着主要的互联网信息技术以及包括全球定位系统（GPS）在内的尖端信息系统；此外，它的"信息自由流动"等主张正在对世界舆论、文化和意识形态发挥着重要塑造作用。在当前互联网管理的无序状态下，美国的消费主义文化和意识形态宣传，通过电子商务、数字音乐、视频等各种形式的网络信息在全世界发挥作用，信息贫乏国家的信息资源、产业、传播和安全等可能被控制在网络传播强国手中，甚至其思想文化、价值观念和生活方式等也可能在被其悄然改造。而失去对本土文化的保护，就意味着失去保护自身经济和社会稳定的最大屏障。

第二，各类网络文化信息的急剧膨胀使民族文化的精神内核和意志品质有被淡化的危险，公众与国家之间的情感渐行渐远。从某种意义上说，政治控制的核心其实就是合法意识形态的塑造和确立，其目标就是强化公众对国家和政府当局和相关典则的认同感。美国学者伊斯顿认为，合法的意识形态是由这样"一些原则和价值组成：这些原则与价值（使公民）根据对未来的

想象、对现实的解释和对过去的印象而证明一个结构、其规范及占有者的合法性"。① 捍卫本民族国家利益为内核的民族意识和国家观念是其中最重要的理念。它通过强调强烈的爱国情感，吸引公民个体的忠诚与报效热情。有学者认为，文化认同的形成，除了历史文化传统外，很大程度上是依靠大众传媒发挥作用。在报纸、广播和电视时代，大众传播受到较为严格的管理和控制，这种情况下，社会公众容易拥有比较一致的信息结构和文化理念，国家藉此维系民族国家在意识形态上的统一。② 但是，随着互联网的全球普及，社会公众拥有了多种信息渠道和更加自由多元的文化选择，从而"任何形式的信息垄断和文化封锁都将成为过去，全球文化传通的潮流不可抗拒"。③ 而"当人们发现他们的生活和生计越来越不受母国的机制制度的影响时，未来使他们得到安全稳定的文化归属感，也一步步被吞噬了"。④

第三，互联网上的低俗文化与文化冲突对社会文化基石的冲击巨大。互联网已经成为当代传统文化承载、传播的新平台与重要渠道，同时，互联网本身也正在生发一种新的文化形态——网络文化。这是一种以计算机、通信技术为物质基础，通过发送和接收信息，影响或改变人们交往方式的一种文化形态。虽然，优秀的传统文化对于充实、丰富网络文化的内容有积极作用，传统道德文化规范也制约着人们的网络行为，但是网络跨疆界、开放、共享、个性化、隐匿等传播特点，也给文化发展带来了某些负面作用。比如互联网上的搜索文化原本反映了互联网信息丰富、搜索快捷的技术文化特点，但如果对该功能加以滥用，演变成暴力"人肉搜索"，就助长了网络文化中的恶俗之风。当前，网络文化中的低俗之风主要表现在，一是一味追求"点击率"和经济利益，而不顾传统的大众道德伦理、价值观念和行为规范的要求，如网络恶搞现象。二是以"黄、暴、黑"为代表的边缘文化在网络上非常盛行，扩散极快，对社会，尤其是青少年的污染极大。在网络文化中的恶俗成分及外来文化的冲击下，民族传统文化精神和价值观正在受到前所未有的挑战：人们产生了普遍的文化不适应感，许多

---

① ［美］戴维·伊斯顿：《政治生活的系统分析》，华夏出版社1999年版，第403页
② 杨伯溆：《因特网与社会：论网络对当代西方社会及国际传播的影响》，华中科技大学出版社，2002年，第201页
③ Jon Stratton (1997), "Cyberspace and the Globalization of Culture," in David Porter (ed.) Internet Culture, New York and London: Routledge Inc, p. 257–267
④ ［英］约翰·汤林森：《文化帝国主义》，上海人民出版社，1998年，第20页

人精神上发生着文化振荡和分裂。社会失范现象频频出现,如居高不下的网络犯罪率、层出不穷的信息污染事件、久治不愈的网络成瘾疾患等。同时,互联网上异质文化产生的冲突,虽然蕴含着当代文化发展的动力与活力,但也暗含着阻力和破坏力。混乱失序的网络文化暴露出人性深处的恶俗与粗鄙,使文化进步的难度加大,社会文化基石受到冲击,这从根本上不利于国家的文化安全、经济发展和力量凝聚。

四、当代各国文化传播实力差距拉大的表现及原因分析

(一) 当代各国文化实力差距不断拉大的表现

当代文化传播的主要方式和途径就是互联网为代表的新媒体。发达国家借助互联网等信息媒介,规定和传播着理解世界的语言和语义框架,进而影响其他国家看待政治事件、意识形态甚至是看待其他文明的方式。[①] 英语成为互联网上的垄断语言,互联网上的信息流动具有单向特征。世界上发生任何一件重要新闻,人们不论身居何处,都可以读到西方媒体的报道和解读。[②]

1、互联网上的语言使用差距巨大

语言是人类信息交流的最重要的和基本的载体,它与文化好比一枚硬币的两面,语言的形式、类型、结构往往影响到文化内容的传播和接受。不同的语言代表着不同的生存方式和思想形态。托夫勒认为,"未来世界政治的魔方将控制在拥有信息强权的人手里,他们会使用手中掌握的网络控制权、信息发布权,利用英语这种强大的语言文化优势,达到暴力金钱无法达到的目的"。[③]

目前以英语为母语的国家虽只有 10 多个,但有 70 多个国家给予其官方语言地位,还有包括日本、德国、俄罗斯、中国等在内的 100 多个国家在教学中将其作为第一外语,英语已经基本上成为一种全球通用语言。英语的这种优势在互联网上也是绝对的。据统计,英文信息占网上信息量的 95% 以上,而其中 80% 以上的信息和 95% 以上的网上服务全部是由美国提供的。而相比

---

① [美]弗兰克·卢斯夏诺:《数字帝国主义与文化帝国主义》,曹荣湘(译),载曹荣湘选编《解读数字鸿沟——技术殖民与社会分化》,上海三联书店,2003 年版,第 199 页

② 赵阳:《建立国际舆论新秩序海外华媒具有独特作用》http://www.gqb.gov.cn/news/2007/1126/1/7211.shtml(2008 年 8 月 4 日访问)

③ 王文宏、许萍丽:《网络文化与文化霸权主义》,载《北京邮电大学学报》,2004 年第 1 期,第 23 页

之下，汉语在互联网上的信息输入和输出量，分别仅占 0.1% 和 0.05% 左右。[①] 有关本民族的文化传统，互联网上的英语阐释可能比本民族语言的还要多，有学者举例说"对于一个说俄语的人来说，他们用电脑下载陀斯妥耶夫斯基的英译版作品来读比他读其原版作品更为容易"。[②] 非英语民族的网络用户为了自由地在网上遨游必须学习英语，并在这个过程中自觉不自觉地接受英语构成的文化价值，甚至会出现美国梦寐以求的"全世界都以北美人的方式思维和行动"。

此外，互联网产生于英语言国家——美国，因此，互联网及相关技术也最符合以英语为母语的人们的使用习惯，也最有利于他们在此基础上进一步进行改革创新。尤其要注意的是，英语软件所负载的文化内涵不容忽视。当今最主要的操作系统和重要应用软件也都是由英语国家开发出来的。软件的文化特征与生俱来，而人们对其文化特质的深层次地认识却是刚刚开始。软件传播的广泛性使其具备了文化特征的群众基础，尤其是基础通用软件，如操作系统、办公套件等具备使用户形成使用习惯的软件。像 Windows、Linux、Office 都成了现代社会的一个普遍工具和大众熟悉的名词，并且与信息储存相关的文件格式更是成为保存文化和记载历史的一种新的载体，文档格式标准甚至于被提升到历史传承的高度被人们所重视。2009 年，在互联网上，反对微软 OOXML 成为国际标准成为一种全球性活动，就充分体现了软件的文化特征及人们对其垄断互联网的担心。

2、互联网上的信息流动单向特征明显

互联网基本上类似于一个不需要护照、没有边防检查站、出入境畅通的"数字化王国"。在这个虚拟世界里，文化传播过程中传统的地理边界屏障被打破。经济落后、信息技术基础薄弱的国家在文化传播方面的薄弱日益暴露在信息富裕国家面前。信息贫国不仅信息的数字化能力弱，而且数字化信息的传播能力与发达国家相比极为悬殊。发达国家拥有的电子设备一度占世界总数的 90%，而发展中国家仅占 10%；世界的大型数据库，美国占了 77%，100 个被访问最多的网站中，美国占了 94 个。有资料显示，美国的《纽约时

---

① 翁里、郑丽晓：《西方国家的网络文化渗透及其影响》，载《国际资料信息》2007 年第 9 期，第 26 - 27 页

② Granovetter, M. (1983), "The Strength of Weak Ties: A Network Theory Revisited," in Randall, C. (ed.), Sociological Theory San Francisco: Jossey - Bass, p. 201 - 233

报》、《华盛顿邮报》的网站一般可达到 250－300 万页次/日，CNN 等知名网站的日均页面访问量已达到了 1000 万页次。传播于世界大部分地区的新闻信息，大都由美国和西方的通讯社及其所属网站垄断。

美国为首的西方国家不仅掌握着互联网上文化和信息市场，还掌握着全球信息传播游戏规则的制定权和支配权。它们在跨境数据流（Transborder Data Flow，TDF）中占据了信息高位，很多情况下，发展中国家只能被动"接受"，正如有的学者所说，进入了互联网，就好像进入了美国文化的万花筒。这种信息单向传播的不对称格局对各个国家的政治安全和文化主权的影响极大。在互联网这个超验空间里，西方发达国家的文化信息输出相当顺畅，不大肆声张，不使用枪炮，便在发展中国家快速扩张了势力。而且，一旦以消费主义为特征的西方文化信息占据了互联网，就存在将与之不符的文化体系挤出网籍的可能。

（二）国际文化传播差距不断拉大的原因分析

1、西方国家的软、硬件优势是这一差距产生扩大的物质技术因素

西方发达国家是互联网信息技术的发源地和大本营。凭借其先行优势，它们积累起优势明显的经济技术实力。以美国为例，它目前拥有世界上最发达的信息产业和最先进的信息基础设施，全球六大计算机公司中美国占 5 家，美国的英特尔公司与微软公司还分别主宰着全球信息基础设施硬、软件的核心技术产品——芯片和操作系统的生产和研发。微软操作系统的全球占有率一度高达 94.22%，在中央处理器市场上，美国产品的比例也高曾高达 92%。发达国家聚集的北美、大洋洲、欧洲的上网率远超世界平均水平，有的甚至达到了 70% 以上。这些条件使以美国等西方发达国家在控制全球互联网及文化信息流动方面获得了得天独厚的优势。

为全球互联网服务的 13 台根服务器中最重要的是位于美国杜勒斯的主根服务器，它包括".com"、".net"、".gov"、".org"等所有顶级域名以及各个国家的国家代码。大约每 12 小时，主根服务器列表会被复制到位于世界各地的其他 12 台辅根服务器上，从而保证网民点击一个链接后，浏览器上会显示正确的网页。理论上，美国完全可以剥夺一个国家使用互联网的权利，比如在塔利班政权统治阿富汗时期，ICANN 将 .af 结尾的域名管理权授予了前流亡政府，后来又于 2003 年转交给由美国支持的阿富汗过渡政府。而且，凭借手中掌握的特权，美国可以很容易对其他国家的网络使用情况进行监控，

并从中得到相应的情报分析。约瑟夫·奈也认为,虽然美国的大众文化不不乏浅薄和追求时髦的因素(并不被所有人接受),"但一个支配着大众交往渠道的国家有更多机会传递自己的信息、影响其他国家的倾向"。①

相比之下,亚、非、拉美的广大发展中国家在信息基础设施建设、上网率、信息产业的发展方面与发达国家差距较大。亚洲和非洲的 2007 年末的上网率都没有达到全球平均水平。打个比方,当一个美国的社会工作者以极小的费用在几秒钟内实现数据的上传和下载的时候,远在非洲的人们可能要以国际长途电话费用花上 10 分钟时间才能完成这样的任务。有的西方媒体生态学者将西方国家的技术垄断可能带来的社会后果称为"单一文化",并认为当代的人们生活均受到"单一的计算机文化"的影响,就像自然界需要生物多样性一样,文化的单一性会带来不可预料的后果。②

2、西方跨国公司的急剧扩张是当代国际文化实力差距扩大的重要原因

西方的跨国公司不仅是经济全球化最重要的载体,也是母国和东道国之间文化互动的一个重要渠道。非常明显,借力于互联网的全球扩张,西方的跨国公司也急剧发展,它们的思想观念、科技文化、经营理念、价值观也在全世界生根发芽,并把自己母国的文化嫁接到东道国的子公司。③ 赫尔德在《全球大变革》中指出,"在全球化的诸种体现形式中,几乎没有什么像国际品牌、大众文化偶像和工业品以及卫星向各大洲成千上万的人现场直播重大事件那样如此直观,覆盖面广并且渗透力强。全球化最大众化的象征包括可口可乐、麦当娜和 CNN(美国有线新闻网络)新闻"。④

有些西方跨国公司本身就是传媒大鳄。当置身于这些跨国集团的垄断影响下时,"如果东道国没有完整、健康的文化价值体系,就容易在外来文化的冲击下处于迷惘状态"。⑤ 近年来,跨国公司纷纷采取"本地化"经营策略,以在尊重当地文化和习俗中谋求新的发展机遇,这多少是与文化多样性的一种契合,但如何防止发展中国家在互联网上的文化声音被边缘化,这依然是发展中国家在互联网国际文化博弈与合作中必须解决的一个严峻课题。

---

① [美] 约瑟夫·S. 奈:《硬权力与软权力》,门洪华(译),北京大学出版社,2005 年,第 108 页
② Alexander R. Galloway (2005), "Global Networks and the Effects on Culture," the ANNALS of the American Academy of Political and Social Science, 597 (1), p. 26
③ 韦云龙:《跨国公司文化传播的三大特点》,载《求实》2000 年第 12 期,第 34 页
④ [英] 戴维·赫尔德:《全球大变革》,杨雪冬(译),社会科学文献出版社 2001 年版,第 456 页
⑤ 韦云龙:《跨国公司文化传播的三大特点》,载《求实》2000 年第 12 期,第 35 页

第二节　互联网时代国际文化博弈现状分析

全球互联互通格局的形成，一方面加剧了当代国际文化博弈，西方国家的信息强势和极力渗透一定程度上侵蚀了信息弱势国家的民族文化和传统独立生存和发展的空间。对发展中国家继承、发展和创新本土文化形成重大挑战，还会危及人类和谐及国际关系良性互动。但是，互联网又为当代国际文化融合和整合提供了一个功能强大的崭新平台，对促进世界范围内的国际文化交流和合作有重要意义。自近现代以来，不同文化之间相互吸纳、交流、碰撞、合作，在更高层次上达成彼此尊重的过程不会中断。

一、全球互联互通格局中国际文化激烈博弈是常态

以世界领袖自居的霸权国家，凭借自身的实力，从本国利益和全球战略的需要出发，利用自身的文化强势地位向世界各国，尤其是发展中国家进行文化渗透和扩张，迫使这些国家放弃原有的文化传统，接受其价值观念和意识形态。而发展中国家民族文化的数字化传播能力普遍不足、意识不强。这种信息位势差的存在加剧了当代国际文化博弈。

（一）围绕本国文化独立完整发展斗争激烈

一国文化在发展过程中保持一定独立性和完整性，是文化安全与发展的应有之意。但是全球互联互通格局的形成，强化了"一个群体通过文化手段支配另一个群体的能力"。人们倾向于从信息制造者——西方国家那里获取信息。这是因为：互联网提供了两大类别的功能，即信息检索功能和信息通讯服务，它们分别代表了两种文化传播的手段：前者以现存数据的形式提供某种观点，国家实力越强，数据库的容量越大，这种文化功能的影响也就越大；后者则是直接的交流沟通工具，一国的联网计算机越多，联网的质量越高，向外发布信息的机会就越多，影响他人看法与观点的能力也就越强。① 在这两个方面，美国为首的西方国家显然有巨大优势。美国的 CNN 利用其世界性的新闻信息传播网络，进入全球 212 个国家和地区的 1.5 亿个家庭，并为遍及世界各地的数万家宾馆提供节目，全球观众超过 10 亿；再以美国的 Google 公司为例，有数据表明，80% 的互联网搜索是通过 Google 或者使用 Google 技术

---

① ［美］艾斯特·哈吉泰（Eszter Hargittai）：《网络之洞：网络和国际分层》，载曹荣湘主编：《解读数字鸿沟——技术殖民与社会分化》，上海三联出版社 2003 年版，第 34 页

的网站完成的，Google 目前已经成为访问量第四大的网站，第一和第三大访问量的网站美国在线和美国雅虎则都被许可使用 Google 的技术用于搜索引擎。Google 通过对搜索结果中信息的排列次序来赋予网站或网页不同的权重，通过信息量的不断积累来影响和改变受众的态度。[①] 虽然西方的信息制造者反映的思想和观点不一定完全相同，但是他们无疑代表了同一类的文化传统与文化思维，对弱小的文化声音无疑是一种压制。

在文化贸易领域，西方国家的优势也很明显。《中国现代化报告2008——国际现代化研究》根据2001年国际体系经济水平结构，以人均 GNI 分类标准，将世界上的130个国家分为9组，其中1-3组57个国家为欠发达国家；4-5组42个国家为初等发达国家；6-7组15个国家为中等发达国家；8-9组16个国家为发达国家。这9组国家的文化信息贸易占世界的份额如图7.2-1[②]所示。图7.2-1形象地说明发达国家所在的两个组别（第8、9组），在文化信息贸易份额数据方面，与其他组别国家骤然拉开了较大的距离。在信息网络化时代背景下，这一优势得以巩固和扩大的可能性很大。在这样的情况下，发展中国家要保持本国文化的独立性和完整性显然面对很大挑战。

（二）围绕当代文化传播的关键平台——互联网的争夺与控制升级

当代世界上最有影响力的五家电视广播公司中，美国独占三家：ABC、NBC 和 CBS，美国还拥有世界上最大的有线电视新闻网和专门用于政治文化宣传的电台 CNN 和美国之音。美国的两通讯社——美联社和合众国际社，每天发稿量约为700万字，并拥有一个世界范围的图片网。全球四大跨国通讯社——美联社 AP、合众国际社 UPI、法新社 AFD、路透社 REUTERS 在传统优势的基础上，还不断扩大其互联网版图。这些新闻寡头在事实上垄断了国际新闻的来源，决定着什么是新闻，报道什么，不报道什么以及怎样报道。

随着互联网的全球覆盖，它的低成本、快捷和互动性强等特点使其迅速成为继报刊、广播、电视之后的"第四媒体"，影响日深。发达国家深知，对互联网及其资源的控制就是对全球性议题和事件的话语权的控制。在这种思

① 陈佳：《从 GOOGLE 看网络全球化传播的实质》，载《全球信息化时代的华人传播研究：力量汇聚与学术创新——2003 中国传播学论坛暨 CAC/CCA 中华传播学术研讨会论文集》（下册），2004年，第499页
② 中国现代化战略研究课题组、中国科学院中国现代化研究中心：《中国现代化报告——2008 国际现代化》，北京大学出版社，2008年第62页

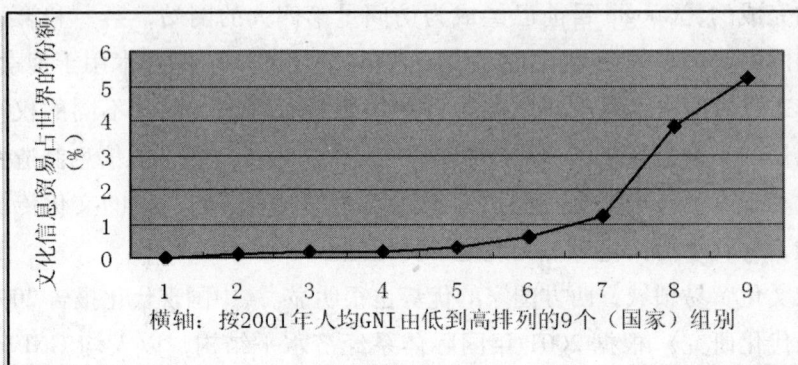

图 7.2 - 1 2001 年不同发展水平国家文化信息贸易占世界的份
额对比情况

想的指导下，它们逐渐主宰了卫星、波谱的使用，控制了无线电波、电信、
微电子、遥感技术、卫星直播、和电脑传输等。而很多发展中国家由于不掌
握互联网及其基础设施和核心技术，很多情况下只能被动接受美国的文化和
价值观的灌输，否则就只能与国际互联网相隔离。

（三）网络文化产业竞争趋于白热化

网络文化产业是在信息产业与文化产业①、网络产业与内容产业的交融激
荡中崛起的一个新的产业，国际上又称之为"数字内容产业"或"数字娱乐
产业"。从产业角度看，网络文化产业可分为两部分。其一是传统文化产业的
网络化和数字化，比如数字图书馆、数字电影等；其二是以信息网络为载体，
形式和内容都有别于传统文化的，如网络游戏、移动短信等。网络文化产业
的核心是"内容产业"。由于多数文化产品属于内容产品，很容易被数字化和
虚拟化进而在互联网上进行流通；而且很多文化产品完全可以在网上完成从
生产、交易直到消费的全部过程，加之全球存在由 10 多亿网民构成的消费市
场和不断增长的潜力，因此，网络文化产业已成为人类社会新的财富创造形
态，并以巨大的乘数效应引起国际社会的普遍关注。当前信息产业的硬件竞
争和网络竞争正在让位于决定生存和发展命运的软件和内容之争。数字文化
产业和信息内容产业的国际竞争，也正在成为具有战略意义的经济竞争和文

---

① 广义的文化产业除包括版权产业，即出版发行业、新闻业、广播影视业、广告业、计算机软
件业、信息及数据服务业等外，还包括艺术创作业、艺术品制作业、演出业、娱乐业、文物业、教育
业、体育业、旅游业等。王国荣：《信息化与文化产业》，上海文化出版社，2004 年，第 244 - 245 页

化竞争。

第一，以美国为首的西方国家凭借经济技术实力，在网络新闻业、网络影视业、计算机软件业、信息及数据服务业等领域中占据了全维优势。尽管美国只占全球影片产量的 6 - 7%，但其放映时长却占全球的 50% 左右，[①] 网络影视也大致反映了这个比例；基础软件和通用软件领域，也基本上是欧美发达国家研发的产品在全球范围内的统一推广；美国等发达国家还拥有全球大部分的大型数据库及世界最大的网络内容提供商（ICP）和网络服务提供商（ISP），全球约 3000 个世界性的大型数据库，70% 设在美国。[②]

第二，各国在网络游戏产业领域跑马圈地，竞争激烈。传播传统文化的最好方式，莫过于用大家喜闻乐见的方式讲故事，网络游戏在这方面拥有得天独厚的优势。书籍、电视或电影通过它们独特的叙事手法，把我们引入某时某地，不过我们始终是处于旁观者的位置；而在网络游戏中，我们不仅可以身临其境，耳闻目睹彼时彼地的社会百态，更可以成为他们中的一员。网络游戏或许暂时还称不上是一种艺术，但它天生就是一个理想的文化载体。有报告显示，未来五年，娱乐市场的格局将发生巨大变化。网络游戏将成为主流，全球游戏市场规模将成长 71%，达 860 亿美元。[③] 目前中国的网民数量不仅全球第一，而且其中以网络游戏等娱乐目的为主的网民比例也大大高于美国等发达国家的比例。与中国这样一个最具潜力的网游市场地位形成对比的是，中国的网络游戏市场长期处在美、日、韩的垄断之下，其自主网络游戏目前只占市场的 10%。韩国网络游戏占中国网络游戏市场的比例一度高达75%。如果发展中国家与西方发达国家在网络游戏产业博弈中节节败退，那么它们带走的就不仅是巨大的经济利益，更直接损害了国家的文化利益，会对民族文化认同和国家凝聚力造成巨大冲击。

第三，在网络文化产业的版权保护问题上，各国纷争不断。传统的版权保护国际规则——《伯尔尼公约》及《罗马公约》的规定已难以满足在新技术条件下对权利人的有效保护。由于互联网的开放性，任何人都可以在互联网上发表作品，任何人都可以在互联网上浏览、复制作品，剽窃等网络侵权

---

① ［美］约瑟夫·S. 奈：《硬权力与软权力》，门洪华译，北京大学出版社，2005 年，第 108 页

② 宫玉萍、赵刚：《国际传播中的"软权力"与信息控制权》，载《当代世界》2007 年 10 月，第 45 页

③ 王爱云：《大力发展网络文化产业》，载《光明日报》2007 年 6 月 10 日，第 6 版

行为非常容易，也很难被发现。在这样的情况下，世界知识产权组织在 1996 年通过了《版权条约》（WCT）和《表演和录音制品条约》（WPPI）[1]（二者一起被称为"互联网条约"），以调节与互联网有关的国际文化贸易活动。

但是，在西方国家提供的信息内容在互联网上占多数的情况下，国际文化产业版权博弈的天平明显偏向西方国家，它们在与其他国家的版权合作谈判中，往往态度冷漠或漫天要价。如几年来，中国的捷报公司一直在与美国电影协会（MPAA）旗下的众多公司洽谈合作，但谈判异常艰难，有的公司甚至紧闭大门,。在这样的情况下，包括中国在内的发展中国家，只能尽快熟悉国际规则，尤其是国外网络版权的运营情况，提高谈判能力，同时也要着眼把富有本国文化特色的影视作品推销到国际市场，增强与发达国家进行文化博弈的实力，维护自身的经济利益与文化利益。

（四）通过网络对青少年进行文化渗透是西方国家的重要策略

作为当前网民构成主体的青少年是民族文化传承的希望。以中国为例，截止 2008 年底的数字，青少年网民，尤其是学生网民占网民的比例为各人群最高，达到 33.2%。[2] 但是，青少年正处于生理、心理的成长发育期，自控能力、辨别能力较弱，世界观、人生观和价值观也远未成熟，具有较高的可变性和可塑性。随着互联网在当代青少年感知、认知世界的过程中越来越重要，西方文化在青少年中的影响日益广泛。通过网络争夺青少年也成为西方国家的重要策略。据统计，全球浏览人数最多的 250 个色情网站中儿童色情网站至少有 34 个，而且目前美国、日本和加拿大三国的色情网站最为泛滥。[3]黑客文化也主要是从信息产业发达的西方国家最先兴起。青少年模仿黑客手段挑战技术权威或违法犯罪情况不断增多。互联网上的暴力文化经过西方影视，网络游戏等的渲染，也不断侵害青少年的心灵。

二、互联网的全球普及是世界文明多样性健康发展的重要机遇

（一）全球互联网平台是文化对话、交流、传播的新平台

互联网的出现和普及对文化发展并不都是挑战，主要的还是机遇。它使

---

① 这两个条约一起被称为"互联网条约"，分别于 2002 年 3 月 6 日和 2002 年 5 月 20 日生效。截至 2006 年 10 月 13 日，加入《世界知识产权组织版权条约》的国家已达 60 个，加入《世界知识产权组织表演和录音制品条约》的国家已达 58 个。2007 年 6 月 "互联网条约" 在中国生效

② 中国互联网络中心：《第 23 次中国互联网发展状况统计报告》，2009 年 1 月发布，第 18 页

③ 胡键、文军：《网络与国家安全》，贵州人民出版社，2002 年，第 229 页

更多不同各类的文化通过互联网展现在世人面前。互联网以其成本低廉，触角广泛、传播快捷及互动性强等特点，客观上为不同文化间的对话、交流和传播提供了新的契机。在这样的时代，"实际上非走上一条人类共同的文化途径不可了，这里并非是说取消了文化的地方特征，而是指人类文明在越来越多的领域中找到了共同点和运用了共同的价值标准"。[①]

而且，互联网正在成为发展中国家弘扬本国文化传统、扩大自身影响力及学习借鉴国外先进文化的重要平台，增强了发展中国家的文化话语权和文化鉴赏力。因为将互联网作为信息文化传播有效手段相对容易，门槛较低。比如传统媒体的设立及其运作均受到各国法律的监管，还要受到各国国内和国际政治现实的制约，传统媒体几乎成为了非主流群体的消声器。而互联网的全球分散性一定程度上使可以规避法律和政治门槛，网站建设维护费用也很低，发展中国家只要通过相对较低的技术门槛就可以实现直接的文化对话。[②] 有研究表明，具有一定经济规模和较深厚文化底蕴的发展中国家，其国际文化互动的能力和潜力也相当可观。如果按照 2001 年的经济规模大小（即GNI 总量，而非人均 GNI），将全球 130 个国家分成九组，其中 1－3 组为微型国家，4－5 组为小型国家，6－7 组为中型国家，8－9 组为大型国家。这样，类似中国、印度这样的发展中大国就处于 6－9 组的位置，该组别的文化信息贸易份额和达到了近 20%（如图 7.2－2[③] 所示），而图 7.2－1 显示，按人均GNI 分组的 6－9 组，这一数字只有不到 11%。这说明有一定经济规模的发展中国家也是国际文化博弈的重要一极，如果这类国家能抓住互联网对文化发展的重要机遇，可能会在相当程度上缓解发展中国家目前的文化困境。

以中国为例，当前，中国紧紧抓住了互联网这一文化发展的重大契机，一定程度上扭转了全球互联时代在国际文化博弈与中的不利局面。中国除建立了专门新闻门户类网站外，传统新闻媒体也从 1995 年就进入互联网，一批新闻媒体建设的网站快速发展，例如，人民网、新华网、中国网、中国日报网、国际在线、央视国际网等等，它们依靠传统媒体的支持，已逐步成为广大国内外网民获取信息的主要渠道，同时也成为其他网站的信息来源。这些

---

① 冯绍雷：《文化与外交的关系》，载《欧洲》1994 年第 2 期，第 60 页

② 李毅、张骥：《话语权力的对抗：互联网时代国际政治现实的话语解读》，载徐以骅：《宗教与美国社会——互联网时代的宗教（第 3 辑）》，时事出版社，2005 年，第 172－173 页

③ 数据来源：中国现代化战略研究课题组、中国科学院中国现代化研究中心：《中国现代化报告——2008 国际现代化》，北京大学出版社，2008 年，第 70 页

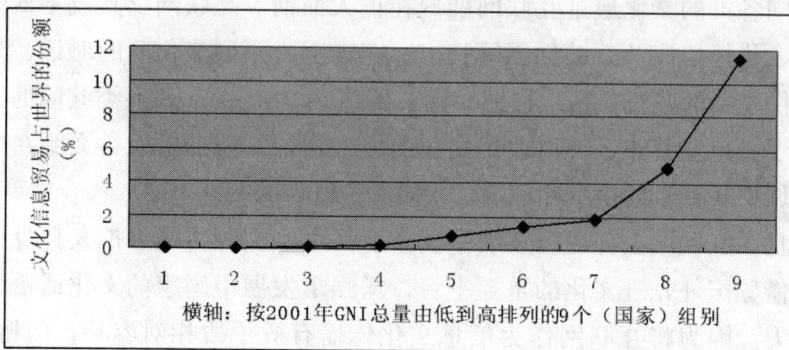

图 7.2－2　经济规模不同国家文化信息贸易占世界份额的对比图

网站还可以提供多种语言的权威信息，有的网站还在日本、美国等建立了镜像站。据统计，中国的 2000 多家报纸、8000 多家期刊、290 多家广播电台和近 400 家电视台中，已建立了 3000 多个网站或网页，中国在互联网文化传播与交流中的作用与影响与日俱增。①

（二）互联网上日益严重的信息污染问题推动了国际合作深度发展

互联网是一把双刃剑，一方面它将人类的优秀文化成果聚焦，成为不同文化碰撞、交流的新平台，促进了人类文明的整体发展，并开阔了人们的视野，提高了人们的文化修养和鉴赏力。但是另一方面，一些颓废的、消极的、有害的思想和文化也会在互联网上得到迅速传播，对一国的主流文化和价值观形成巨大冲击，尤其是网络色情文化无孔不入，严重污染网络环境，败坏社会风气，腐蚀人们的思想道德，其中对身心尚未发育成熟的未成年的影响最大。

互联网的普及及其匿名登录制度使传统的信息控制制度失效，网络色情迅速泛滥起来。网络色情已经成为世界性问题。目前全世界色情网站至少有 270 万个，而且每天以 200—300 个的速度在递增。保守估计，全球互联网的色情网页至少有几亿页。统计显示，全球成人网站有一半设在美国，有调查公司声称，美国成人网站被访问的次数竟然超过谷歌、雅虎和 MSN 三大搜索引擎的总和。② 1/3 以上的法国青少年曾在网上"无意撞见"暴力、淫秽、色

---

①　赵启正：《互联网：中日交流的新渠道》，2002 年 5 月 13 日在东京新闻协会俱乐部"中日媒体研讨会"上的讲话，载 http://www.china.com.cn/zhuanti2005/txt/2005－07/05/content_5903483.htm（2008 年 8 月 6 日访问）

②　《扫黄，令世界各国头疼》，载《环球时报》2008 年 1 月 8 日，第 7 版

情、种族主义、仇外主义等"令人震惊的"内容，在这些毒害青少年的不良网络内容中，"黄毒"危害为甚，约17%的青少年网民曾遭遇过色情网站。

网络色情如此泛滥的原因在于：一是网络色情已经变成了一本万利的商业模式。如果网站的经营内容包括成人信息，高赢利一般可以做到20%，如果网站加入了娈童、直播等方式，其赢利可以高达80%。二是世界各国对色情业的法律规定不尽一致，对不良文化信息的认定尺度也存在差异，导致色情、暴力等内容的信息利用"互联网"大钻法律空子。很多色情网站往往会把服务器设在合法或处罚较轻的国家。

近些年来，网络色情业在互联网信息技术的推动下朝着组织化、规模化、跨国化方向发展，全球性特征越来越明显，迫切需要加强国际协调与合作。总体来说，国际社会目前在打击网络色情方面的国际合作还没有日常化、机制化，尤其是还没有从根本上解决法律障碍问题，比如国际上目前还没有一部规制包括网络色情在内的网络犯罪的国际公约。① 各国内部的情况也参差不齐，有的在这方面的法律规定还是空白，有的已经着手制定了相关法律，② 但与其他国家存在法律衔接问题，这大大影响了国际合作打击网络色情的效果。

色情信息被社会学家称为"高级海洛因"，在互联网高度发达的今天，这种精神毒品不仅随叫随到，而且收费低廉甚至免费。以网络色情为代表的信息污染对人类文明的冲击和对人类心灵的毒害不可估量，甚至涉及整个人类的前途和命运。国际社会要在这个问题上达成共识，必须以不同文化的融合和认同为基础，，加强国际文化交流与合作，争取能尽快在什么是网络色情信息等基本问题上达成一致，以之为前提，国际社会才能在加强法律协调，技术情报交流和司法合作，为人类的长远发展和的精神文化的繁荣创造一个洁净的互联网方面有所作为。

---

① 2001年欧洲委员会通过了向世界上所有国家开放签署的《网络犯罪公约》。该公约意在协调每个国家的网络犯罪法律，以有利于引渡相关人员，共享相关信息并采取统一的国际政策对付日益猖獗的网络犯罪。但是，各国批准加入该公约的过程极其缓慢，一直到2005年，仅有11个欧洲国家加入该条约

② 比如美国就制定了专门针对网络黄毒的《防止儿童色情法》、《儿童在线保护法》等四部法律，限制18岁以下的未成年人浏览色情网站。对色情业一向开放的德国也以案例法的形式宣布，在互联网上散播恋童色情内容同交换类似内容的印刷品没有区别，都将面临最高达15年监禁的处罚。而此前，德国对通过互联网传播儿童色情图片的行为，并没有实际的法律法规加以约束或惩戒

第三节 增强国家在互联网时代的文化竞争力

在发展互联网的同时保持本土文化独立性以及增强文化竞争力问题正在引起各国关注。其中的核心内容就是科学分析当代国际文化博弈中加剧竞争和促进交流的各种因素，加强信息内容和传播力建设，增强国家在互联网时代的文化竞争力，这也是上世纪 70 年代以来发展中国家谋求世界信息和通讯新秩序（NWICO）的延伸。为此，发展中国家必须抓住网络媒介发展的契机，致力于保护与促进自己的文化传统、文化工业与文化认同，增强自身国际传播能力，形成自主的"替代性视听空间"（alternative audiovisual space），以缩小信息贫困社会与信息富裕社会之间的数字鸿沟，在当代国际文化传播博弈中认清自己的位置、优势和实力。

一、牢固树立民族文化安全与发展的意识，以开放的心态构筑全球互联时代文化安全与发展战略

在国际关系中，文化间的竞争与冲突也是必然。一个国家的主流文化如果被外来文化同化或占领，国家的独立和主权也就失去了其精神文化内核。所以，必须牢固树立民族文化安全与发展的意识。其中最重要的就是将爱国主义精神深深地融入到广大人民群众的思想意识之中。爱国主义是一面旗帜，是民族生生不息的力量源泉。要利用互联网等先进媒体激发人民的民族自尊心、自信心和自强意识，要进一步激发全民族的文化认同感和自豪感。只有人民深切热爱自己的悠久历史和灿烂文化，才能坚守住民族文化的根，才能自觉参与到促进民族文化安全与发展的行动中去。

在信息社会里，知识就是一种权力，互联网恰好为这种权力发挥全球影响力提供了潜在的手段。[①] 这意味着谁的文化在互联网上成为主流文化，谁将掌握未来的世界。因此，在信息时代，各国应不失时机地把制定国家文化安全与发展的战略提上日程。首要一点是明确国家利益在制定国家文化安全与发展战略中的最高准则地位。第二，在具体措施上实施"引进来"和"走出去"战略。一国的文化安全是发展中的安全，不能囿于单纯的防御性思维。

---

①　［美］弗兰克·卢斯夏诺：《数字帝国主义与文化帝国主义》，曹荣湘（译），载曹荣湘《解读数字鸿沟——技术殖民与社会分化》，上海三联书店，2003 年版，第 198 页

在全球化、网络化背景下，各国文化走向世界，与其他文化进行平等对话、交流，是不可逆转的趋势。以中国为例，作为世界上最大、发展最快的发展中国家，从某种意义上说，文化"走出去"比"引进来"更加重要，只有不断提高"走出去"的能力和实力，才能回应日益激烈的国际文化博弈所提出的严峻挑战。第三，要制定适合本国国情的国家文化安全与发展战略体系构架，包括国家文化创新战略、国家文化产业战略、公民文化权利战略、国家文化信息战略、公共文化管理战略和国家文化危机管理战略等等。

在当前形势下，发展中国家的团结对于推进世界信息秩序向更加公平、合理的方向发展有重要意义。联合国教科文组织在上世纪7、80年代就已经提出世界信息新秩序的主张，并着手考虑能够实现这一目标的新的媒介技术，其中重要的一项就是设计一种UNL（Universal Net Language），即网络通用语言，实现各语种之间的快速、即时转换，以解决制约发展中国家网上的话语权障碍。此外，推动世界信息秩序向良性方向发展还需要国际社会采取统一的信息网络规范，加强行动协同，强调形成较为一致的网络伦理，促进网络信息交流行为的法律控制手段和基本原则的一致与合理化，形成一种进步合理的"国际惯例"。在建设网络伦理时，要把保持文化的多元化和平等发展作为一个十分重要的原则，特别是西方发达国家要承认世界的多样性，尊重而不是利用其经济技术优势诋毁和控制其他文化。①

二、大力发展本国语言文字的信息内容，夯实网络文化基础，以积极开放的心态参与当代国际文化博弈

海德格尔有句名言：语言是存在的家。② 没有什么比语言更能表现和反映一个民族和另一个民族之间的文化身份区别。法国前总理诺斯潘说，一个民族语言的丧失，就意味着这个民族文明的终结。可见，语言在一定程度上体现了一种作为国家文化主权的象征。保护本民族的语言文字是抵御外来文化入侵的一道重要屏障。早在1971年，阿尔及利亚的电台和电视台就用阿拉伯语代替法语进行广播，使进口节目的比例大大降低；而以色列为了保护民族文化，克服重重困难，恢复和创造了已经死亡的文字——希伯来文。③ 当代，

---

① 王艳霞、王梅：《"网络文化帝国主义"浅议》，载《自然辩证法研究》2000年11月，第16卷，第11期，第67页

② 徐友渔：《语言与哲学》，北京：三联书店，1996年，第154页

③ 张骥、刘中民：《文化与当代国际政治》，人民出版社，2003年，第114页

互联网成为国际文化博弈与互动的重要平台。面对网络中英语的优势，很多国家意识到本国的语言危机，开始大力发展本民族语言网络，即使是作为美国传统盟友的欧洲国家也不例外。如德国1997年就开始德语网络研究，试图使德文在国际互联网中的比重更大。法国通过"杜蓬法"保护法语，并加快信息产业的发展，推广法语网络信息。而中国的网络文化安全形势更加严峻，中文网络信息仅占1%左右。因此，发展中国家更要大力鼓励和扶持本国语言在互联网上扩大版图，抵制和打破英文在网络中的垄断地位。

此外，发展中国家要利用互联网所提供的后发优势，加强国家信息基础设施建设，打好网络国际文化博弈的物质技术基础。大力发展互联网接入基础设施，通过多元化投资打破垄断，不断降低上网费用，提高上网速度；积极开展与各国政府及相关国际组织在互联网技术、标准规范、资源分配、网络接入、互联网治理等方面的交流与合作，建立有效的沟通协商机制，促进互联网快速健康发展。促进网络文化的优秀成果更快地传输到各个领域；加快建设本国语言域名服务器，用符合社会主义核心价值观的文化信息占领网络文化前沿阵地，改进传播民族优秀文化的手段；

当前，建设反映本国优秀文化的数据库系统是重中之重。增强参与当代国际文化博弈的实力和基础，离不开文化信息的输出、传播与交流。只有本国的信息产业尤其是数据库产业大发展，才能有力地保护本民族的文化。发展中国家要充分利用信息技术来保护民族文化财产，对传统文化信息资源进行数字化加工和整合，大力发展本国文字的信息内容；积极建设文化信息资源共享工程，推动博物馆、图书馆、科研院所等公益性单位提供更多本民族语言的、高质量的、权威的信息。在文化信息交流领域，要引起别国的注意和尊重，就必须以反映本民族优秀文化的数据库等文化内容为基础，注重对网络文化信息传播技术、方式技巧的研究，成功吸引到全球注意力，使互联网成为拓展本国文化信息辐射的新空间。

三、在依法加强对网络信息和文化产品监督管理的同时，积极推动国际社会共同解决网络低俗之风泛滥问题

全球互联时代，要在国际文化博弈中获得一席地，除了积极增强自身文化竞争实力外，还必须依法加强对网络信息、文化产品和传媒企业的引导、监督和管理。事实证明，这是许多国家应对外来文化入侵所采取的有效手段之一。早在1989年欧盟各国就专门颁布了条例，通过一项关于"无边界电

视"的指导性政策，对电视节目实行配额制度，明确规定对美国影片实行限额播映。在该条例中规定，电影院及电视台需用不少于 51% 的时间播放欧洲文化产品。法国政府规定，非欧洲产影片不得超过播映时间的 40%，对在法国放映的美国电影的票房收入加收 11% 的特别税，并将这部分税收补贴到国产电影的制作中。根据加拿大法律，60% 的电视节目时间应当播放加拿大本国产品，广播电台不得少于 35%。[①] 相比较而言，很多发展中国家还没有意识到，在全球互联时代对外来信息和文化产品加强管理的重要性。互联网条件下，国际文化博弈与国际文化渗透越来越隐蔽。为了扼制住西方发达国家的文化信息"随网潜入"、影响日益增大的趋势，发展中国家一方面要从"质"上进行控制，对外来信息和产品实行一定程度的内容审查，确保其符合国家的战略利益；另一方面，要从"量"上明确规定外来信息和文化产品在国内网站上的占有率，同时，支持鼓励民族文化信息提高在大众传媒上的比例。以中国为例，2008 年底，德国之声、BBC、美国之音等国外新闻机构的中文网站，就由于散布不符合中国国家利益的信息，被中国政府依照《反分裂国家法》等法律暂时予以关闭。这其实是中国依法对相关网站进行的必要管理，也是中国行使国家主权的具体体现。2010 年初，美国谷歌以退出中国市场要挟中国政府放松对其的内容审查，其实是对中国主权的挑衅，互联网现在不是，将来也不可能是脱离国家司法管辖的超验空间。中国政府的做法在国际上也不鲜见，2007 年，泰国政府就以美国 YouTube 网站上出现了侮辱泰国国王的视频，不仅封闭了这个网站，还准备对这家网站采取法律行动。

　　具体来讲，为了在网络监管工作中更加言必有据，有法可依，发展中国家必须进一步完善相关法律，加强对外来信息和文化产品的统一管理和监控。一是要将网络管理的立法工作纳入到国家整个法制建设的框架中思考设计，提高依法管理水平。二是要密切跟踪网络技术发展，进一步加强对信息技术产品的监控与管理，强化对国际互联网接口的管理，启用分级过滤软件，加强内容甄别管理，将传播危害国家安全、破坏社会稳定以及淫秽色情等有害信息的网站予以屏蔽、过滤，并采取法律手段予以打击。三是国家要从法律制度上引导行业自律，使网络服务商和内容提供商自觉承担起检查和监管的责任。

---

① 包仕国、陈锡喜：《论信息技术条件下的国家文化安全》，载《宁夏社会科学》2006 年 1 月第 1 期，第 121 页

发展中国家对外国信息和文化产品进行管控的一个重要任务，就是坚决将以黄、赌、毒为特征的网络低俗之风狙击在国门外。但是，网络低俗之风是一个全球性问题，单靠一个国家的力量，只能对服务器设在本国的相关网站形成威慑，对大量服务器设在国外类似网站作用甚微，毕竟全球大部分的色情网站都设在美、加等国。中国目前正在进行的打击网络低俗之风虽然取得了很大成效，但如何巩固成果，形成长效机制，还必须进一步加强与相关国家和国际组织的国际合作，推动在打击网络低俗风行动中负有责任的各方主体以各种形式参与相关国际国际合作与交流。一是各国应该共同推动包括惩治网络色情等在内的网络犯罪国际刑事公约尽快形成，并在此基础自觉协调各自国内的法律法规，使网络低俗信息无藏身之处。二是加强政府间，以及各国政府与联合国和国际警察组织等的合作，尤其是情报交流和行动合作，对从事网络色情的犯罪嫌疑人以震慑。三是政府也可进一步推动各国网络巨头联合研发新技术，进行积极封堵。比如美国的三大网络媒体公司就曾发表公告联合抵制色情网页，并对此进行了长期跟踪调研，并共同出资研发新的屏蔽技术系统，过滤、封堵和删除色情网页和图片等。类似的行动同样可以扩展到不同国家的网络巨头的合作上。国际社会或许能在这样的国际合作与交流中，找到促进人类文明发展进步的共赢道路。

四、发展网络文化产业，提升民族文化的国际竞争力

文化在产品创意和产品生产流通领域中具有创造价值的能力。文化赋予经济发展以更强的竞争力。经济活动所包含的先进文化因子越厚重，其产品的文化含量以及由此带来的附加值也就越高，在市场中实现的经济价值也就越大。[1] 因此，当代文化产业应运而生。20 世纪 90 年代以来，发达国家、新兴工业化国家和地区纷纷调整文化政策，制订国家文化发展战略，在"知识经济高地"进行激烈战略竞争的同时，又在"文化经济高地"展开了新一轮竞争与博弈。美国、欧盟、日本、韩国、新加坡等经济发达国家都是这一轮文化软实力竞争的积极推动者。[2]

借力于互联网，电影、图书、音乐、动画、游戏、体育等传统的文化产业，更是如虎添翼。美国文化产业在其 GDP 中已占到 25% 的突出比重，成为仅次于军工的第二大支柱产业。日本动漫动漫出口利润一举超过汽车和钢铁

---

① 顾伯平：《文化的作用》，载《光明日报》2005 年 3 月 2 日
② 祝兴平：《文化产业的软实力角色》，载《中国教育报》2008 - 07 - 15，第 3 版

工业，经济效益占据 GDP 的 18%，成为日本经济的支撑产业之一。① 然而，和发达国家相比，发展中国家的文化产业还很弱小，不仅不利于国民经济转变结构，也对本国文化的发展传播形成重大挑战。发展中国家必须着眼于用优秀文化占领网络阵地，以先进文化引领网络文化，充分发挥市场对文化资源配置的基础性作用，以市场为导向、以资本为纽带、科技为手段，不断提高优秀网络文化产品和服务的供给能力。

具体来说，发展中国家一方面要加强对网络文化产业的战略研究，制定中长期规划，不断优化网络文化产业企业发展的基础环境；另一方面要以市场为依托，不断提高网络文化产业的规模化、专业化、国际化水平，积极参与国际文化市场竞争，积极利用互联网等渠道大力出口文化商品，组建和发展自己的大型文化集团和跨国公司；此外，要以产品为基础，不断增强本国网络文化产业的自主创新能力，努力推动网络文化产品向原创转型升级，并充分运用互联网技术手段，建立网络文化产业高端交流平台，在更广范围内展示、交流网络文化产业新进展和新成就，提高网上公共文化服务水平，引领网络文化产业良性运行。同时，发展中国家必须针对国际网络文化市场产品的流动趋势，及其以各种渠道影响和进入本国网络文化市场的情况，加强跟踪调研，及时准确地做出预告性反应和警示性反应，实行网络文化市场和文化产业的适度准入制度，综合提升本国的文化竞争力。

目前传统环境下的版权保护规则已经定型，且更多地反映是发达国家的利益。而网络环境下的文化产品国际贸易规则尚处于探索和制订之中。发展中国家在新兴网络文化产业发展上，具有跨越式的竞争优势，宜抓住这一大好时机，认真研究、熟悉规则、加强团结，尽量改变由发达国家主导网络环境下的版权国际规则的制订权和调整权的现状，否则会损害本国网络文化产业的竞争力。

五、积极推动民族文化的网络创新和传播

全球化、网络化加剧了当代国际文化博弈的竞争性，互联网上信息流动的无序性使得不同文化间的竞争与博弈在很大程度上是按照社会达尔文法则展开的，"不同国家、不同民族社会意识之间的相互作用和相互影响，其可能性和程度，归根到底是由这些国家的经济发展水平和社会经济结构决定的"。②

---

① 祝兴平：《文化产业的软实力角色》，载《中国教育报》2008 – 07 – 15，第 3 版。
② 赵家祥：《历史唯物主义原理》，北京大学出版社，1992 年，第 270 页

这种情况下，创新意识和创新能力日益成为一个国家能否在这场世界竞争中掌握主动权的关键性因素。创新能力构成了当代国家文化安全与发展最核心的内容。必须在思想文化界积极倡导"独立之精神、自由之思想"的创新境界，在不断创新中，国家的文化安全和发展才有切实保障。

发展中国家必须立足于本民族传承下来的思想文化资源，总结创新经验，并融合世界上一切优秀文明成果，特别是要开发利用以互联网为依托的新技术。通过技术创新与应用，创作和生产出更多拥有自主知识产权和具有本国文化元素的网络文化产品，以及具有民族特色新概念、新理论、新艺术；以本民族优秀文化传统为重点，创新文化服务方式，努力形成一批体现时代精神、品位高雅的网络文化品牌，提高网络文化产品和服务的供给能力，从而提升本国文化产业整体实力和国际竞争力。此外，还必须创新传播手段，提高文化传播能力。凡是传播手段先进、传播能力强大的国家，其文化理念和价值观念就能广为流传。现阶段，新闻媒体是信息传播、文化扩散的重要载体，在文化传播中具有特殊作用，很多发展中国家已经意识到了这一点，纷纷加大投入，完善扶持政策，壮大总体实力，争取尽快形成与其国际地位相称的传播力量，使其成为本国参与当代国际文化博弈与合作的重要的力量基础。比如，中国的新华社、中央电视台等都在加强以网络为核心的多媒体综合集成能力建设，使国外用户无论使用电视、PC、手机等移动终端都可以感受中国文化。

后 记

本书是我 2009 年完成的博士论文《互联网的国际博弈与合作研究》的一部分。互联网早已突破了单纯作为通讯联系工具的角色，成为全球关键性基础设施，也是国际关系互动展开的新型平台。系统研究互联网条件下的国际关系博弈与合作是信息时代催生的一个全新课题，涉及国际关系的各个层面和领域，需要综合运用政治学、国际政治学、国际传播学、信息经济学、国际法学、社会学、军事学及计算机科学等多个学科领域的理论和知识。当我的导师李忠杰教授在征求我意见后确定下这个题目时，我心中颇有几分忐忑。

难以忘怀博士三年的学习和写作时光，首先要感谢我的导师李忠杰教授。他在百忙中一直非常关注我的生活学习和论文写作。从确立研究方向、提纲框架，再到观点推敲，甚至在文字锤炼、材料搜集这样细微的地方，李老师也都悉心指点，耳提面命，感人至深。他的大家风范和人格魅力一直激励着我前行。希望将来在进一步修改完善的基础上，能以书籍的形式展现这篇论文的全貌，以回报这浩荡师恩。此外，还要感谢中央党校张中云、刘建飞、康绍邦、宫力、亓成章、张琏瑰、马小军、郭建平、辛鸣教授等，他们在各方面都给予我很多指导和帮助。此外，还要感谢新闻研究所原所长房方、学术委员会主任唐润华等，他们为我的博士论文纳入新媒体丛书出版计划做了很多工作，并对本书的大纲及内容提了不少中肯的意见和建议，以在有限的篇幅里更多地呈现论文的精华。

还要感谢我的家人，特别是我的父母。本该安享晚年的他们，还要为我操持家务，照顾宝宝，以让我全身心投入工作。他们的爱和期许是我不断前行的动力。

还有我的女儿，她每天的成长都让我慨叹生命的强大和生活的美好。也希望围绕这个课题的研究和思考就像她的成长一样更趋成熟。

最后，我想说明的是，囿于本人的能力和知识结构，文中难免有一些错误或谬误，有的观点还不是很成熟甚至可能站不住脚，这都是我个人的责任，同时也敬请各位专家不吝指教。

申琰

2011 年 12 月 30 日